外国信托法经典译丛

石俊志 主编

SHOJI SHINTAKU NO HOURI

BY KANDA HIDEKI AND KANSAKU HIROYUKI

商事信托的法理

[日] 神田秀树 [日] 神作裕之 | 著
朱大明 陈宇 张钰 | 译

法律出版社
LAW PRESS·CHINA
北京

著作权合同登记号
图字：01-2024-6002

国民信托博士后工作站课题组

外国信托法经典译丛（第二辑）
编委会

总 序

现代信托制度的建立是人类社会法律制度上的一个伟大进步。

中世纪黑暗中的英国社会，为克服普通法的烦琐和僵化，转向由法官凭借公平和良知判案形成的法律制度，由此产生了与普通法并行的衡平法。正是衡平法的出现和实施，催生和哺育了现代信托制度。

“溥天之下，莫非王土；率土之滨，莫非王臣。”中世纪后期，英国君王和各地领主对百姓及其财产的占有，严重阻碍了财产的市场流转和效益的提高。为打破这种封建桎梏，经历了一个漫长的过程，用益制度在英国逐步演化形成。用益制度实现了财产上的所有权与收益权的分离：所有权继续遵循封建传统的规定，收益权转向符合市场经济的需求，从而起到承上启下、促进社会平稳发展的作用。

英国法律史学家和衡平法律师 F. W.

梅特兰(Frederic William Maitland)高度评价英国人创立信托概念的贡献:“如果有人要问,英国人在法学领域取得的最伟大、最杰出的成就是什么,那就是历经数百年发展起来的信托概念。”

信托的发展,是在不断挑战原有法律的约束,又在不断促进法律修正的过程中,传播衡平法的公平、公理、良知、正义等理念,并不断促进经济和社会的发展与进步。

美国、日本等国家和地区在引入现代信托制度的同时,结合本土的信托实践,相继建立了完善的信托法律体系。

现代信托制度传入中国,发生在辛亥革命推翻皇帝专制制度之后。

1921 年,中国历史上第一家标明为“信托公司”的企业——中国商业信托公司——在上海成立。此后,在短短数年里,先后有十余家信托公司成立。

1949 年,中华人民共和国成立。信托受经济环境的影响,被全面停办。

1978 年,党的十一届三中全会拉开了改革开放的序幕,我国信托业重新起步。

1979 年,中国国际信托投资公司成立。随后,各种类型的信托投资公司在全国各地如同雨后春笋般涌现,我国信托业进入崭新的时期。由于缺少法规和监管约束,再加上没有明确的业务范围和主营定位,信托投资公司迅速切入经济发展和金融发展的各个领域,促进了我国债券、证券、基金业的发展,但其自身由于缺乏规范而成为被治理整顿的对象。

2001 年 4 月,全国人民代表大会常务委员会通过了《中华人民共和国信托法》,奠定了我国信托法律的基石。随后,中国人民银行陆续颁布实施了《信托投资公司管理办法》(已失效)和《信托投资公司资金信托管理暂行办法》(已失效),由此构成了我国信托业“一法两规”的基本法律法规框架,结束了我国自引入现代信托制度以来近一个世纪无法可依的历史。

2007年,原中国银行业监督管理委员会颁布施行了《信托公司管理办法》和《信托公司集合资金信托计划管理办法》(已被修改)。从此,我国信托业开启从“融资平台”向“受人之托,代人理财”的专业机构之转变。在上述规章引导下,我国信托业飞速发展。截至2012年年底,我国信托业管理的信托资产规模超过了证券业、保险业、基金业等金融行业的业务规模,成为仅次于银行业的第二大金融行业。

目前,我国信托业管理信托资产规模超过26万亿元。投资信托产品已经成为我国居民最重要的理财方式之一。信托业在我国经济建设和社会发展中发挥越来越重要的作用。然而,与国外市场经济成熟的国家相比,我国信托业在功能定位、法律制度、社会实践等方面还存在较大差距。

“他山之石,可以攻玉。”国外市场经济成熟国家的信托业历史悠久,经验丰富,法律法规体系健全。特别是相关法律制度,对我国信托业的发展具有十分重要的借鉴意义。为此,国民信托有限公司博士后科研工作站与中国社会科学院法学研究所博士后科研流动站联合招收博士后,重点研究信托法律问题。在此基础上,我们邀请了一批国内从事信托法教学、研究的学者以及具有实践经验的信托业专家,经过认真的调查研究,筛选出一批国外信托法规和经典著作并将其翻译成中文,介绍给国内读者。

我们相信,这套“外国信托法经典译丛”的出版,对我国普及信托法律知识,完善信托法律体系,繁荣信托市场,促进信托业更好地服务于实体经济、社会发展和改善民生，具有一定的参考价值。

石俊志

2018 年 2 月 7 日

目录

第一编　商事信托的理论

第三编　商事信托的展望

第一编　商事信托的理论

第一章　商事信托的法理

神田秀树

就法制角度而言，日本信托业基于作为私法的《信托法》，以及作为行业法的《信托业法》、《有关金融机构兼营信托业务的法律》（以下简称《兼营法》）而发展至今。此外，有的领域还制定了《贷款信托法》、《有关投资信托与投资法人的法律》（以下简称《投资信托法》）、《有关资产流动化的法律》（以下简称《资产流动化法》）等特别法。其中，《信托法》与《信托业法》制定于大正11年（1922年），《兼营法》制定于昭和18年（1943年）。但昭和23年（1948年）至今，基于《信托业法》获得许可开展业务的信托公司数量为零。目前在日本境内开展信托业务的均为基于《兼营法》获得信托业务许可的金融机构。

对照信托业务的实际情况，日本信托业的相关法制亟须根本性转变。究其原因,很大程度上在于私法层面上商事信托的法理发展滞后,导致《信托法》与实际开展的信托业务脱节。因此,借用近年的用语,就是需要充实和完善“交易规则”,并相应地充实和完善“业者规则”。

本章第二部分将指出确立“商事信托的法理”的重要性,进而在第三部分提出应摆脱一直以来以信托财产为中心的思维模式,基于新的商事信托的类型来思考问题。在此基础上,第四部分将根据该类型,就信托行业法制的应有形态提出几点想法。

一、商事信托与信托业

(一)何谓商事信托

《信托法》第 1 条和第 4 条将信托定义为受托人对信托财产的“管理或处分”。一般情况下,以接受信托为业的情形(《信托法》第 6 条)被称为“营业信托”,很多时候其也被称为“商事信托”。但有别于这样的一般性称呼,本章对“商事信托”这一概念特别作出以下定义:商事信托是指,在营业信托中,受托人所发挥的主要作用并不局限于被动管理或处分信托财产的情形,或者不同于被动管理或处分信托财产的情形。而受托人所发挥的作用仅限于被动管理或处分信托财产的情形,本章称为“民事信托”。按照上述定义,在以接受信托为业的“营业信托”中,商事信托和民事信托二者均包含在内。

至于为何如此强调“商事信托”这一概念,是因为虽然日本的信托业务多为上述商事信托,但迄今为止日本的信托法研究以民事信托为中心,法理论与实际情况严重脱节。因此,对于已经在日本开展并且还将得到进一步发展的信托业务,日本现有的各种信托法理论无法从法理论角度作出充分的应对。

(二)日本的信托业务与信托法制

第二次世界大战后日本的信托银行经营的信托业务以上述商事信托为主。其原因在于:第一,与欧美相比,作为遗嘱或富人的个人资产管理的方法,信托在日本的利用率较低;第二,日本的信托银行所发挥的作用往往超出欧美的信托受托人,或者所发挥的作用有本质的区别。

就法制角度而言,日本信托业基于作为私法的《信托法》,以及作为行业法的《信托业法》《兼营法》而发展至今。此外,有的领域还制定了《贷款信托法》和《投资信托法》等特别法。其中,除极少数例外,主要由《信托法》对信托的当事人以及关系人的私法性法律关系作出规定。[1] 因此,就私法性法律关系的层面而言,日本商事信托是以《信托法》为基础展开的。

在商事信托中,相关当事人之间存在与民事信托不同的经济需求和实体,因此,其适用的私法上的法理也应该有所区别。但现行《信托法》主要考量的是民事信托,若将《信托法》的规定及其解释等直接适用于商事信托领域,很多情况下所得出的结论未必妥当。

回顾迄今为止的日本信托法研究可知,研究活动相当活跃并已经有了相当程度的学术积累,达到了与国外相比毫不逊色的研究水平。特别是已故四宫和夫教授所开展的一系列研究以及出版的有关信托法理的著作,[2] 体现了日本信托法研究的高度,对学

---

〔1〕 值得注意的是,在《信托业法》和《兼营法》中也存在私法性质的规定。高度总结了日本信托业规制的文献主要有[日]江头宪治郎:《商业交易法》(第3版),弘文堂2002年版,第481页以下部分。另外,从法制角度详细论述日本营业信托实务的文献主要有[日]三菱信托银行信托研究会编著:《信托的法务与实务》(第3次修订版),金融财政事情研究会1998年版。

〔2〕 参见[日]四宫和夫:《信托法》(新版),有斐阁1989年版。

界的研究起到了引领作用。然而,迄今为止的日本信托法研究多与民事信托有关,或从民事信托出发展开研究,若将这些研究成果直接适用于商事信托,很多情况下所得出的结论未必妥当。此外,关于商事信托的法理研究,虽然在某些题目上也有优秀的论文[1],但是关于商事信托法理全貌的系统性研究几乎没有。其中,商事信托研究会发表的《商事信托法纲要》是展现商事信托法理全貌的首次尝试。[2] 但令人惊讶的是,从历史来看,在欠缺商事信托法理的情况下,日本的商事信托在第二次世界大战后依然得到了巨大的发展,时至今日仍不断出现新的商事信托领域。

虽然这似乎意味着商事信托的存在和发展不需要商事信托法理,但这样的想法并不正确。实际上,在《信托法》的规定及作为其解释论的法理是以民事信托为主的情况下,日本的商事信托通过避免与其产生冲突,或在无法避免冲突时将问题最小化而发展至今。此外,由于民事信托法理的限制,还存在对国民经济有利的信托机制在日本无法使用的情况。进言之,信托的相关税收制度也以民事信托的法理为基础构建而成,例如,将受益权的性质与信托财产的性质挂钩等。因此,在日本开发信托相关商品时,税收方面的考量非常重要,从而出现市场所期待的理想的信托机制因税收因素被扭曲的情况。

总而言之,在以民事信托为中心的信托法理以及以此为基础构建的税收制度之下,日本经常出现问题,比如,不得不采用就市

---

[1] 此外,研究日本不同类型营业信托商品的法律、实务问题的文献有[日]鸿常夫编:《商事信托法制》,有斐阁1998年版。

[2] 参见[日]商事信托研究会:《商事信托法的研究:商事信托法纲要及其说明》,有斐阁2001年版。从最近的信托法研究可以看出商事信托正逐渐得到重视。参见[日]能见善久:《现代信托法讲义》,载《信托》1999年~2002年第199号、第200号、第202号、第203号、第205号、第206号、第208号、第211号;[日]新井诚:《信托法》,有斐阁2002年版。

场需求而言并非最佳的信托机制,或者理想的信托机制无法得到利用,或者受到一些不合理的限制。

此外,在日本一说到"利用信托机制",往往就容易被理解为"交给信托银行",也就是说,人们并非出于对信托本身(特别是《信托法》所设想的信托)的信赖和期待,而是出于对信托银行的信赖和期待而使用信托。换言之,在这种情况下所采用的手段是不是信托(《信托法》所设想的信托)已经成为次要问题。如果将这样的理解推向极端,那么就变成日本的信托银行"依靠着并不像信托的信托而生存"。

虽然"日本的信托银行依靠着并不像信托的信托而生存"的观点在描述第二次世界大战后日本金融行政的事实方面不无道理,但就理论而言并非正确的理解。这是因为《信托法》所设想的信托是民事信托,以民事信托为出发点来判定信托银行所开展业务的性质,这本身在理论上就是错误的。信托银行开展的大部分信托业务并非民事信托而是商事信托。不像信托的信托是指不像民事信托的信托。之所以说上述观点不无道理,是因为日本欠缺商事信托的法理。为了今后商事信托在日本得到进一步发展,并在世界上具备竞争力,必须建立有别于民事信托法理的商事信托法理体系。

即使是商事信托,在现行法律制度下,只要是关系人之间的私法性法律关系,其法律基础就还是《信托法》。因此,完全无视《信托法》的规定及其解释的商事信托法理至少在现行法律制度下是行不通的。商事信托之所以不同于民事信托,是因为其适用的原理不同。因此,如果过度拘泥于现行《信托法》,就有可能对商事信托产生错误认识。

二、商事信托的本质与分类

(一)商事信托的本质

一般认为,民事信托的本质在于财产的存在和委托人的意志,也就是说,《信托法》所设想的信托的本质性特征在于受托人遵照以委托人意志为基础的"信托目的",为了受益人的利益,对信托财产进行管理或处分。《信托法》第1条规定,"进行本法中称为信托的财产权的转移或其他处分,让他人遵照一定的目的对财产进行管理或处分"。按照本章的说法,这里所谓的信托主要着眼于民事信托。该规定所设想的情形是委托人将财产权转移给受托人,让受托人按照信托目的管理或处分信托财产,而其根本在于委托人的意志。[1]

然而,商事信托的本质与上述民事信托的本质完全不同。具体而言,第一,不仅财产的存在对商事信托来说并非不可或缺,而且若想当然地将财产的存在作为前提则有可能导致对商事信托本质的误读。商事信托的本质在于是否具有商事性的安排,负责管理和实施这一商事性安排的人员为受托人,对该商事性安排实际出资并且享受利益的是受益人。此外,很多情况下负责设定上述安排的也是受托人。由于一直以来日本的信托法制以及法理论过分拘泥于财产,这被认为在一定程度上阻碍了商事信托的发展。关于这一点将在下文再次展开论述。

第二,委托人的意志在商事信托中并不重要,重要的反而是所谓的市场意志。因此,商事信托中的信托目的应该理解为遵照市场意志或者适应市场需求的上述安排的管理和实施。

---

〔1〕 参见[日]四宫和夫:《信托法》(新版),有斐阁1989年版,第66页以下、第341页以下部分。

(二)商事信托与信托财产

现在的日本信托法制以及法理论过分拘泥于信托财产,因此会出现与商业信托本质不符的情况,导致实际运行的商事信托机制受到扭曲,或者适应市场需求的合理的商事信托机制无法得到利用,或者受到一些不合理的限制。

《信托法》中规定信托关系通过财产权的转移或处分而成立。虽然这完全适用于民事信托,但若形式性地适用于商事信托则会出现问题。

1. 原始信托财产

日本业法上的规制根据《信托法》(以及《信托法》所设想的民事信托的法理),将在信托关系成立的"入口"转移给受托人的财产作为"原始信托财产",针对该信托财产,限定性地列举了信托银行可以受托的财产。《信托业法》第 4 条规定,信托公司能够接受信托的财产仅限以下 6 类:金钱、有价证券、金钱债权、动产、土地及其定着物、地上权及其土地的租赁权(金融机构基于《兼营法》开展信托业务时同样适用该规定,参见《兼营法》第 1 条第 1 款)。其结果是日本业法并不承认通过在"入口"将上述 6 类财产以外的财产转移给受托人而成立的信托[但是,可同时受托上述 6 类财产中的多种类型的财产,参照后述《金融机构兼营信托业务等相关的法律施行规则》(以下简称《兼营法施行规则》)第 3 条第 1 款第 9 项]。

此外,日本的信托业务按照上述原始信托财产的种类进行分类,《兼营法施行规则》第 3 条第 1 款列举了 11 种信托类型:金钱信托、金外信托、有价证券信托、金钱债权信托、动产信托、土地及其定着物信托、地上权信托、土地租赁权信托、包括信托(在同一信托行为中接受了上述《信托业法》第 4 条列举的多类财产的情形)、特定份额的信托、其他信托。金融机构必须按照上述分类在《业务方法说明书》中表明所接受的信托的种类。

如果认为商事信托的实体在于上述商事性安排,那么信托业务的上述规制构造就很难说具有与该实体相符的合理性。第一,若不可接受上述《信托业法》第 4 条列举的 6 类财产以外的财产,就有可能出现符合市场需求的合理的安排无法通过信托机制得到利用的情况。例如,在需要将建筑物的租赁权一开始就转移给受托人的情形下,现在的做法是就建筑物的租赁权在信托合同之外另签合同。在一定情形下允许向受托人转移建筑物租赁权具有合理性这一点不必赘述,而在现在的规制构造下这不得不在信托关系之外进行,因此应对其作出调整。

第二,一般认为上述财产必须是积极财产,因此带有负债的财产(或者财产性权利)不能作为原始信托财产。[1] 但是,没有人会对信托成立后的信托账务上的债务负担持否定态度。这一奇怪的现象与商事信托的实体并不相符。因此,为了一开始就向受托人转移负债,在实务中不得不采取在信托关系之外另签合同的办法。然而,既然允许这种做法,应该说就有必要对上述现行规制构造作出调整。如果将商事信托的本质理解为上述适应市场需求的商事性安排,那么当然存在受托人一开始就接受负债更为合理的情形。如果以"入口只能是积极财产"这样的形式论来排除上述情形,那么就只是挥舞着形式论的"大棒",而没有任何合理性可言。

---

〔1〕 参见[日]四宫和夫:《信托法》(新版),有斐阁 1989 年版,第 133 页。但是,有采用不同立场的案例,参见东京高级法院 1995 年 4 月 27 日判决,第 43 页,载《金融法务事情》1995 年第 1434 号。

第三,关于《兼营法施行规则》按照原始信托财产对信托业务进行分类的规定,其合理性也令人怀疑。比如,“入口”时的金钱在信托成立后被运用于有价证券的情形,其与“入口”时就是有价证券的情形相比,从业法的角度来看有何实质性差异?从业法性规制的角度来看,不应该按照“入口”时是何种财产来分类,而应该根据实际进行的商事信托(这里也包括以民事信托为业的情形)的实体来分类,换言之,其关键在于是否将信托作为“运用的机制”加以利用。作为一种思路,业法上也应该采用后述的商事信托类型那样的分类。

2. 信托财产和信托受益权的性质

现行的业法规制拘泥于“入口”时的信托财产的种类及性质。此外,当受益权性质成为问题时,也可以看到按照信托财产的性质来作决定的倾向。这可能是和受益权与信托财产存在物权性关系(《信托法》第 31 条)产生了混淆,从而引起了误解。

第一,在关于机构投资者的运用对象的规制中,一直以来都认为在运用于信托受益权时,运用规制上的分类应按照信托财产的性质来进行。比如,禁止运用于贷款债权的机构投资者,一般认为机构投资者不能享有以贷款债权为信托财产的信托受益权。但即使在这种情形下,如果其受益权变为《有价证券交易法》中的有价证券(《有价证券交易法》第 2 条第 2 款第 1 项),那么运用规制上其就被归类为有价证券。这样形式主义的思维方式显然与经济性实体并不相符。而且,在信托成立后原始信托财产转变为别的种类的财产(商事信托中这样的情况并不少见)的情形下,若按照上述思维方式归类则将日暮途穷。关于商事信托的受益权的性质,笔者认为,不应该按照信托财产的性质,而应该根据商事信托的整体机制来认定。

第二,在税收制度上,一直以来原则上将信托受益权的性质与信托财产挂钩处理。比如,土地信托的受益权在所得税法上作为土地处理。因此开发商品时就需要以上述税收处理为前提,从而使商品性受到限制,导致投资者等期待的、适应市场需求的商事性安排无法通过信托机制得到充分利用。[1] 而且,与上述机构投资者运用规制的情形相同,原始信托财产在信托成立后转变为别的种类的财产时该如何处理的问题同样存在。在税收制度的处理过程中,信托受益权的性质同样不应该按照信托财产的性质,而应该根据商事信托的整体机制来认定。若一味坚持上述形式主义的处理方式,将会对信托的运营本身附加限制性条件,这是一种本末倒置的做法。

3. 商事信托中信托财产的意义

现行的信托法制和税收制度都过分拘泥于"入口"时的原始信托财产,信托受益权的性质认定也拘泥于信托财产的性质。其结果是容易形成本末倒置的处理方法,即影响上述体制正常运转的信托的运营得不到承认。在此再次强调商事信托的本质并非在于财产,而是在于所进行的商事性安排。为了构建适当的商事信托法理,迫切需要打破围绕民事信托展开的信托财产的束缚。商事信托方面,亟须根据所进行的商事性安排的实体进行考量,并建立具体的法理论。

---

[1] 比如,土地信托就受到来自税收制度的许多限制。关于土地信托,参见住友信托银行编:《土地信托的实务》,东洋经济新报社 1985 年版;三菱信托银行编:《详解土地信托》,金融财政事情研究会 1987 年版。关于税收制度上的处理,参见三菱信托银行编:《详解土地信托》,金融财政事情研究会 1987 年版,第 90 页以下部分;三菱信托银行信托研究会编著:《信托的法务与实务》(第 3 次修订版),金融财政事情研究会 1998 年版,第 516 页以下部分。

（三）商事信托与集团性

1. 问题之所在

在商事信托中，经常存在多个受益人，并且通常数量众多。这是因为在多数情况下，作为市场的意志，期待以众多受益人的实质性出资为基础，为了其利益利用信托机制，换言之，在市场中存在对以众多主体为受益人的信托机制的需求。然而，《信托法》对存在众多受益人的情况几乎未作规定（其中也有例外，参见《信托法》第9条、第32条）。因此，在存在众多受益人的情况下应如何适用信托的法理，就产生了许多解释上的难题。关于这一点，迄今为止已经有了较为深厚的研究积累，并就问题的所在以及理想的解决方案的方向性在一定程度上达成了共识。[1]

2. 集团性相关问题点之例

在此举几个存在众多受益人时的法律问题的例子。第一，虽然受益人享有《信托法》中规定的各项权利，但是存在众多受益人时该如何行使权利是一个问题：是否有必要全体受益人达成一致行使权利，以及可否在信托合同中规定通过多数决行使权利。

第二，关于受益人的权利行使，还存在其范围该如何界定的问题。比如，受益人享有随时向受托人请求阅览“与信托事务处理相关的文件”（以下简称账簿）的权利（《信托法》第40条第2款），但在存在众多受益人的情况下，每个受益人是否可以阅览与其他受益人相关的部分？现实中如贷款信托的情形，虽然存在众多受益

〔1〕 参见［日］四宫和夫：《信托法》（新版），有斐阁1989年版，第50页。作为先行研究中最具代表性的研究成果，参见［日］大阪谷公雄：《有关商事（集团）信托的法解释》，第12页以下部分，载《信托》1962年第51号；［日］今村和夫：《多名当事人间的信托关系》，第79页以下部分，载《信托法研究》1984年第8号；［日］松本崇：《集团信托中的信托法理论的展开》，第367页以下部分，载《四宫和夫先生古稀纪念·民法·信托法理论的展开》，弘文堂1986年版。

人,但每个受益人均存在另外的信托合同。然而,因为实施的是共同运用,所以让每个受益人只浏览自己相关部分的账簿是不可能的。此外,在委托人指示型投资信托中,因为采用的是受益权分割的法律构成(《投资信托法》第2条第1款、第5条第1款),全体受益人只有一份信托合同,所以全体受益人只有唯一的账簿。

第三,在《信托法》要求得到受益人同意的情形下,如果有众多受益人,那么就存在是否需要全体受益人同意的问题。关于这一点,在变更信托合同等情形下会出现问题。

对于列举的以上问题,《信托法》中并没有能够为解决问题提供线索的规定。因此,迄今为止的研究都试图通过法解释来寻找合理的解决方案。例如,关于上述第一个问题和第三个问题,很多意见认为,如果事先在信托合同中作出规定,那么允许采用多数决。[1] 但是,仍然有很多未解的问题。例如,是否只要事先在信托合同中作出规定则凡事皆有可能?可在信托合同中规定的事项是否应限制在合理的范围内?后者合理性的标准又是什么?

此外,关于信托合同的变更,经监管当局的批准,可变更"以多数人为委托人或受益人的定型信托合同"的格式条款(《兼营法》第5条之3)。虽然存在适用该项规定进行格式条款变更的实例,但是关于委托人或受益人提出异议时该如何处置的问题,法律上未作任何规定(参考上述规定)。另外,格式条款制定时并不需要经过监管当局的批准等,而格式条款的变更需要监管当局批准以

---

〔1〕 参见[日]四宫和夫:《信托法》(新版),有斐阁1989年版;[日]大阪谷公雄:《有关商事(集团)信托的法解释》,载《信托》1962年第51号;[日]今村和夫:《多名当事人间的信托关系》,载《信托法研究》1984年第8号;[日]松本崇:《集团信托中的信托法理论的展开》,载《四宫和夫先生古稀纪念·民法·信托法理论的展开》,弘文堂1986年版。

确保内容妥当,这样的做法也存在局限性(《贷款信托法》第5条、第6条对此有相应的规定)。相比之下,还不如允许通过受益人的多数决来变更信托合同。近年来,《投资信托法》及《资产流动化法》朝这个方向改进了解决方案。

关于上述第二个问题,有意见认为,若信托合同事先作出了相应的规定,则允许对受益人的账簿阅览权加以某种形式的限制。《信托业法》第22条第8项及《兼营法》第10条第8项规定,若无正当的理由而拒绝上述阅览请求,信托公司或金融机构的管理层将会受到处罚。根据该规定,有意见认为,若有正当理由则可拒绝阅览请求,还有意见认为,在信托合同中事先作出规定即可。[1]然而,若对此进行实质性考虑,就会产生一个疑问,即同样的想法是否适用于所有的信托。

3. 集团性的相关商事信托法理的应有形态

从本章的立场来看,在探讨如何妥善解决上述问题时,着眼于商事信托的本质才更为合理。关于存在众多受益人时该如何处理的问题(特别是允许在信托合同中作出何种程度的规定),应根据该商事信托所进行的安排展开具体的探讨。关于这一点,后述的商事信托的不同类型的特征可供参考。

此外,第一,关于商事信托的集团性,由于现行《信托法》的规定相当不完善,在解决集团性相关问题时,若有可能则最好通过立法来解决。但是,在探讨相关立法时,不应该着眼于信托财产,而应着眼于商事信托安排的实体来进行考量,这是最为关键的一点。

---

〔1〕 参见[日]四宫和夫:《信托法》(新版),有斐阁1989年版;[日]大阪谷公雄:《有关商事(集团)信托的法解释》,载《信托》1962年第51号;[日]今村和夫:《多名当事人间的信托关系》,载《信托法研究》1984年第8号;[日]松本崇:《集团信托中的信托法理论的展开》,载《四宫和夫先生古稀纪念·民法·信托法理论的展开》,弘文堂1986年版。

第二,在商事信托中也存在只有一个受益人的情形,比如,基金信托或单独运用指定金钱信托。在这种情形下,虽然并不存在这里指出的集团性的相关问题,但是仍然存在是否允许在信托合同中对受益人的权利设置某种限制等问题。在考虑这些问题时,仅凭《信托法》的规定无法找到解决的线索,此时需要的是本章所主张的商事信托的法理。

(四)商事信托的类型

如果以上述商事信托的本质为基础,对商事信托法理的内容进行探讨,那么对商事信托进行分类将事半功倍。对商事信托进行分类,不仅有助于建立商事信托的法理体系,而且能够对进行商事信托的分论性探讨时需要何种基本观点给予提示。基于这样的问题意识,以下试将商事信托分为 4 类。这些分类是根据所进行的信托的安排的功能,以理念性、理想型商事信托为设想所作出的分类尝试。需要注意的是,在实际的商事信托中可能会同时兼有多个类型的属性。在此意义上,需要事先强调的是以下分类作为对商事信托的法理进行分论性探讨时所需的准备工作,是旨在明确思维方式的一种尝试。

1. 存款型商事信托

该类型是指为达到与信用中介制度中的传统意义上的银行业务(存贷款业务)相同的目的而利用信托的情形。基于《贷款信托法》的贷款信托就是典型例子。

2. 运用型商事信托

该类型是指为了资产(金钱的情形不在少数)运用而使用信托的情形。其经常存在多名受益人,并且通常数量相当之多。当市场认为为了运用众多受益人的资产而需要使用信托时,该类型的信托就得以成立,换言之,市场中存在为了资产运用而利用信托的需求。绩效分配型的共同运用指定金钱信托便属于该类型。

3. 转换型商事信托

该类型是指为了改变交易的对象或客体的性质而使用信托的情形，换言之，其以此为主要目的而使用信托的安排。从法律上来看，是市场发现了将被定性为信托财产之物转换为被定性为受益权之物（在很多情况下，受益权具有比信托财产更高的流通性）的需求。利用信托来实现资产流动化或证券化（金融证券化）的情形就是典型例子。

4. 事业型商事信托

该类型是指利用信托来开展事业经营的情形，也就是说，市场要求利用信托来开展某种事业的情形，其并非财产管理，而是超越了财产管理或者说处于不同的维度。其典型例子是土地信托。

5. 其他类型

在国外特别是美国，财产管理型的信托业务作为营业信托的重要领域正处于发展阶段（其典型代表是托管人业务）。但是，从本章的问题意识来看，这一类型的信托应该属于民事信托。然而，我们在展望日本信托业务发展前景时，同样期待在本章被定义为民事信托的领域得到发展。此外，美国和英国并不存在已经在日本相当普及的属于商事信托的贷款信托、绩效分配型的共同运用金钱信托、土地信托等。因此，需要注意的是，英美的信托法理主要围绕本章所谓的民事信托展开。

三、商事信托的特征及信托行业相关法制的应有形态

上述前 4 种类型的商事信托，究竟与民事信托相比在法理层面上有何特征？对于这一点，以下将分别对每种类型的本质性特征进行说明，同时就法制的应有形态指出若干具体的问题点。

（一）存款型商事信托

存款型商事信托的特征在于信托财产的财产性较弱，与传统银行业务（存贷款业务）的经济性实质相似。另外，与运用型商事信托不同的是，存款型商事信托的资金提供人提供的资金通常与存款一样得到一定程度的保护。

实际上，日本的贷款信托的绩效分配主义已被修正（《信托业法》第 9 条，《兼营法》第 4 条），其一直适用存款保险制度（《存款保险法》第 2 条第 2 款第 4 项、第 49 条之后）。在限制存款利率的时期，贷款信托的分红同样受限，第二次世界大战后的金融行政对贷款信托和存款的定位几乎相同。贷款信托一直以来也像存款一样实施共同管理和共同运用。关于对金融机构根据不同行业实施资金规制的历史事实，可以有各种理解和评价。先抛开这一点，就本章的问题意识而言，重要的论题在于该类型是否存在可以称为信托的部分。

从法律上来看，该类型的商事信托与存款最大的区别在于，因为是信托，所以即便受托人破产，信托财产也不归属于受托人的破产财团，而属于受益人。就这一点而言，在信托财产是金钱的情形下，若其与受托人的一般财产混淆，则受托人破产时难以肯定受益人的取回权（《破产法》第 87 条），因此即使是信托，若破产后没有彻底实施物理意义上的分别管理，那么也没有实际意义。但是，若信托财产在最初阶段以外均非处于金钱的形态，而处于以第三方为对象的贷款债权或者存款的形态，则可以肯定受益人的取回权。

此外，在与信托法理的关系上，还存在应该以何种形式确保受益人之受益权的变现可能性的问题。如果强调与传统存款之间的相似性，那么比起赋予受益权流通性，更需要部分解除信托或由受托人回购受益权，关于这一点应完善相关法律制度。[1]

（二）运用型商事信托

1. 特征

运用型商事信托最大的特征在于将众多受益人的资产（金钱的情形不在少数）合在一起运用更为合理，即便从规模经济的角度来看也是如此。每个受益人都希望所投资的资产尽可能得到有效的运用。虽说如此，但投资者的选择是风险与回报的组合，理论上投资者只能期待与其风险相符的回报。一般而言，将选择同样的风险与回报组合的投资者的资产合在一起运用更为有效。另外，既然被称作运用，就一定会伴随风险的产生。因此，在运用型商事信托中，不仅应以承担多大风险等为内容的运用方针，关于运用收益的分红方针和变现方法等，原则上也应该允许根据各自方案作出自由选择，并在此基础上事先向投资者进行充分的信息披露，基于投资者的责任自负原则展开运营。

关于运用型商事信托，就投资者（通常将成为受益人）中的一般投资者和机构投资者而言，其所适用的法理应有所区别。另外，对于现在存在的基金信托等受益人仅为一个人的情形（所谓的相对型的运用型商事信托），比如，在信托合同的写法等方面应该适用与多名受益人的情形不同的原理。

运用型商事信托在与《信托法》的关系上存在各种问题，以下试着列举若干具体的问题点（下列很多问题点也经常存在于存款型商事信托和转换型商事信托中）。

2. 受益人的有限责任性

关于面向一般投资者的运用型商事信托，有必要明确受益人

---

〔1〕 关于贷款信托，参见《贷款信托法颁布四十周年纪念特辑》，载《信托》1992年第171号。

的有限责任。在《信托法》中,除个别情况外,受益人并非当然与受托人以外者就信托存在权利义务关系。在此意义上,受益人的有限责任性是一种比较难以理解的表达。其问题在于与《信托法》现行规定的关系,《信托法》第 36 条第 2 款规定,受托人就因执行信托事务而产生的费用(及其在没有过失的情况下产生的损失)有权要求受益人给予相应的补偿,也就是说,上述情况发生时,受益人不仅会失去信托财产(《信托法》第 36 条第 1 款),还必须满足受托人的补偿要求。从法律条文来看,唯一的解决办法是放弃受益权(《信托法》第 36 条第 3 款)。

如果将受益人的有限责任定义为不承担超出信托财产的责任,那么从现行《信托法》规定的条文来看,若不放弃受益权就不存在上述意义的有限责任性;反之,受益人只要放弃了受益权就不必满足受托人提出的补偿要求,因此,从该意义上可以说现行《信托法》反而肯定受益人的有限责任性。但是,仅从条文的字面意思来看,并未要求受托人先用信托财产填补上述费用和损失(《信托法》第 36 条第 1 款和第 2 款),在信托财产仍有剩余的情况下,受益人也有可能被要求作出补偿,因此,在该意义层面原则上是无限责任的说法更为确切。[1]

商事信托与民事信托的情形恰恰相反,原则上受益人应为有限责任。在运用型、转换型、存款型的商事信托中,成为受益人的是投资者或者实际上的存款人。在该情形下,若按照受益人不放弃受益权就要承担无限责任的上述说法,这些类型的商事信托就无法成立。相比之下,在事业型商事信托的情形下,一般认为在受托人与受益人之间(或者是在信托合同之中)根据需求作出相应

---

〔1〕 关于上述内容存在各种争议,参见[日]四宫和夫:《信托法》(新版),有斐阁 1989 年版,第 289 页以下部分。

规定更符合常理。

3. 分别管理

在与现行《信托法》的关系方面，存在与受托人分别管理义务的规定（《信托法》第 28 条）关系的问题。具体而言，该规定要求信托财产原则上应与受托人的固有财产以及其他信托财产分别管理，只有金钱的情形才允许受托人进行共同管理。假设其为强制性规定，那么在金钱以外的财产被作为信托财产时，则无法进行共同运用，如此实务中会出现以下问题，即是否可以放弃与每个受益人分别签订信托合同的方式，而通过采用与所有受益人签订一份信托合同，由每个受益人分割持有受益权的方式来实现实质上的共同运用。虽然在基于《投资信托法》的委托人指示型证券投资信托中，出于其他理由采用上述受益权分割的方式，但是在没有特别法规定的情况下是否能采取同样的做法则存在疑问。

对于该问题，迄今为止的研究提供了两种解决办法。第一，多数说认为《信托法》第 28 条关于信托财产之间的规定属于任意性规定，[1]也就是说，只要在信托合同中作出约定，金钱以外的财产也可以进行共同管理。第二，部分有力说认为，合同“管理”与合同“运用”是两个不同的概念，《信托法》第 28 条对于后者并没有作出任何规定，因此只要在信托合同中作出约定就可以自由进行共同运用。[2] 但是，至于为何《信托法》第 28 条只有关于信托财产之间的规定才属于任意性规定，为何共同管理与共同运用不同，上述学说一直未给出充分的理由。

从本章的问题意识来看，在运用型商事信托中，市场的需求正是在于共同运用，若无法进行共同运用，则等于运用型商事信托无

---

〔1〕 [日]四宫和夫：《信托法》（新版），有斐阁 1989 年版，第 220 页以下部分。

〔2〕 [日]四宫和夫：《信托法》（新版），有斐阁 1989 年版，第 221 页以下部分。

法成立。虽然一直以来的解释在认可共同运用这一结论上被认为是正确的,但从本章的问题意识来看,其是否可以作为也适用于民事信托的一般性结论还有待商榷。

4. 亲自执行义务

在与现行《信托法》的关系方面,与受托人亲自执行义务的规定(《信托法》第 26 条)之间的关系也存在问题。《信托法》第 26 条规定,仅在就信托行为有另外规定或存在迫不得已的事由的情形下,才可以"让他人来代替自己处理信托事务"。但是,在商事信托中,将信托业务委托给更专业的第三方来处理更为合适的情况不在少数(例如,在将信托财产运用于外国债券的情形下,将其运用委托给外国的基金经理等)。因此,从立法论角度来看,关于运用型商事信托,原则上应该允许将信托事务委托给他人。在该情形下,受托人当然应该对第三方的选任和监督负有责任(《信托法》第 26 条第 2 项)。

此外,在将信托财产(特别是有价证券)交给第三方保管的情形下,对以下两种情形加以区分更为合理。第一,关于投资有价证券的保管和结算时经常看到的,广泛使用中央集中型证券保管与结算系统的情形,不应该将此作为亲自执行义务的例外(将信托事务委托给他人的情形),而应将其作为信托财产的持有形态的问题来理解。在这种情形下,应理解为受托人对信托财产加以管理,作为其持有形态将信托财产存托于委托保管机构。采取这种持有形态的是基于善管注意义务(《信托法》第 20 条)来作出决定的事项。第二,关于受托人将信托财产交给第三方代为持有的情形,其不同于上述利用证券保管与结算系统的情形,存在亲自执行义务的问题。在迄今为止的实践中,虽然一般认为包括前者在内均适用《信托法》第 26 条,但是实际上允许根据上述区分采取合理的处理方式(参见金融厅的事务指导方针 3 -2 -3 备忘单)。

5. 信托公示

此外,存在与信托公示规定(《信托法》第 3 条)的关系问题。特别是在运用型商事信托中,尽管运用于有价证券的情形较为常见,但是《信托法》第 3 条第 2 项规定,如果信托财产是现物有价证券,那么应按照敕令[大正 11 年(1922 年)第 519 号敕令《有价证券作为信托财产时的表示及其归属于信托财产的资金管理相关的案件》第 1 条至第 4 条]作出券面上的表示等,若未进行该公示,就无法主张信托对抗第三人(《股票保管转账法》第 37 条)。[1] 但是由于在运用型商事信托中,作为信托财产的有价证券会不停变化,实际上完全无法进行上述公示。因此,根据平成 10 年(1998 年)的《金融系统改革法》,在《信托业法》中新增了第 10 条第 1 款(准用《兼营法》第 4 条),其规定若进行了分别管理,则即便未进行《信托法》第 3 条第 2 款所规定的公示,也可以主张信托对抗第三方。此外,针对适用《信托法》第 3 条第 1 款有价证券中的登记债,在平成 12 年(2000 年)的修改中设置了《信托业法》第 10 条第 2 款及第 3 款(准用《兼营法》第 4 条)。

(三)转换型商事信托

所有信托都具有将信托财产转换为受益权的功能。[2] 如果在该转换功能中市场发现了主要需求,那么就是本章所说的转换型商事信托。

---

〔1〕 参见[日]四宫和夫:《信托法》(新版),有斐阁 1989 年版,第 171 页;[日]新井诚:《信托的公示与信托财产的保全》,载《新商业法》1998 年第 635 号,第 20 页以下部分;[日]植田淳:《有价证券的信托公示的省略与信托财产的独立性》,载《信托》1998 年第 193 号,第 24 页以下部分。

〔2〕 参见[日]四宫和夫:《信托法》(新版),有斐阁 1989 年版,第 14 页以下部分。

以资产流动化为例,转换后的受益权必须满足成为资本市场中投资对象的条件。为此,有必要允许赋予受益权流通性,或将受益权多层化。虽然《信托法》中并没有妨碍受益权流通性的规定,但是也没有允许将受益权有价证券化的规定。另外,关于受益权的多层化也没有特别的规定。

虽然一直以来在解释上有见解认为,即便《信托法》未作出特别规定,也可以将受益权有价证券化,[1]但在实际情况中,日本还没有尚未制定特别法(《贷款信托法》第 8 条,《投资信托法》第 5 条和第 49 条第 5 项,《资产流动化法》第 73 条等)就对信托受益权实施有价证券化的先例,因而还是需要采取一定措施。相比之下,受益权的多层化在住房贷款债权信托等领域已经得以开展。[2]

(四)事业型商事信托

事业型商事信托最大的特征是,为了开展事业有必要赋予受托人一定自由度(也被称为经营裁量),特别是经常需要进行借款。

《信托法》中并没有受托人借款的相关规定。然而,受托人执行信托业务时,在对外关系上自身就是法律主体。《信托法》也没有对受托人对外关系中的权利能力及行为能力作出特别的限制(有关财产的处分权限参见《信托法》第 31 条)。因此,出于执行信托业务的目的,在《信托法》下受托人可以自由借款符合

---

〔1〕 参见[日]四宫和夫:《信托法》(新版),有斐阁 1989 年版,第 322 页以下部分;[日]前田庸:《票据法 · 支票法》,有斐阁 1999 年版,第 14 页以下部分。另外参见[日]神田秀树、神作裕之:《德国法中的有价证券概念》,载《资本市场研究会报告》1998 年第 19 号,第 1 页以下部分。

〔2〕 参见[日]天野佳洋:《证券化与信托》,载《信托法研究》1989 年第 13 号,第 99 页以下部分;[日]天野佳洋:《住房贷款债权信托的构造与法律问题》,载《金融法务事情》1989 年第 1216 号,第 6 页以下部分;[日]福井修:《住房贷款债权信托》,载《金融法务事情》1992 年第 1328 号,第 42 页以下部分。

常理。[1] 但是,关于受托人为了执行信托业务而做出的借款行为及其他对外行为的效果,存在为了重视法律形式而将所有效果都归属于受托人是否妥当的问题。就一般性而言,关于受托人为了执行信托业务而进行的对外的债务负担行为,存在受托人是否应承担超过信托财产的债务的问题。关于这一点,应该通过立法予以妥善解决。

四、结语

商事信托与民事信托在本质上存在差异。有必要基于商事信托的本质构建商事信托的法理体系。在此基础上,还有必要完善信托业的相关法律制度。虽然迄今为止的信托法研究对日本一直以来所开展的商事信托表示理解,但是不能说已经提出了充分的信托法理。制定商事信托的相关规则被认为是重中之重。因此,对于各类商事信托,应根据其经济性实体开展法律层面的研究,从而建立关于商事信托的法理体系。

---

〔1〕 参见[日]四宫和夫:《信托法》(新版),有斐阁 1989 年版,第 72～73 页、第 179 页。

第二章 商事信托的业法性规制

神田秀树

一、法律制度的概要

从法律制度的层面来看,日本的信托业是在私法《信托法》和行业法《信托业法》以及《兼营法》的规范之下发展至今的。此外,有的领域还制定了《贷款信托法》《投资信托法》《资产流动化法》等特别法。

《信托法》第 1 条和第 4 条对信托作出的定义是受托人"管理或处分"信托财产,一般将以接受信托为业的情形(《信托法》第 6 条)称为营业信托。在日本若想以接受信托为业,原则上需要根据《信托业法》取得执照(成为信托公司),或者金融机构根据《兼营法》获得许可(被称为信托兼营金融机构等)。

《信托法》及《信托业法》制定于大正 11 年(1922 年),《兼营法》制定于昭和 18

年(1943 年),但是关于第二次世界大战之前存在的信托公司,从昭和 23 年(1948 年)采取将其转为普通银行的政策至今,没有一家公司根据《信托业法》取得执照。日本现在经营信托业务的全部是根据《兼营法》获得信托业务许可的金融机构。

此外,特别法规定了若干例外的情形。例如,第一,《附担保公司债信托法》就附物上担保权的公司债设置了利用信托的制度。该法律制定于明治 38 年(1905 年),该法律第 1 条规定,“本法中所称的信托公司是指经营着附担保公司债相关信托业务的公司”;第 2 条规定,“对公司债附物上担保权时,应根据该公司债发行公司与信托公司签订的信托合同来发行,在该情形下,由该信托公司为公司债债权人管理公司债”;第 5 条规定,“与附担保公司债相关的信托业务除法律有特别规定,需取得内阁总理大臣颁发的执照方可经营”。其中,附担保公司债整体构成信托的对象(该法律中使用了附担保公司债券的受托公司的概念)。《附担保公司债信托法》制定后的大正 11 年(1922 年)《信托法》才制定,关于二者的关系,虽然可以将前者理解为后者的特别法,但公司债并非信托的对象,只有担保权才是信托的对象的理解更为妥当。

第二,《著作权管理事业法》[平成 12 年(2000 年)法律第 131 号]是对《著作权相关中介业务相关法律》[昭和 14 年(1939 年)法律第 67 号]进行全面修改而成的法律。该法律中的著作权管理事业信托(《著作权管理事业法》第 2 条第 1 款第 1 项)的接受采用的是注册制,排除了《信托业法》的适用(《著作权管理事业法》第 26 条第 1 款)。

除上述例子以外还有其他例子,比如,《保险业法》第 99 条第 3 款规定的保险金信托等,在此不作赘述。

二、准入等

《兼营法》对于信托业务的准入规制可以概括为以下内容。政令规定的银行等“金融机构”[《有关金融机构兼营信托业务等法律的施行令》(以下简称《兼营法施行令》)第2条]制定业务方法书(后文会详细阐述),并获得内阁总理大臣的许可后方可开展信托业务(《兼营法》第1条第1款)。此外,业务方法书的变更、代理店的设置和废止也需要获得许可(《兼营法》第5条)。

《兼营法施行令》第2条规定的金融机构如下:(1)银行;(2)长期信用银行;(3)信用金库;(4)劳动金库;(5)信用协同组织;(6)农林中央金库;(7)同时开展《农业协同组合法》第10条第1款第2项及第3项所规定业务的农业协同组合;(8)同时开展《水产业协同组合法》第11条第1款第3项及第4项所规定业务的渔业协同组合;(9)同时开展《水产业协同组合法》第93条第1款第1项及第2项所规定业务的水产加工业协同组合;(10)信用金库联合会;(11)劳动金库联合会;(12)开展《中小企业等协同组合法》第9条之9第1款第1项所规定业务的协同组合联合会;(13)同时开展《农业协同组合法》第10条第1款第2项及第3项所规定业务的农业协同组合联合会;(14)同时开展《水产业协同组合法》第87条第1款第3项及第4项所规定业务的渔业协同组合联合会;(15)同时开展《水产业协同组合法》第97条第1款第1项及第2款所规定业务的水产加工业协同组合联合会。

关于代理店,《兼营法施行规则》第7条之2规定,“《兼营法》第5条第2款规定的代理店是指,接受经营信托业务的金融机构的委托,为该金融机构代理全部或者部分信托业务者”。关于有资格准入者,该规则第7条之2第1款规定,“可设置《兼营法》第5

条第2款规定的代理店者,应为经营信托业务的金融机构,可成为同款规定的代理店者,应为金融机构及工商组合中央金库”。

金融机构若要开展“信托业务”(其范围后述),应确定业务种类(《兼营法施行规则》第3条)及方法(《兼营法施行规则》)并作书面记载(业务方法书),准备由全体董事(委员会等设置公司为董事及执行官、协同组织金融机构为理事)签名的许可申请书,并附带业务方法书及其他所需材料,通过金融厅长官提交给内阁总理大臣以申请获得许可(《兼营法施行规则》第1条第1款)。

在这样的法律制度(及其前身)之下,昭和47年(1972年)以后,7家所谓的专业信托银行以及大和银行等根据《兼营法》获得了开展信托业务的许可。昭和60年(1985年)起允许外资信托银行行业准入,昭和61年(1986年)有9家外资信托银行进入日本信托市场。此后,根据平成4年(1992年)的金融制度改革的各项法律规定,平成5年(1993年)实现银行和证券公司通过信托银行子公司准入,地方银行也开始自身兼营信托业务及通过代理店准入。随后,平成9年(1997年)及平成11年(1999年)允许信托子公司扩大业务范围,平成13年(2001年)允许城市银行及农林中央金库自身兼营信托业务,另外,还允许地方银行自身、信托银行子公司和代理店扩大业务范围以及扩大代理店的范围[平成14年(2002年)2月施行]。在其结果的影响下,加上其间金融机构的整合和重组等,截至平成15年(2003年)4月1日,信托兼营金融机构已经有50家[专业信托银行5家(三菱信托银行、瑞穗信托银行、UFJ信托银行、中央三井信托银行、住友信托银行),外资信托银行9家,城市银行2家(resona银行、三井住友银行),子公司类信托银行13家,地域金融机构19家,县信用农业协同组合联合会1家,法人及整理回收机构1家]。

是否给予许可,需要审查财产基础、人员构成以及收支预期(《兼营法》第 1 条第 3 款、《兼营法施行规则》第 1 条第 2 款第 3 项)。关于最低注册资本,由于《信托业法》规定信托公司必须是股份公司,商法规定最低注册资本为 1000 万日元,而兼营信托业务的金融机构则适用母法《银行法》的规定(银行现在为 20 亿日元)。

三、业务范围

(一)信托业务:对受托财产的规制

在《信托法》(以及《信托法》所设想的民事信托法理)下,目前业法性规制将在信托关系成立的"入口"转移给受托人的财产作为原始信托财产来理解,并限定列举了信托银行可以受托的财产(受托可能财产)。《信托业法》第 4 条规定,信托公司可接受信托的财产包括金钱、有价证券、金钱债权、动产、土地及其定着物、地上权及土地租赁权(金融机构根据《兼营法》规定开展信托业务时也适用该规定,参见《兼营法》第 1 条第 1 款)。关于《信托业法》中信托业务的分类,参见《信托业法施行规则》第 2 条第 1 款。此外,以下特别法的规定排除适用《信托业法》第 4 条,即《资产流动化法》第 163 条第 2 款(特定目的信托)、第 31 条之 2 第 3 款(特定持有比例信托),《著作权管理事业法》第 6 条第 2 款(著作权管理事业信托)。其结果是,在日本,业法上并不承认通过将上述财产以外的财产在"入口"转移给受托人而成立的信托(但是,可同时受托上述 6 种财产中的多种财产,参见《兼营法施行规则》第 3 条第 1 款第 9 项)。

另外,日本信托业务的类型按照上述原始信托财产的种类来划分,《兼营法施行规则》第 3 条第 1 款列举了以下 11 种信托类型:(1)金钱信托;(2)金钱信托以外的金钱的信托;(3)有价证券信托;(4)金钱债权信托;(5)动产信托;(6)土地及其定着物信托;(7)地上权信托;(8)土地租赁权信托;(9)包括信托(在同一信托行为中接受上述《信托业法》第4条所列举的多种财产的情形);(10)特定份额信托;(11)其他信托。该规定还要求金融机构必须在业务方法书中按照该分类记载所接受的信托的种类。其中,特定份额信托是指基于《资产流动化法》第31条之2的信托,其他信托是指无法分类为前面任意一种信托类型的信托,如著作权管理事业信托(《著作权管理事业法》第2条第1款第1项)。

此外,关于金钱信托,《兼营法施行规则》第3条第2款要求在业务方法书中记载属于特定、指定还是无指定中的何种运用方法[《信托法》第21条,大正11年(1922年)敕令第519号《有价证券的信托财产表示及其信托财产归属相关的资金管理案件》第5条]。另外,《兼营法施行规则》第3条第3款还要求记载兼营业务(后文详述)。

(二)兼营业务

对于信托公司可以经营的业务,除接受信托外,《信托业法》还允许开展以下兼营业务(该法第5条第1款以及第2款):(1)保护寄存;(2)作为《公司债券等转账相关的法律》的账户管理机构开展转账业务;(3)债务的保证;(4)不动产买卖的中介业务或现金及不动产的借贷中介;(5)公债、公司债、股票的募集及其认购资金的受理或其本金利息、分红的支付;(6)与财产相关的遗嘱的执行;(7)会计检查;(8)与财产的取得相关的代理事务。信托兼营金融机构原则上也被允许经营上述兼营业务(《兼营法》第1条第1款)。另外,信托公司还可以开展附担保公司债的信托业务(《信托业法》第6条)。

虽然上述业务范围规制与其他金融业法一样是基于他业禁止

的原则，但与《银行法》的规制等相比（《银行法》第 10 条至第 12 条），兼营业务相当多样化，这在很大程度上受到历史的影响。

（三）对信托业务及兼营业务范围的规制

从条文来看，对于所有的信托业务及兼营业务，现行《兼营法》并非全部允许信托兼营金融机构开展。《兼营法》第 1 条第 1 款规定，“银行及其他金融机构（仅限政令规定者，以下称为‘金融机构’）不受其他法律的限制，在获得内阁总理大臣的许可后，可以根据《信托业法》经营信托公司所经营的业务（政令规定的情形除外，以下称为‘信托业务’）”，其中就“信托公司所经营的业务”特别指出“政令规定的情形除外”。

《兼营法施行令》第 2 条之 2 进而规定了金融机构无法经营以下业务：(1)《信托业法》第 5 条第 1 款第 3 项规定的业务中，不动产买卖及借贷的中介；(2)《信托业法》第 5 条第 1 款第 7 项第 2 号规定的业务中，不动产买卖及借贷的代理；(3)包括土地或其定着物、地上权或土地的租赁权（“土地等”）等财产的信托中，以处分土地等作为信托的全部或部分目的的信托[以下情形除外：《资产流动化法》第 2 条第 13 款规定的特定目的信托、受益权的受让方仅限于特定目的公司（《资产流动化法》第 2 条第 3 款规定的特定目的公司）或注册投资法人（《投资信托法》第 2 条第 20 款规定的注册投资法人）的信托]；(4)内阁府令规定的其他业务。

关于上述第 4 类业务，《兼营法施行规则》第 2 条之 2 第 1 款规定了以下业务：(1)管理或处分信托财产时进行《宅地建筑物交易业法》第 2 条第 2 项所规定行为的信托（在土地等财产的信托中，将土地等的处分作为信托的全部或部分目的的情形除外）；(2)与财产相关的遗嘱的执行；(3)不动产的鉴定评价；(4)对不动产投资提供建议的业务；(5)属于《有价证券相关投资顾问业的规制等相关法律》第 2 条第 2 款规定的投资顾问业的业务;(6)属于《商品投资相关事业的规制相关法律》第 2 条第 7 款规定的商品投资顾问业的业务;(7)遗产的整理。此外,《兼营法施行规则》第 2 条第 2 款规定,“经营信托业务的金融机构在接受上述施行令(3)内的信托时,除了天灾及其他迫不得已的事由,在取得之日起一年内不得处分作为信托财产取得的土地”。

上述规制是经过以往的各种调整后制定的。之所以形成了上述法律条文,是因为平成 13 年(2001 年)11 月 9 日颁布了《修改银行法等的部分内容的法律》[平成 13 年(2001 年)法律第 117 号,平成 14 年(2002 年)2 月 1 日施行]。作为该法规定的修改内容,《兼营法》第 1 条第 1 款添加了上述“政令规定的情形除外”的表述,《兼营法施行令》也相应地新增了第 2 条之 2,即平成 14 年(2002 年)1 月 23 日公布的《兼营法施行令的修订》[平成 14 年(2002 年)政令第 10 号],此外,《兼营法施行规则》也新增了第 2 条之 2,即平成 14 年(2002 年)1 月 23 日公布的《兼营法施行规则的修订》[平成 14 年(2002 年)内阁府政令第 1 号]。然而,在此之前并非不存在上述限制,自平成 4 年(1992 年)金融制度改革以来,关于子公司类信托银行及地方银行自身的业务,就存在通过政府通知[平成 10 年(1998 年)起变为《事务指引》]对业务方法书施加的限制。虽然这些限制随后逐渐被放宽,但在平成 14 年(2002 年)2 月 1 日,当时《事务指引》中存在的限制变成上述法律上的规制。能够不受这些限制经营全线业务(《信托法》规定的所有信托业务以及兼营业务等)的金融机构仅限于专业信托银行以及外资信托银行。这些信托银行能够经营全线业务的法律依据为《修改银行法等的部分内容的法律》的附则第 10 条。根据该规定,在平成 14 年(2002 年)2 月 1 日前已被许可经营全线信托业务的金融机构,其后仍继续获得许可。

因此,从平成 14 年(2002 年)2 月 1 日开始,相关制度变为以下内容:专业信托银行和外资信托银行能够经营全线的信托业务,而其他银行不得从事金钱的信托中属于宅建业的业务,子公司类信托银行、地方银行自身及城市银行自身虽然可以经营处分型以外的不动产信托,但处分型信托仅限于有助于不动产的流动化的情形,并且除了天灾及其他迫不得已的事由 1 年内禁止处分被信托的不动产。此外,在兼营业务中,不允许经营不动产相关业务、执行遗嘱及管理遗产业务和提供投资建议业务。

虽然《投资顾问业法》之前不允许信托兼营金融机构开展有价证券投资的全权委托业务,但是平成 15 年(2003 年)5 月 30 日颁布的《修改有价证券交易法等的部分内容的法律》[平成 15 年(2003 年)法律第 54 号]使其变为可能(参见根据该法律修改后的《投资顾问业法》第 23 条和第 23 条之 3)。这样采用主信托(master trust)的年金运用计划除了再信托之外,还可以利用投资全权委托的方式。从理论上来讲,受托人将金融资产作为信托财产进行运作和管理时,运用时可以外包(《信托法》第 26 条),上述修改意味着管理也可以外包,这可以说是合理的制度修订。

四、监督规制

(一)概要

《信托业法》除了规定监管部门的报告征收权及检查权(第 17 条)之外,还就监管部门的各种行政处分权和取消执照权(第 18 条)作出了规定。在《兼营法》中同样如此(根据《兼营法》第 4 条准用《信托业法》第 17 条、第 18 条,《兼营法》第 8 条)。

(二)财务规制

《信托业法》规定了国债的寄存义务(第 7 条、第 8 条)、运用限制(第11条)、法定准备金规制(第12条)、财务文件规制(第13条、第13条之2)。信托兼营金融机构基本上同样如此(根据《兼营法》第4条准用《信托业法》第7条、第8条、第13条第1款。关于除此之外的信托公司的规制,由母法《银行法》来作出相应规制。关于国债的寄存,参见《兼营法施行规则》第6条。关于信托业务报告书,参见《兼营法施行规则》第11条和第11条之2)。此外,信托兼营金融机构还应遵守大额授信规制(《兼营法》第5条之2、《兼营法施行令》第3条、《兼营法施行规则》第8条之2)。

(三)行为规制

虽然《信托业法》和《兼营法》中并没有特别详细的行为规制,但《兼营法施行规则》中有几项重要的规制。就信托兼营金融机构而言,签订信托合同时,必须将以下事项明确记载在书面上加以交付(《兼营法施行规则》第5条第1款、第2款):(1)签订信托合同的年月日;(2)委托人及受益人的姓名或名称以及经营信托业务的金融机构的商号或名称;(3)信托的目的;(4)信托合同签订时的信托财产的种类以及价额或数量;(5)信托合同的期间;(6)信托财产运用或管理的相关事项;(7)计算信托收益的时期及方法的相关事项;(8)交付给受益人的信托财产的种类以及交付时间和方法的相关事项;(9)信托报酬的金额其计算方法、支付义务人以及支付的时期和方法的相关事项;(10)信托财产相关的税费、修缮费及其他费用的相关事项;(11)信托终了时的最终计算及其报告的相关事项;(12)共同运用作为信托财产的金钱及作为其他信托财产的金钱的相关事项;(13)解除信托合同的相关事项;(14)根据《信托业法》第9条的规定签订保本或补足利益合同时的比例及其他相关事项;(15)信托财产运用情况报告的相关事项;(16)其他重要事项。此外,信托兼营金融机构还负有防止代理店业务与自身业务产生误认的义务(《兼营法施行规则》第 7 条之 4)。除了上述规定之外,作为“防止弊害的措施等”,《事务指引》还规定了与特定关系者的交易、关于信托事务委任的确认清单(《事务指引》第一分册处理存款的金融机构相关内容 3 - 2)。

五、针对《信托法》规定的特别规定

在《信托业法》以及《兼营法》中,针对《信托法》的规定(以及《商法》的规定)设置了重要的特别规定。在此先将其简单列举,后面的章节再对其作详细探讨。这些规定包括保本或补足利益合同(《信托业法》第 9 条,根据《兼营法》第 4 条准用),有价证券的公示(《信托业法》第 10 条第 1 款、第 2 款,根据《兼营法》第 4 条准用),《信托法》第 22 条的例外(《信托业法》第 10 条第 3 款、第 4 款,根据《兼营法》第 4 条准用),《信托法》第 17 条的例外(《信托业法》第 10 条之 2,根据《兼营法》第 4 条准用),格式信托合同的条款变更(《兼营法》第 5 条之 3)。此外,关于信托公司、信托兼营金融机构的合并、分立也有特别规定(《信托业法》第 16 条、第 16 条之 2,《兼营法》第 6 条、第 6 条之 2、第 7 条、第 7 条之 2)。

另外,在《信托业法》(第 22 条第 8 项)中,在信托公司对基于《信托法》第 40 条的阅览账簿请求加以拒绝等情形下,若为“无正当理由”的拒绝等,则被列为罚则的对象(《兼营法》同样如此。参见《兼营法》第 10 条第 8 项)。

第三章　流动化型商事信托

神田秀树

本章就商事信托中的流动化型商事信托展开探讨。该类型以资产的证券化或流动化为目的而利用信托,近年来其重要性正在逐渐增加。在第一章中,本书将商事信托分为 4 种理念型的类型,转换型商事信托是其中之一。本章要探讨的流动化型商事信托则是具有代表性的转换型商事信托。

一、资产流动化的意义及其基本构造

所谓资产流动化,其典型形态是将缺乏市场性的资产,通常是能够定期产生稳定的现金流的金融资产(住房贷款债权、汽车贷款债权等面向消费者的贷款债权是其典型例子,还包括企业应收账款债权、面向企业的贷款债权等多种类型)汇聚在一起,通过在资本市场上出售给投资者来筹集资金。在资本市场中出售给投资者的“商品”经常在所在国家的证券法制下被当作证券(securities)来处理,包括不被当作证券处理的情形在内,英语中一般称为证券化(securitization)。因为在日本“证券”一词的用法较窄,而且容易让人联想到《有价证券交易法》上的有价证券,所以迄今为止“流动化”一词似乎更为常用。但是,从英语直译来的“证券化”一词与“流动化”语义相同,本章之所以在行文中使用“流动化”一词,仅仅是因为其在日本更为常用。[1]

为了实现资产流动化,通常会在作为资产流动化对象的金融资产与资本市场之间设置某种具有法律意义的“机关”。该机关一般被称为特定目的机构(SPV)等。例如,在美国,作为该“机关”的私法上的形态,通常采用的是合伙、信托、所谓的商事信托、股份公司等法律形态,而在欧洲信托和股份公司则更为普遍。无论采用何种形态,其都是为了在资本市场中从众多投资者手中筹集资金,或为了使该资产在资本市场中实现流动化而发挥作为“机关”的作用。在特定目的机构中,采用“公司”这种法律形态的情形被称为特定目的公司(SPC)。虽然信托等“公司”以外的形态通常被称为特定目的机构,但有时为了方便也将其称为特定目的公司。特定目的(special purpose)是指仅以实现流动化或证券化为目的。

二、对资产流动化的需求

资产流动化源于美国,若问为何在美国会兴起资产流动化,这

〔1〕 关于资产流动化的一般性内容,参见[日]大垣尚司:《结构金融入门》,日本经济新闻出版社 1997 年版。关于广泛讨论资产流动化相关法律问题的著作,参见[日]西村综合法律事务所编:《金融法大全》(下卷),商事法务 2003 年版。

是因为其存在对流动化的需求。时至今日该情况也没有改变。一般而言,筹集资金的一方会产生这样一种需求,那就是比起从银行借贷或者采用传统的企业金融手法,更希望能够通过资产流动化来实现低成本的资金筹集。在这种情形下,如果以优良的资产为对象实施资产金融的“结构性金融”型的流动化,在很多情况下其融资成本要低于通过企业金融发行公司债。20 世纪 80 年代后期开始出现所谓的事件风险(event risk),即通过企业金融发行公司债后,若发生杠杆收购(LBO),将对投资者造成意想不到的损失,因此有时资产金融型的融资手段的成本更低。另外,在资本市场中也存在投资者追求更有利的投资对象的需求。

进一步来说,从历史上看,美国发展资产流动化最大的诱因是持有不动产抵押贷款债权的金融机构(特别是储蓄金融机构)的推动。为了应对利率错配等经济环境的变化,或出于金融监督规制,持有住宅不动产抵押贷款债权的金融机构希望将持有的该债权出售给资本市场,以将其从资产负债表的资产中除去(所谓的“表外化”),正是为了对此加以支持而建立了相关制度。此外,投资银行(证券公司)也表现出了对资产金融流动化的兴趣,出现了不少积极参与流动化的案例,特别是从 20 世纪 80 年代后期开始,在资产证券化(ABS)市场上类似案例急剧增加。在美国,一般在统计上将住房贷款等不动产附有第一顺位抵押权的贷款债权的流动化商品称为不动产抵押担保证券(MBS),其他的流动化商品[汽车贷款债权、面向消费者的各类信用债权等是其典型例子,另外,还包括房屋净值贷款(home equity loan)]被称为 ABS 加以区分,但是也有一些国家将二者统称为 ABS。

三、资产流动化的法律侧面

(一)法律上各问题的所在

关于资产流动化在法律上存在的各种问题,一般而言包括以下事项。

(1)结构规制和销售规制的必要性及其构造。

(2)向特定目的机构转让流动化对象的资产行为的法律性质、法律构成、转让手续、满足第三方对抗要件的方法。

(3)转让人(通常是资产的原始权益人)破产时的应对:①确保真实买卖(true sale,也被称为破产隔离);②财产管理人否认的问题;③服务机构(流动化对象的原资产的购买债权等的回收人)所收取金钱的分别管理;等等。

(4)流动化商品(证券)的发行、流通的相关法律制度。

(5)银行规制(包括规制上的会计问题)。

(6)会计。

(7)税收制度。

(8)其他:①特定目的机构的相关法律问题;②资产担保的构造;③关于原资产债务人的个人隐私保护等;④其他与消费者保护法制之间的关系;⑤信用增强的相关法律问题;⑥机构投资者的资产运用规制。

(二)资产流动化的需求与主要法律问题之间的关系

针对不动产抵押贷款债权、汽车贷款债权等典型的金融资产的流动化,以下在提及其法律问题的同时进行若干梳理。

资产流动化的典型手法是在美国的抵押担保证券(CMO)或不动产抵押贷款投资载体(REMIC)中常见的"结构性金融"(structured finance)。在美国,提到资产流动化基本上指的是这种手法。该手法10多年以来在美国的ABS领域进一步得到普及。

所谓"结构性金融",简单而言,比如,一家公司同时持有优良资产和非优良资产,若自主发行公司债融资则评级只有BB,在这种情形下若将优良资产剥离并转移到其他公司等特定目的机构,再通过该公司等发行,公司就可以得到AAA的评级,这样就可以以更低的利息进行融资。

在与资产流动化的需求的关系方面,"结构性金融"这一手法有何意义?首先,可从以下三点来看其与"低利息融资需求"之间的关系。

第一,为了实现低利息融资,在发行公司债时需要尽可能获得高的信用评级。因此,在将优良资产转移到子公司由子公司发行公司债的情形下,需要事先将子公司的信用度与母公司完全分离,子公司的信用度只取决于所转移的优良资产的构造,否则就无法获得高的评级。就法律角度而言,需要事先形成即便母公司开始破产重整程序,对子公司支付公司债利息也不产生任何影响的构造。进一步而言,需要有法律程序确保将该资产彻底地"转让"给子公司[所谓的真正买卖(true sale)或破产隔离的确保],还存在为了"资产支持"法律上应采用何种构成的问题。在该资产为债权的情形下,还存在债权回收等由谁来管理现金流的问题。而若采用资产置换的方式,则将产生更为复杂的法律问题。此外,在为了获得高信用评级而采取第三方信用增强措施(credit enhancement)的情形下,还需要应对由此产生的法律问题。

第二,为了实现低利息融资,设计出的手法需要能够给投资者带来比其他相同风险商品更高的收益。为了实现这一点,就有必要采取措施避免双重课税。比如,在将不动产抵押贷款债权汇集于一家公司,由投资者持有该公司股份的情形下,不仅要对公司的收入征收所得税(日本为法人税),对投资者的分红所得或股票的买卖收益也要征收所得税,采取这样的方式就可能会失去对投资者的吸引力。此外,在法律上不仅存在税法的问题,还存在如何适用《有价证券交易法》的投资者保护规制的问题。

第三,在流动化对象的债权到期前被清偿的情形下,若其效果直接波及投资者则产生问题。CMO 正是为了应对该问题而设计的手法,通过最初发行 3 种或者 4 种不同的公司债或者受益证券,形成没有原债权到期前清偿风险的层级和有风险的层级,并进一步对流向投资人的现金流实施多层化,从而达到与资本市场相连的目的。另外,现金流的多层化不仅存在税法的问题,还会产生商法(《公司法》)的问题以及《有价证券交易法》的信息披露等法律问题。

其次,就与表外化需求之间的关系而言,比如,在一家金融机构试图对其持有的不动产抵押贷款债权实施表外化的情形下,若仅将其"出售"给子公司,而其采用的是合并财务报表制度,则无法实现表外化。因此,若出于会计或者业法上的原因试图实施表外化,就有必要采取措施使其真正产生表外化的效果。关于这一点,从法律上来看,在考虑金融机关规制的应有形态时,面临如何看待金融机构将持有的债权进行流动化的问题。

关于上述资产流动化的手法,在美国极为重要的事实是信用评级发挥着决定性的重要作用。上述资产流动化手法的"巧妙与拙劣"也都是在信用评级的过程中得到评价的,确保和落实了投资者保护机制。

四、美国的资产流动化

(一)资产流动化简史

即便在美国,资产流动化的历史也并不悠久。然而,从20世纪80年代末期到20世纪90年代,“结构性金融”型的流动化实现了跨越式发展。

在初期阶段,通过资产流动化进行低息融资时最为关注的是《联邦所得税法》(包括日本的个人所得税和法人税)方面的因素。截至20世纪80年代中期的美国资产流动化的历史可谓税法的历史。

1986年,美国修订税法时引进了REMIC,对于之前最流行但在税法上存在不确定性的不动产抵押贷款债权的流动化的手法,无论其机关的法律形态,也无论其对流向投资者的现金流如何实施多层化,在一定条件下允许“一重课税”(在机关层面不对收入课税)。[1] 同时,关于其他资产流动化如何才能“一重课税”,也在长期的实务积累中逐渐得到明确。因此,20世纪80年代以后的流动化的历史就是作为流动化对象的资产种类扩大的历史,以及根据投资者的需求,流动化的构造趋于复杂化的历史。

就第一种历史而言,截至20世纪80年代前半期的10余年的历史当中,“结构性金融”型流动化的对象只有不动产抵押贷款债权,而从20世纪80年代中期开始,汽车贷款债权和租赁债权等也开始成为流动化的对象。从20世纪80年代后半期开始,作为流动化对象的资产的范围急剧扩大,覆盖至应收账款债权、信用卡债权及其他消费者贷款债权,1989年以后,进一步扩大到房屋净值

---

〔1〕 参见[日]小野杰:《REMIC——美国的不动产证券化的构造与税法上的处理》,第109页以下部分,载《不动产的证券化》,东洋经济新报社1998年版。

贷款、垃圾债券、面向发展中国家的贷款债权等,至今仍呈现扩张趋势。

关于第二种历史有一个需要注意的倾向,即近年来构造的入口与出口尽量简单化的手法。这是因为对作为用户的原始权益人和投资者来说,他们更容易接受与传统的企业金融商品相同的东西,因此"入口与出口简单化"已经成为美国资产流动化业务的固定手法。而其关键在于如何打造"没有流动性的简单"入口以及"高流动性的简单"出口。问题的答案在于将中间部分(构造部分)复杂化。

这样的构造复杂化正在不断升级,在 MBS 领域陆续推出了将现有的流动化商品重新包装的商品,通过 CMO 的手法多层化的公司债和受益证券的种类也急剧增加,相较于截至 1987 年的每年平均 4 种,1988 年为 5.8 种,1989 年达到 9.0 种,1990 年更是增至 11.3 种。

另外,在 ABS 领域也存在构造复杂化的情况。例如,在租赁债权的流动化中可以看到,出于破产法方面的考虑,在特别目的子公司下再设立一个特别目的孙公司的情形。

在此就 ABS 市场再作若干补充。虽然该市场中流动化的对象资产可以是任何资产,但在 20 世纪 90 年代以后,信用卡债权、汽车贷款债权以及房屋净值贷款这 3 类资产成为主流。此外,以银行为实质发起人(sponsor)的资产支持商业票据在 20 世纪 90 年代发展迅速。鉴于在 MBS 市场中全美国 50% 以上的住房不动产抵押贷款债权进行了资产流动化,预计 ABS 市场今后仍将进一步扩大。

关于构造复杂化如上所述,而 20 世纪 90 年代以后的另一个特征是信用增强的手法的变化。通过第三方(银行或者保险公司)发行备用信用证等进行信用增强的传统手法的使用频率骤减,所谓的优先劣后方式和现金担保方式成为主流,但由于要应对税收制度等方面问题,其利用方法相当复杂。

此外,在此需要再次强调的事实是,在美国的流动化实务中信用评级发挥着决定性的重要作用。

(二)法律上的各种问题

1. 若从法制方面看上述情况,虽然可以说最初税法阻碍了证券化的发展,但是1986年以后的情况并非如此。另外,对各类资产的流动化的发展形成阻碍的各种原因中,以下两点被认为与法制相关:①资产的私法上的转让手续的相关法制(美国各州的州法);②《联邦投资公司法》(Investment Company Act of 1940)。关于前者,有的资产的转让手续成本较高,或者并不明确,存在难以根据流动化的需求进行资产转让的情况。关于后者,《联邦投资公司法》相当于日本的规制证券投资信托的法律,其立法时作为机关的投资公司在投资活动中出现了各种丑闻,因此为了保护投资者设置了各种严格的实体性规制。[1] 以往认为若流动化的手法适用该法律,则实务上无法进行资产流动化。但是,从其后资产流动化迅速普及的事实来看,关于前者(资产的转让手续),也正是因为后来实务上的积累,可以说障碍已在相当程度上得以清除。

关于后者(《联邦投资公司法》),与日本不同的是其适用范围极为广泛,虽然在很多情况下特定目的机构被认定为投资公司的可能性较大,但是若该特定目的机构或资金池中债权所占比例达

---

〔1〕 关于《联邦投资公司法》的规制内容,参见[日]神田秀树:《美国的证券投资信托规制》,载《证券市场中的适当的竞争的促进等》,资本市场研究会1992年版,第215页以下部分。

到55%,则其不属于投资公司;另外,法律上明文规定以不动产抵押贷款债权等为对象的投资免于适用该法,一直以来在实务上也是如此操作(《联邦投资公司法》第3条第C款第5项)的。此外,还可以向美国证券交易委员会(SEC)个别申请免于适用该法(该法第6条第C款等),或者将其作为私募基金等(该法第3条第C款第1项),关于回避适用《联邦投资公司法》,实务上已经有了相当程度的经验积累。

对此,为了全面修订《联邦投资公司法》,SEC从1990年开始花了约两年时间进行相关准备工作。但SEC职员于1992年5月汇总出的报告书《保护投资人应有的状态:半个世纪以来的投资公司规制》(Protecting Investors: A Half Century of Investment Company Regulation)指出,在ABS领域进一步扩大适用《联邦投资公司法》的规制并不合理。1992年秋天,SEC根据《联邦投资公司法》制定了3a-7规则,明确规定若满足设置独立受托人等投资者保护的一定条件,则不适用《联邦投资公司法》。此前存在的资产流动化与《联邦投资公司法》之间关系上的若干不确定因素因此得以消除,随后流动化一下子得到了更快的发展。

2. 关于上述两种制度以外的法律制度,就《有价证券交易法》而言,虽然美国历史上为了应对资产流动化的发展对其进行了细微调整,但不存在该法阻碍资产流动化发展的情况。美国《联邦证券交易法》规定的信息披露制度原则上并没有对证券化商品特别对待,一直以来由SEC在运用中加以应对。关于发行披露,要求披露相关构造,并将所有相关合同作为有价证券申报书的附件(不需要列为招股说明书的附件)。最为重要的一点是,并不要求披露原始权益人等发起人(sponsor)自身的财务报表。另外,关于持续披露,允许将流动化实务中常用的每月的财务报表作为持续披露的文件,以取代通常要求披露的每季度的报告书。

在美国,特别是在 ABS 的情形下,虽然购买流动化商品的实际上多为机构投资者,但传统上流动化商品还是以公开募集为主。其原因在于发起人自身的财务报表无须披露,以及若采用私募则在转卖规制下后续的流通性会出现问题。关于后一个原因,自从基于所谓的规则 144A 建立了私募市场,在规则 144A 下市场发行流动化商品的实例急剧增加。

另外,SEC 从 1987 年起允许以下情形利用发行注册制度,即在 1933 年法律的规则 415(a)(1)(ⅶ)下关于 MBS 未使用格式 S-3(相当于日本的参照方式的有价证券申报书)的发行(使用格式 S-1 或者 S-11 的发行),但发起人是使用格式 S-3 的适格者的情形。1992 年 10 月 22 日,法律对此作出了明文规定,并制定了同样适用于投资适格的 ABS 的 1933 年法律的规则 415(a)(1)(Ⅹ)[另参见该法规则 424(b)]。其结果是 1993 年一年的 ABS 发行(公募)中有 47% 使用了发行注册制度。

3. 关于银行监管,简单来说,《格拉斯—斯蒂格尔法案》对银行(或银行控股公司的证券子公司)开展的流动化相关业务持宽容态度,与其说阻碍了资产流动化的发展,倒不如说一直对其加以支持。

4. 关于近年制度方面的动向,1996 年《联邦所得征税法》规定了被称为金融资产证券化信托(FASIT)在征税上的特例。其进一步推进了 1986 年的 REMIC 的想法,在不动产抵押贷款债权以外也承认双重课税的特例。

五、日本相关法制简史及动向

(一)日本关于资产流动化有待解决的课题

与美国相比,日本的资产流动化实践无论是在法律制度方面还是在实务方面发展都较为迟缓。在实务方面的众多问题中,主要的问题在于截至20世纪90年代初,流动化中未对对象资产进行资产池化的类型占主流,流动化商品的销售对象受到了限定,也就是说,为了促进流动化市场的发展,存在资产的资产池化以及解除销售对象的限制这两个课题。

在法律制度方面,从20世纪90年代中期这一时点来看,有必要改善以下几点。第一,金融资产转移到特定目的机构的法律手续太过烦琐。特别是转让指名债权时,为了满足对债务人以外的第三方的对抗条件,必须就每项债权向债务人发出有确定日期的通知(或者是债务人的承诺)(《民法》第467条)。这对资产流动化而言过于烦琐,实际上几乎未采取这种做法。因此,在法律上日本的资产流动化大多没有资产支持。作为唯一的制度上的例外,关于租赁公司以及信用卡公司根据《特定债权等相关事业的规制的相关法律》(以下简称《特定债权法》)进行的资产流动化,该法作为《民法》的规定的特例引进了简易公告(《特定债权法》第7条)制度,从而从制度上解决了上述问题(但是,即使适用《特定债权法》进行简易公告,因为在转让方式的情形下小额债权由原始权益人进行销售,所以实质上还是没有资产支持)。

第二,在日本一般情况下设立和运营特定目的机构的成本较高。如果特定目的机构采用的是股份公司的形态(就发行公司债或者商业票据而言,股份公司的形态最为适合),那么需要遵守《商法》中关于股份制公司的各项规定,也就是说,设立时注册资本最低需要1000万日元,并设置3名以上的董事。另外,如果是注册资本5亿日元以上或负债总额200亿日元以上的股份公司,那么就属于《商法特例法》(全名《股份公司的监查等的相关商法特例的相关法律》)所规定的大公司,除必须在股东大会前接受会计监查人的会计监查外，还必须设置多名监事、独立监事、全职监事以及监事会。此外，股份公司在法人税法上实施双重课税。

第三，在日本的法律制度下，没有什么方法可以很好地切断原始权益人或发起人与特定目的机构之间的资本关系。由于信用评级机构对此强烈要求，如果是需要资产支持的手法，那么实务上通常采取以下方式，即在海外（特别是英属开曼群岛）设立特定目的机构，将流动化对象的资产作为慈善信托，然后在日本设立海外特定目的机构的支店或子公司后向其转让资产。

第四，流动化商品在流通面上受到较大的限制。特定目的机构以股份公司形态发行公司债或商业票据时，因为该公司债或者商业票据属于《有价证券交易法》上的有价证券，所以根据该法规定进行信息披露等就可以实施上述证券的公募，并且不会产生流通性方面的问题。然而，在以一定机构投资者为对象通过私募发行上述证券的情形下，即使在机构投资者之间，该证券的流通也不为现行法律所允许（日本不存在类似上述美国的规则 144A 的制度）。关于《有价证券交易法》上的有价证券，还存在原则上只能由证券公司来经办的问题。另外，若该商品不属于《有价证券交易法》上的有价证券，则关于流通没有明确的规定。实际上，根据《特定债权法》发行的流动化商品（1996 年以后认可的特定目的机构以股份公司的形态发行公司债或商业票据的情形除外）的流通受到了禁止。

（二）平成 10 年（1998 年）对法律制度的完善

在上述四个课题中，关于前两个课题，平成 10 年（1998 年）完善了相关法律制度。第一，成立了《债权转让的对抗条件的相关民法的特例等的相关法律》，关于法人所进行的指名债权（金钱债权）的转让，作为上述法律第 467 条的特例，通过债权转让的登记即可满足对债务人以外的第三方的对抗条件。

第二,成立了《特定目的公司进行特定资产的流动化的相关法律》(以下简称《特定目的公司法》)。这是一部相当大型的特别法,其主要内容如下。

1. 将指名债权、不动产或以上述资产为对象设定的信托的受益权作为特定资产,新设了以其流动化为目的的特别法人(特定目的公司)制度。

2. 因为该 SPC 的业务内容仅限于特定资产的流动化,所以与商法上的股份公司相比,允许其简化组织和注册资本(董事 1 名以上即可,最低注册资本 300 万日元等。但是,必须设置监事和实施注册会计师监查)。其开业实行注册制,就业务内容等的合法性接受监管部门的监督。

3. 允许该 SPC 发行优先出资证券、特定公司债券以及特定限制票据(商业票据)(《有价证券交易法》修订后均为该法上的有价证券),并且规定了优先出资证券的出资人参与公司治理(董事等的任免等)的制度。

4. 关于该 SPC,作为特例允许优先出资证券的分红免于双重课税。

上述两部法律的出台基本解决了上述课题中的前两个课题。从该意义上来说,这两部法律在日本的资产流动化法制史上具有划时代意义。但是,第一,就《债权转让特别法》而言,其就满足对现在的债务人以外的第三方的对抗要件的方法设置了特例,而并非就每项债权必须满足对抗要件等设置特例。因此,关于在将债权群整体转让及满足对抗要件时需要在何种程度上落实至每项债权的问题,以及在转让将来发生的债权(或债权群)时需要在何种程度上落实至每项债权的问题,就基本上只能照搬现行法下的解释论。

第二,关于《特定目的公司法》,在施以各种恩惠的同时带有很强的规制色彩。虽然其中监管当局的作用有限,但设置了特定目的公司在注册申请时必须在章程中记载资产流动化计划等规定,这些后来也被指出在实务上操作不便。

随着这两部法律的出台,上述课题中还剩下后两个课题有待解决。关于第三个问题(切断资本关系),后述的平成12年(2000年)的法律修订对此作出了应对。而关于第四个问题,即不属于《有价证券交易法》上的有价证券的流动化商品的流通性问题,以及该法上的有价证券中私募证券流通的相关制度保障(引进类似美国的规则144A的规定)问题,根据平成10年(1998年)的政令和省令的规定,允许私募证券在适格机构投资者之间流通(现行《有价证券交易法施行令》第1条之5),后者的问题基本得以解决。

(三)平成12年(2000年)对法律制度的完善

日本于平成12年(2000年)对金融相关法律进行了一系列修订,其中包括关于商事信托的重大修订。具体而言,第一,通过《修订存款保险法等的一部分的法律》,修改了《信托业法》第10条的规定,新增了该条第2款和第3款(通过《兼营法》第4条准用)。这是关于以登记债权为信托财产的公示的《信托法》第3条第1款的特别规定。第二,通过《修订特定目的公司进行特定资产的流动化的相关法律等的一部分的法律》,对《特定目的公司法》和《证券投资信托法》进行了大幅修订(其名称也发生了变更,前者更名为《资产流动化法》,后者更名为《投资信托法》)。其中对商事信托作出了极为重要且具有划时代意义的制度完善,前者在法律上承认信托是资产流动化的载体之一,并新设了日本版慈善信托的相关规定;后者作为受托人(信托银行)开展运用业务的形态引进了投资信托。以下对上述修订中的《特定目的公司法》的内容加以概述。

1. 概要

制定于平成10年(1998年)的《特定目的公司法》此次经历了大幅修订。[1] 除了更名为《资产流动化法》,还将流动化的对象资产从不动产和指名金钱债权等扩大到了一般意义上的财产权(修订后的《资产流动化法》第2条第1款),并在大幅放宽对特定目的公司的限制的同时完善了相关法律制度(包括将SPC的最低注册资本大幅缩减至10万日元、将资产流动化业务从注册制改为申报备案制、资产流动化计划不再列为公司章程记载事项等多处修订)。虽然在此对SPC的相关法律修订不作详细论述,但是就SPC与商事信托的关系可以归纳为以下两点。第一,关于特定资产的管理及处分的相关业务,原则上必须信托给信托公司等(《资产流动化法》第144条)。第二,引入了日本版慈善信托(《资产流动化法》第31条之2)。关于后者,在平成10年(1998年)制定《特定目的公司法》时,由于未制定切断资产流动化的发起人(原始权益人等)与SPC之间的资本关系(信用评级机构通常会有此项要求)的规定,《特定目的公司法》制定后在债权流动化的实务中,依然采用在英属开曼群岛设立慈善信托,作为其子公司在日本设立《特定目的公司法》上的SPC的方式。此次修订使日本切断上述资本关系成为可能,为了限制特定出资人的权利行使,还新设了未获得出资人大会的同意也可以将该特定持股份额设定信托等规定(《资产流动化法》第31条之2)。

---

〔1〕 关于修订后的《资产流动化法》的详细情况,参见[日]长崎幸太郎编著:《逐条解说资产流动化法》,金融财政事情研究会2003年版。

2. 新设立的特定目的信托制度

(1)意义

通过此次修订,在《资产流动化法》中关于资产流动化的载体,除了特定目的公司形态之外还新增了信托形态。

《特定目的公司法》的意义原本就在于适用该法的资产流动化可以享受商法和税法上的优惠待遇,也就是说,可以不适用《特定目的公司法》而在该法之外进行资产流动化,在现实中也有很多这样的流动化的例子。但在这种情况下,比如,利用股份公司,将其作为流动化的载体,则其在商法上注册资本不得低于1000万日元,还必须设置3名以上董事(若利用有限责任公司则无法发行公司债),另外当然还适用《法人税法》等的规定。为了支持在日本开展资产流动化,《特定目的公司法》给予SPC商法和税法上的优惠待遇,而作为其条件从保护投资者的角度出发设置了只能用于流动化等规制。因此,作为载体新引进信托形态时就存在有何优惠待遇的问题。

信托原本就比股份制公司在很多方面更为灵活。实际上一直以来很多资产流动化就是以信托形态进行的。因此,此次法律修订主要设置了以下优惠待遇:①承认受益权的有价证券化(私法上的有价证券化);②针对存在多个受益人的情形,设置了集体行使权利的权利人大会制度。换言之,若不适用《资产流动化法》,就只能在受益权无法有价证券化,且多名受益人不知如何集体行使权利的状态下进行流动化。[1]

---

〔1〕 但是,在学说上,认为即使没有法律规定也能对权利进行私法上的有价证券化的见解也是有力说。参见[日]前田庸:《票据法·支票法》,有斐阁1999年版,第14页以下部分。

(2)特定目的信托制度

修订后的《资产流动化法》将作为载体的信托称为特定目的信托,并且对其作出以下定义,即"根据本法的规定设立的以进行资产流动化为目的,且以信托合同签订时分割委托人享有的信托受益权并让多人取得为目的的信托"(《资产流动化法》第 2 条第 12 款)。

信托公司等作为受托人签订特定目的信托合同时,必须事先向内阁总理大臣申报(《资产流动化法》第 164 条),并在资产信托流动化计划中记载特定资产的相关事项、受益权的相关事项、特定资产的管理与处分的相关事项等(《资产流动化法》第 165 条。关于资产信托流动化计划变更的申报、特定目的信托终了的申报,参见该法第 166 条和第 167 条)。此外,在以《特定债权法》中规定的特定债权(租赁、信用债权)等进行特定目的信托的情形下,不需要进行《特定债权法》上的申报[平成 12 年(2000 年)修订后的《特定债权法》第 11 条第 2 款]。

关于特定目的信托合同,除了必须记载其为特定目的信托、资产信托流动化计划、原委托人的义务的相关事项之外,还必须附带禁止向受托信托公司等(《资产流动化法》第 2 条第 15 款)作出指示等条件(《资产流动化法》第 168 条、第 169 条)。关于特定目的信托当然也允许对受益权进行多层化(《资产流动化法》第 169 条第 4 项)。此外,该法还制定了受托人借入资金、费用负担以及属于特定目的信托的信托财产的金钱运用方法的相关规定(《资产流动化法》第 170 条、第 171 条)。

(3)受益权的转让等

《资产流动化法》规定特定目的信托的受益权可以转让,该转让必须通过受益证券进行,并设置了关于其记载事项、占有人推定为合法持有人的规定(该法第 172 条和第 173 条)。如上所述,该法允许对受益权进行私法上的有价证券化。因此,受益证券也成为《有价证券交易法》上的有价证券[平成 12 年(2000 年)修订后的《有价证券交易法》第 2 条第 1 款第 7 项之 4]。另外,因为法律规定了受益权的转让性,所以必须发行受益证券。虽然受益证券在制度上与股份制公司的股票相似,但还是有一点不同之处,即除了不记名证券,还承认记名证券。这是为了使面向适格机构投资者的私募(所谓的专业私募)成为可能。但是,随着平成 15 年(2003 年)披露制度的修订,关于股票等的不记名证券也允许进行专业私募,现在这部分规定已经有所变更(现行《有价证券交易法施行令》第 1 条之 5,以及《与有价证券交易法第 2 条定义相关的内阁府令》第 5 条)。

受益证券的取得者原则上通过该取得继承与该受益证券相关的特定目的信托合同的委托人的地位(《资产流动化法》第 176 条)。同时,法律上承认了公示催告以及除权判决制度(《资产流动化法》第 177 条)。

关于与受托人的关系方面,与股票的情形相同,采用权利人名册制度,将名册变更作为对受托人的对抗条件(《资产流动化法》第 174 条第 1 款、第 3 款。关于权利人名册的记载事项等,参见该法第 175 条。关于其他商法的规定的准用,参见该法第 178 条)。

(4)受益人的集体性权利行使等

关于特定目的信托的受益人(及委托人)的权利,只能由权利人大会通过其决议来行使(《资产流动化法》第 179 条)。其决议事项由法律法规或特定目的信托合同作出规定(《资产流动化法》第 180 条)。但作为例外,关于通过特定目的信托合同受托人对受益人所承担的债务的清偿,受益人可单独行使接受该项债务清偿的权利(《资产流动化法》第 179 条第 1 款)。这是因为该权利是受益人最基本的权利,并且允许受益人单独行使该权利更符合流动化的实务。

关于权利人大会,《资产流动化法》第 181 条至第 192 条作出了详细的规定。其中,第 181 条是关于召集的规定,第 182 条则是关于决议的方法的规定。原则上,定足数为持有本金份额的 1/2 以上的受益人的出席,决议要件为出席的受益权的过半数(《资产流动化法》第 182 条第 1 款)。另外,若在特定目的信托合同中规定采用“视为赞成制度”,则未出席和行使表决权者也被看作赞成者(《资产流动化法》第 60 条、第 182 条第 3 款)。关于表决权的数量,受益人根据所持有的受益权的本金份额(特定资产的持有份额。参见《资产流动化法》第 165 条第 1 款第 3 项)享有表决权,但也允许在特定目的信托合同中另行作出规定(《资产流动化法》第 183 条)。此外,设置了书面形式的表决权行使(《资产流动化法》第 184 条)、决议的执行和费用的承担(《资产流动化法》第 185 条至第 187 条)的相关规定,并准用了商法的多项规定(《资产流动化法》第 188 条)。在特定目的信托合同有事先规定或受益人全体同意的情形下,可以不召开权利人大会而通过书面形式进行表决(《资产流动化法》第 189 条)。在资产信托流动化计划书将特定目的信托的受益权分割为多种不同内容的受益权的情形下,为了调整不同种类受益人间的利害关系,还设置了种类权利人大会制度(《资产流动化法》第 190 条至第 192 条)。

权利人大会可以从受益证券的权利人中选任代表权利人,为了受益证券的权利人的利益,除部分特定的事项外,还可将特定目的信托的受益人(及委托人)的权利行使委任给代表权利人(《资产流动化法》第 193 条、第 194 条)。在选任了代表权利人的情形下,关于属于代表权利人的权利的特定目的信托的受益人(及委托人)的权利,只能由代表权利人来行使(《资产流动化法》第195条。关于代表权利人的辞任等,参见《资产流动化法》第196条至第198条)。在未选任代表权利人的情形下,受托人可以选任特定信托管理人;为了受益证券的权利人的利益,特定信托管理人可以以自己的名义行使特定目的信托的受益人(及委托人)的权利(《资产流动化法》第199条,排除适用《信托法》第8条的信托管理人制度)。在未选任代表权利人及特定信托管理人的情形下,除了权利人大会的法定决议事项,各受益证券的权利人可以行使特定目的信托受益人(及委托人)的权利(《资产流动化法》第200条)。

各受益证券的权利人享有对受托人的停止请求权以及信托财产管理方法的变更请求权(《资产流动化法》第201条、第202条)。

(5)受托人(受托信托公司等)的权利义务

第一,明确规定了受托人的忠实义务以及善管注意义务(《资产流动化法》第219条)。其为强制性规定,此处的善管注意义务与《信托法》第20条不同,至少在公募型流动化的情形下不允许通过合同加以减轻。另外,关于受托人责任的免除,只有权利人大会全体一致通过才可能实现(《资产流动化法》第212条)。

第二,关于受托人的费用偿还请求权以及信托报酬请求权,排除适用《信托法》第36条以及第37条,设置了与之相符的规定(《资产流动化法》第220条、第221条。此外,关于特定目的的信托合同以及权利人名册的公示,参见《资产流动化法》第222条)。

第三,关于受托人的自己执行义务,即允许在一定范围内将业务委托给他人(《资产流动化法》第223条)。此外,关于分别管理义务,适用《信托法》的规定(《信托法》第 28 条)。

第四,设置了受益证券的认购、募集以及受托人的权利义务的相关规定[《资产流动化法》第 224 条(同条第 1 款明确规定是《信托法》第 9 条的例外)、第 225 条]。

(6)其他

设置了财务报表等的制作和公示义务、对受益人的金钱的分配标准、将收益转为特定资产的相关规定(《资产流动化法》第 203 条至第 205 条)。

受益证券的权利人对受托人享有《信托法》第 39 条规定的文件的阅览复印请求权,并可以要求其对信托事务的处理加以说明,但该权利只有持有 3% 以上的本金份额的受益人可以通过记载有理由的书面发出请求,而受托人可以在有一定理由的情形下予以拒绝(《资产流动化法》第 206 条)。与该规定相对应的是《商法》第 293 条之 6 以及第 293 条之 7(股东的账簿阅览复印权利),因此不适用《信托法》第 40 条(《资产流动化法》第 206 条第 4 款)。此外,还设置了禁止受托人提供利益的规定(《资产流动化法》第 207 条)。

关于特定目的的信托合同的变更,仅限于特定事项,并且通过特别决议(持有本金份额 1/2 以上的受益人出席,且出席的受益权的 2/3 以上表决通过)才能实现(《资产流动化法》第 209 条。关于种类受益人,参见《资产流动化法》第 211 条)。此时,若特定目的的信托合同的变更是关于受托人提出的资产流动化计划的变更,则允许反对者提出受益权的回购请求,并且回购由受托人以其固有财产进行(《资产流动化法》第 210 条)。这一点与投资信托的回购以信托财产进行形成对比。

关于受托人责任的免除,只有权利人大会全体一致通过才能实现(《资产流动化法》第 212 条,同时参见《商法》第 266 条第 5 款)。此外,设置了受托人的辞任、解任、特定目的信托合同的解除和终了等相关规定(《资产流动化法》第 213 条至第 218 条)。

3. 税法的修订

关于税收制度此次也进行了重要的修订,主要有以下几点:关于特定目的信托以及投资信托,不适用信托财产的相关收入及支出的归属原则(《所得税法》第 13 条以及《法人税法》第 12 条的修订);关于特定目的信托以及投资信托(证券投资信托以及证券投资信托以外的投资信托中满足一定条件的除外)的各会计期间的所得,原则上将其作为法人税的征税对象(《法人税法》第 2 条的修订,第 15 条之 2 实务新设,第 82 条之 2 至第 82 条之 17 的新设);关于满足一定条件的特定目的公司或投资法人所支付的利益分红的金额,在计算该特定目的公司或投资法人的所得金额时将其算入损失金额(《租税特别措施法》第 67 条之 14、第 67 条之 15 的修订。关于满足一定条件的特定信托的收益分配的金额,在计算该特定信托的所得金额时将其算入损失金额。《租税特别措施法》第 68 条之 3 之 3、第 68 条之 3 之 4 的新设),也就是说,除了证券投资信托之外,在信托形态的流动化或基金的所得课税方面,实现了原则上分配则一重征税、不分配则征收法人税的制度。另外,关于特定目的公司根据资产流动化计划取得特定资产时的所有权转移登记等的登记税税率的减轻措施,成为适用对象的特定目的公司的条件等也有所调整(《租税特别措施法》第 83 条之 7 的修订)。

(四)法律制度的现状与有待解决的课题

1. 法律制度的现状

随着一系列的法制改革,资产流动化的相关法律制度变得相当复杂。包含平成 12 年(2000 年)制定的《金融商品的贩卖等的相关法律》(以下简称《金融商品贩卖法》)等在内,可将利用信托的流动化的相关法律制度归纳为以下几点。第一,关于“构造阶段”,租赁债权以及信用债权的流动化适用的是《特定债权法》。除此之外的资产的流动化可以选择适用《资产流动化法》(也可选择不适用),选择适用该法即可享受上述私法上的优惠待遇。第二,关于特定目的机构的部分,即信托的构造的部分,无论适用《特定债权法》还是《资产流动化法》,均适用《兼营法》。第三,关于流动化商品(信托受益权)的“销售阶段”,除了适用《民法》等,还适用《金融商品贩卖法》。如果该流动化商品属于《有价证券交易法》上的有价证券,那么适用《有价证券交易法》。此外,《特定债权法》规定的流动化商品原则上不属于《有价证券交易法》上的有价证券(1996 年以后认可的特定目的机构以股份公司形态发行公司债或者商业票据的情形适用《有价证券交易法》),适用的是《特定债权法》中的投资者保护规制(《特定债权法》中的销售业者规制不适用于信托形态,其适用的是《兼营法》)。

2.《有价证券交易法》上的处理

首先,有私法上有价证券化设想的信托受益权将成为《有价证券交易法》上的有价证券(《有价证券交易法》第 2 条第 1 款第 7 项、第 7 项之 2、第 7 项之 3、第 7 项之 4、第 9 项、第 10 项、第 10 项之 3)。其次,有私法上有价证券化设想的信托受益权也有属于《有价证券交易法》上的看作有价证券的情形(《有价证券交易法》第 2 条第 2 款),例如,“以银行、信托公司及其他政令者的贷款债权为对象的信托的受益权中,政令规定的情形”(《有价证券交易法》第 2 条第 2 款第 1 项)和“对外国法人的权利中,具有前项权利性质的情形”(《有价证券交易法》第 2 条第 2 款第 2 项)。前者的信托受益权中政令规定的情形为“以银行、信托公司或前条各项规定者的贷款债权为对象的信托(仅限该信托合同签订时的受益人是委托人的情形)的受益权”(《有价证券交易法施行令》第1条之3)。

关于《有价证券交易法》上就上述有价证券(包括看作有价证券在内)负有信息披露义务的“发行人”,其被定义为“发行或者计划发行有价证券者(若是内阁府令规定的有价证券,则为内阁府令规定者)”、“若是应标识于证券或者证书的权利之外的权利,且根据第2条第2款的规定被看作有价证券,则为按照权利种类内阁府令规定者”(《有价证券交易法》第2条第5款)。具体包括以下情形:①关于“特定目的信托的受益证券以及《有价证券交易法》第2条第1款第9项规定的有价证券中带有特定目的信托的受益证券的性质的有价证券”,其发行人是与该有价证券相关的信托的原委托人以及受托人(《与有价证券交易法第2条定义相关的内阁府令》第8条第2款第1项);②关于“《有价证券交易法》第2条第1款第10项之3规定的有价证券”,其发行人是发行或计划发行与该有价证券所标识权利相关的有价证券者(上述府令第8条第2款第2项);③关于“被看作按照《有价证券交易法》第2条第5款规定的权利种类,在内阁府令规定的时间作为有价证券进行了发行的内阁府令规定者”,若是“《有价证券交易法施行令》第1条之3规定的权利以及《有价证券交易法》第2条第2款第2项规定的权利中带有《有价证券交易法施行令》第1条之3规定的权利的性质的权利”,则为与该权利相关的信托的委托人(上述府令第8条第3款)。

关于《有价证券交易法》第2条第2款后半段规定的看作有价证券的发行时期,该条第5款规定,“看作按照权利的种类由内阁府令规定者在内阁政令规定的时间作为有价证券发行该权利”,具体而言,“若是《有价证券交易法施行令》第1条之3规定的权利以及《有价证券交易法》第2条第2款第2项规定的权利中带有《有价证券交易法施行令》第1条之3规定的权利的性质的权利,则为与该权利相关的信托的委托人转让该权利(委托人受让的权利除外)之时”(上述府令第8条第4款)。

3. 展望——《信托业法》的修订

在不远的将来进行《信托业法》的修订,若能够得以实现,则诞生基于《信托业法》设立的信托公司,并允许其作为资产流动化的载体来使用。

六、结语——流动化型的商事信托

所有信托类型都具备将信托财产转换为受益权的功能。关于在该转换功能中市场发现主要需求的情形,第一章将其归纳为转换型商事信托。

资产流动化是该情形的典型例子。就资产流动化而言,必须满足转换后的受益权成为资本市场投资对象的条件。因此,比如,有必要赋予受益权流通性,或允许将受益权多层化。《信托法》中虽然没有阻碍受益权流通性的规定,但也没有规定允许将受益权有价证券化,另外也未就受益权的多层化作出特别规定。

虽然解释论上的有力说认为即使《信托法》没有特别规定也可以将受益权有价证券化,[1]但实际上日本目前尚未出现在没有特别法(《借贷信托法》第8条,《投资信托法》第5条、第49条之5,《资产流动化法》第173条等)的情况下将信托受益权有价证券化的先例,对此将来有必要采取相应的立法措施。相比之下,关于

---

〔1〕 参见[日]前田庸:《票据法·支票法》,有斐阁1999年版。

受益权的多层化，其早已在住房贷款债权信托等中得以实施，因此无须采取特别的立法措施。[1]

此外，关于 Michael 案件中引起热议的“真实买卖”（破产隔离）的问题，虽然还需要进一步探讨，但是没必要采取特别的立法措施。[2]

关于流动化型的商事信托，鉴于其集团性等特点，在受益权的有价证券化以外的其他方面，有必要设置与流动化相符的《信托法》的特别规定。在该意义上，平成 12 年(2000 年)《资产流动化法》等的修订对商事信托而言相当重要且具有划时代意义。此次修订不仅包括业法的内容，在私法规定的层面也进行了大幅修改。此次修订对《信托法》的很多规定加以排除适用，并设置了相关特别规定。此外，在税收制度上也对信托课税进行了具有转变思路意义的修订。

关于平成 12 年(2000 年)《资产流动化法》等的修订，在一定范围内，可以说成功构建了体系充实、符合实际的“迷你商事信托法理”。为了进一步发展日本的商事信托，今后需要进一步探讨如何构建更具普遍性的商事信托法理体系。另外，《信托业法》的修订完成后，有必要对在《资产流动化法》之外进行的流动化与在该

---

〔1〕 参见［日］天野佳洋：《证券化与信托》，载《信托法研究》1989 年第 13 号，第 99 页以下部分；［日］天野佳洋：《住房贷款债权信托的构造与法律问题》，载《金融法务事情》1989 年第 1216 号，第 6 页以下部分；［日］福井修：《住房贷款债权信托》，载《金融法务事情》1992 年第 1328 号，第 42 页以下部分。

〔2〕 关于该问题，参见《〈Michael 集团不动产证券化意见书〉的概要》，载《金融法务事情》2002 年第 1646 号，第 32 页以下部分；《与 Michael 集团证券化相关的〈对山本意见书的见解书〉的概要》，载《金融法务事情》2002 年第 1649 号，第 17 页以下部分；《关于 Michael 集团证券化手法的山本和彦教授意见书的全文》，载《金融法务事情》2002 年第 1653 号，第 44 页以下部分；［日］加藤慎、上田裕康：《为什么我们将 Michael CMBS 作为问题》，载《新商业法》2002 年第 746 号，第 31 页以下部分。另外，参见［日］伊藤真：《证券化与破产法理》，载《金融法务事情》2002 年第 1657 号、第 1658 号。

法之下进行的流动化进行整理,因此预计《资产流动化法》也需要再次修订。

最后,离开信托这一点,对资产流动化的一般情况作简单展望。

随着一系列的法制改革,日本资产流动化的基础设施在法律制度层面有了很大进步。但是,反观迄今为止的实际情况,对日本资产流动化的发展形成阻碍的是不是法律制度层面的问题这一点尚存有疑问,也就是说,第一,日本的资产流动化基本上不是本来意义上的“资产支持”。即便是在允许表外化处理的情形下,通常也是由原始权益人等发起人销售流动化商品,导致向投资者出售流动化商品时并不依靠资产信用而依靠销售业者的信用,这就是日本资产流动化的实际情况。至今日本的资产流动化的主流是“发起人支持证券”,虽然对制度进行了修改,但要普及真正意义上的“资产支持证券”还要有市场需求,否则真正的普及可能为时尚早。但是,对于企业的应收账款债权,一直以来都存在真正意义上的流动化的需求,预计在该领域“真正的流动化”能得到快速发展。

第二,在日本,提到“流动化”还是会让人想到“将不可能变为可能的魔法”。时至今日依然存在动机不纯的流动化促进论,即通过流动化的手法来处理不良债权、一部分担保不动产等滞销资产。流动化不是魔法。卖不出去的东西再怎么包装还是卖不出去;反之,通过流动化售出的商品即使是不良债权等,也是能够以相当的价格出售的商品。通过流动化的手法使得在资本市场上销售变为可能这一点是流动化的魅力所在。问题在于日本资本市场的投资者是否会投资这样的商品。从日本的机构投资者迄今为止的投资行为来看,基本不存在这样的可能性,最多只能期待部分海外的机构投资者来投资。对此,以公共资金购买这样的流动化商品的主张曾流行一时,但为了在日本培育真正意义上的资产流动化市场,这种主张并不可取。

第四章　运用型商事信托

神田秀树

本章将对商事信托中的运用型商事信托展开论述。该类型的商事信托是基于资产运用的目的利用信托，是迄今为止的商事信托中规模最大的领域。本章主要对运用型商事信托的基本构造以及相关基本注意点进行分析。

一、运用型商事信托的基本构造

运用型商事信托是指为了资产(金钱的情形不在少数)运用而利用信托的情形。其中存在多名(并且通常人数较多)受益人的情形较为常见。正如第一章所述，该信托成立于以下情形，即市场认为为了运用多个受益人的资产需要利用信托的情形，换言之，市场中存在为了资产运用而利用信托的需求。

另外，以下两点需要注意。第一，信托

并非资产运用的唯一手段,其他手段实际上也经常被使用,因此在该领域存在信托与信托以外手段的竞争。

第二,虽然像土地信托那样的构造在广义上也能被称为运用型商事信托,但是在此将其归类为事业型的商事信托,因此本章不涉及土地信托的内容。

(一)单独运用与共同运用

就运用而言,通常根据投资者的数量,区分单独运用与共同运用。单独运用是指仅运用1名投资者资产的情形,共同运用是指将2名以上投资者的资产共同运用的情形。在后者的情形下,为了共同运用而只有一个运用财产(基金)。关于使用信托运用资产的实际例子,单独运用包括基金信托、单独运用指定金钱信托等商品,共同运用则包括共同运用指定金钱信托、投资信托。投资信托适用特别法《投资信托法》。

但是,应当注意的是,单独运用中仅有的1名投资者为年金基金的情形,其背后存在众多年金领取者,若拘泥于1名投资者这一法律形式,则容易忽视其经济实体。

(二)指定金钱信托与特定金钱信托

金钱信托包括特定、指定与无指定3种类型(《兼营法施行规则》第3条第2款)。其中,指定金钱信托是指受托人拥有运用裁量权的信托。特定金钱信托是指受托人没有运用裁量权,按照委托人或第三方的指示对信托财产进行运用的信托。日本目前不存在无指定的金钱信托。

(三)集团投资计划

资产流动化、资产运用的构造(存在多名投资者,且通常数量较多)被称为集团投资计划。在日本的金融市场需要转变为市场型间接金融的背景下,这些集团投资计划被期待在其中发挥重要作用。这样的集团投资计划也可以采用信托以外的构造。关于采用信托构造的运用型集团投资计划,最具代表性的是共同运用指定金钱信托与投资信托。

二、共同运用指定金钱信托

共同运用指定金钱信托是现在信托银行的主要商品。其构造是将众多投资者的资产共同运用于有价证券等,信托银行作为受托人拥有运用的裁量权。

(一)谁是委托人

在共同运用指定金钱信托中,投资者是委托人,同时是受益人,信托银行为受托人。因此,虽然共同运用指定金钱信托的信托合同由多名投资者与受托人根据格式条款签订,但该格式条款无须获得监管部门的许可或认可。而变更格式条款时,若能获得监管部门的认可,则即使未取得所有受益人的同意,也可以进行变更(《兼营法》第5条之3)。

(二)信托合同的数量

在共同运用指定金钱信托中,多名投资者(委托人兼受益人)与受托人之间存在与投资者数量相当的信托合同。对于根据这些合同取得的信托财产(原始信托财产为金钱),受托人将其共同运用,而非按照投资者的不同分别运用。

(三)运用对象

关于共同运用指定金钱信托的信托财产(基金)的运用对象,现在的主流是有价证券。为了进行与后述的证券投资信托之间的“领域调整”,曾有行政指导要求共同运用指定金钱信托中运用于有价证券的资产不超过信托财产的40%,运用于股票的资产不超过20%。现在已经不存在这种限制(但是,现在受到《投资信托法》第5条之2的限制)。

三、投资信托制度的历史

在现行法律制度下,投资信托的构造是从多名投资者(法律要求2人以上)处接受信托财产,然后将其运用于有价证券或者不动产等;除了《信托法》和《兼营法》,其还受到作为特别法的《投资信托法》的规制。

经过平成10年(1998年)和平成12年(2000年)的大幅修改,投资信托制度与之前相比发生了很大变化。例如,平成12年(2000年)修改后承认委托人非指示型(后述)的投资信托,其构造看上去与共同运用指定金钱信托似乎并无不同(详细内容后述)。

最有趣的是投资信托的结构反映了历史的发展,在信托法理上采用特殊的法律构造。因此,以下对投资信托制度的历史作一个简单回顾。

(一)昭和26年(1951年)《证券投资信托法》制定之前

昭和6年(1931年)时任三菱信托公司社长的各务镰吉在英国伦敦设立了东方信托有限公司(Eastern Trustees, Ltd.),其被称为日本证券投资信托的前身。而最先对众多投资者的资金进行共同运用的是昭和12年(1937年)成立的"藤本有价证券投资组合",其以当时在英国发展迅猛的单位信托为模板,采用的是合伙的形态。但是该构造与当时信托公司开展的共同运用金钱信托相似,因为可能与《信托业法》的规定相抵触,所以于昭和16年(1941年)停止募集。

其后,昭和16年(1941年)11月诞生了名副其实的证券投资信托,即以野村证券股份公司为委托人、野村信托股份公司为受托人的信托形态的投资信托。该投资信托以英国的单位信托为模板,并根据日本当时的《民法》《信托法》《信托业法》设立而成。其采用的构造是对委托人与受托人之间的信托合同所产生的受益权进行细分,然后向不特定多数的投资者销售记载细分后的受益权的受益证券。从昭和15年(1940年)开始股票市场陷入了不景气的状态,当时作为股价对策之一引进了该投资信托。昭和17年(1942年),多家证券公司与信托公司设立了相同形态的证券投资信托,这些投资信托一直持续到昭和20年(1945年)日本第二次世界大战战败时。这就是所谓的"战前的证券投资信托"。

这些"战前的证券投资信托"的形态是"委托人自己作为受益人与受托人签订以投资股票以及其他有价证券为目的的特定金钱信托合同,将其受益权均等分割后以受益证券出售的形式向一般投资者有偿转让。委托人在转让受益权之后依然保留委托人的地位,也就是说,作为信托实际上的管理者,凭借其专业知识,为了一般投资者的利益,根据信托合同的规定负责有价证券买卖等相关事务"。[1]

信托金是通过委托公司在信托合同签订日前预约募集所获得的投资者交付的申购金来筹集的。募集事务由作为委托公司的证券公司负责,通常向投资者交付用于宣传的说明书,告知信托期间、收益分配日期、偿还日期、计划投资的证券名称以及预计收益分配率。

关于"战前的证券投资信托"的特征,可归纳为以下几点:①在没有特别法作为法律依据的情况下设立而成;②没有赎回、部分解约的规定,是封闭型信托;③受益证券全部采取记名方式;

---

〔1〕 批准野村证券开展该业务时的大藏省次官的谈话内容,全文刊登于[日]野村证券股份公司调查部编:《投资信托的实证性研究》,东洋经济新报社1942年版,第515页、第516页。

④受益证券的发行人是受托公司，收益分配金、偿还金及其他与受益人相关的事务均由受托公司负责进行；⑤规定在信托终了时，若产生损失金额则其中20%由委托公司填补，若产生利益金额则其中10%作为特别奖金由委托公司取得。

（二）昭和26年（1951年）制定《证券投资信托法》

昭和23年（1948年）7月，当时的大藏省公布了《证券投资公司法案纲要》。其参考美国1940年的《联邦投资公司法》，规定了公司形态的投资公司与信托形态的投资信托公司，即同时承认了公司型和合同型这两种类型的投资信托。但是，当时日本为美国所占领，驻日盟军总司令部认为该法案立法为时尚早而未加以批准，所以该法案未能提交国会审议而最终作废。

昭和24年（1949年），以股价暴跌为契机要求制定《证券投资信托法》的呼声高涨。昭和25年（1950年），在大藏省牵头下证券界重新制定并提出了信托型的投资信托法案，但因为是合同型以及由证券公司兼营，所以驻日盟军总司令部对此强烈反对。虽然后来通过交涉，驻日盟军总司令部接受了合同型更适合日本这一点，但对于证券公司兼营依旧强烈反对。在这种情况下野村证券还是继续交涉，驻日盟军总司令部最终以证券公司与投资信托委托公司分离为条件允许制定《证券投资信托法》。因此《证券投资信托法》并非由政府（大藏省）提案，而是在参议院中通过议员立法的形式成立。

第二次世界大战后不久日本就制定了投资信托制度。但当时证券交易所刚重新开业，证券市场未完全发挥作用，民众个人的财产储蓄不多，也没有充足的资金用于风险投资。在这样的背景下制定的投资信托制度在随后的运营中带有很强的规制色彩，即在采取证券公司兼营方式的同时，对委托公司设置了基于注册制的营业规制,对格式条款采取个别批准制。另外,其设计的都是带有很强储蓄性的商品,以票面价格发行、规定了时间、可随时回购的商品占主流。

另外,值得注意的是,《证券投资信托法》在制定时基本继承了"战前的证券投资信托"。但是,该法吸取了投资信托的经验教训,对受益证券赋予了流通性,原则上允许发行不记名受益证券,允许通过委托人从受益人处回购的受益证券部分解除信托。

《证券投资信托法(草案)》于昭和26年(1951年)5月提交国会讨论,同年6月4日在国会通过,并于当天公布施行。野村、大和、山一和日兴等证券公司随后分别根据该法向证券交易委员会提出了委托公司的注册申请,并在接到注册通知后立即开展了首次受益证券募集。上述4家公司均设定了5亿日元的募集金额,后来随着其他证券公司的加入,委托公司的数量达到7家,募集的进展情况也较为顺利。

委托公司必须在信托设定日前筹集信托金,有以下两种筹集资金的方法:①委托公司事先募集受益证券的购买者,以其申购金充当信托金(募集);②委托公司通过自有资金或者借款设定预定数额的信托,之后将受益权分割销售(出售)。这两种方法中前者占主流地位。

受益证券曾是《有价证券交易法》中的有价证券,但昭和27年(1952年)该法修订后,其免于适用该法信息披露的规定(《有价证券交易法》第3条)。这主要是出于以下两个理由:受益证券对根据《证券投资信托法》运作的信托财产来说是参加证券,其内容无法像股份或者公司债那样具有多样性;信托设立后由大藏省对委托公司的运用进行严格监督,投资者的利益因此得到了保护。为了保护投资者,委托公司在募集时使用的宣传资料需要接受大藏省的行政指导。此外，要求在格式条款中设置关于投资有价证券的范围的规定，大藏省对此设置了审查标准。

上述委托公司与证券公司的分离在昭和35年(1960年)得以实现。昭和34年(1959年)12月证券投资信托委托公司设立，昭和35年(1960年)4月证券公司将兼营的委托业务转让给该委托公司。

(三)昭和28年(1953年)《证券投资信托法》的修订

《证券投资信托法》制定两年后，昭和28年(1953年)其迎来了第一次修订。其主要修订内容如下。[1]

1. 将委托公司的注册制改为执照制。

2. 随着委托公司改为执照制，引进了委托公司董事等的兼职限制、委托公司停业和解散的许可制等，另外设置了吊销执照时的业务交接命令制度。

3. 原则上禁止将信托财产用于金钱借贷，但是作为例外允许通过同业拆借方式运用盈余资金。

4. 改善了追加型投资信托的受益证券的记载事项。

(四)昭和30年代(1955年至1964年)以后的讨论

日本的投资信托诞生并经过昭和28年(1953年)的法律修订后，逐渐在日本的经济社会扎根。进入昭和30年代(1955年至1964年)后，出现了各种理论上的以及实务上的问题点，学术界以及实务界对此展开了广泛的讨论。

学术界对如何理解投资信托的构造展开了丰富多彩的讨论，特别是围绕与信托法理之间的关系、委托公司的地位、信托格式条

---

〔1〕 参见[日]杉崎博：《投资信托的构造及改革》，东洋经济新报社1996年版，第31~32页。

款的性质等进行了各种各样的讨论。[1] 另外，证券交易审议会和实务界也提出了许多问题，经过相关探讨后从实务上容易应对的问题入手加以改善。关于法制上的各种问题，基于社团法人证券投资信托协会的研讨内容，在昭和 37 年(1962 年)2 月以及昭和 39 年(1964 年)6 月整理汇总出了《证券投资信托法制研究会(干事会)报告书》。

进入昭和 40 年代(1965 年至 1974 年)后，日本经济研究所下设的资本市场研究会以高桥龟吉为委员长对"投资信托的应有状态"进行了研讨，并发表了相关成果。昭和 41 年(1966 年)11 月 16 日，证券投资信托协会公布了《改善投资信托制度的相关纲要》。

(五)昭和 42 年(1967 年)《证券投资信托法》的修订

基于上述研讨成果，《证券投资信托法》于昭和 42 年(1967 年)进行了大规模修订。其主要修订内容如下。[2]

1. 关于委托公司，明确规定了其对受益人的忠实义务。

2. 作为委托公司忠实义务的规定，具体规定了委托公司的若干禁止行为。

3. 针对对信托财产的运用作出指示的委托公司，作为运用指示的一部分，设置了行使表决权等股东权的义务。

4. 为提高多数设定的单位型投资信托的运用效率，允许采取家族基金的方式。

---

〔1〕 关于这一点有大量文献可以参考，具有代表性的著作包括[日]铃木竹雄：《证券投资信托格式条款的法律性质》，载《经济法》1961 年第 4 号；[日]大阪谷公雄：《证券投资信托与再信托》，载《民商法杂志》1961 年第 45 卷第 3 号；[日]铃木竹雄：《证券投资信托与表决权》，载《商事法务》1969 年第 484 号。

〔2〕 参见[日]杉崎博：《投资信托的构造及改革》，东洋经济新报社 1996 年版，第 32～33 页。另外，昭和 42 年(1961 年)修订的立法负责官员的解说，参见[日]户田嘉德：《修订证券投资信托法以及省令的解说》，载《别册商事法务》1968 年第 6 号。

5. 要求委托公司制作并向受益人提供受益证券的说明书以及运用报告书。

6. 通过引进业务方法书制度等改善委托公司的执照标准和监督的相关规定。

(六)平成10年(1998年)修订之前

投资信托在实务上不断改善,特别是平成6年(1994年)年末以后进行了大幅改革。[1] 但就法律制度本身而言,昭和42年(1967年)修订以后就没有进行过大的修改,直到平成10年(1998年)"金融大爆炸"(金融制度改革)才进行了修订。这段时间的制度特征归纳如下。

第一,日本的《证券投资信托法》在信托法理上采取相当特殊的形态,这源于该法制定以前。昭和26年(1951年)制定的《证券投资信托法》沿用"战前的投资信托"的形态。而"战前的投资信托"从昭和6年(1931年)开始就完全以英国的单位信托为模板。第二次世界大战后虽然起草了以美国《投资公司法》为模板的法案,但是最终未能实现。日本的法律制度自昭和6年(1931年)以来都背负着依赖英国法的宿命。

第二,在英国,至少在现在的单位信托中,相当于日本的委托公司(现在称委托业者,下同)的业者作为管理受托人,与相当于日本的受托公司的保管受托人一样,在信托法理上都是作为受托人对待。虽然在日本也有学说主张两者实质上地位相同,[2]但受实定法的限制,委托公司在法条上依旧停留于委托人。因此,从重视经济实体的角度出发,昭和42年(1967年)修订时引进了委托

---

〔1〕 参见[日]财团法人资本市场研究会编:《朝着有魅力的投资信托》,资本市场研究会1995年版。

〔2〕 参见[日]四宫和夫:《信托法》(新版),有斐阁1989年版,第50页。

公司对受益人忠实义务的规定。

第三,关于委托公司是否对受益人负有善管注意义务,引进委托公司对受益人忠实义务规定的昭和42年(1967年)修订的立法官员称:"虽然在制定本条条文时也考虑过委托公司的善管义务,但是若要求委托公司负有善管注意,则其作出运用信托财产的指示时,必须以专业人士的注意能力为前提,作出谋求信托财产的利益的指示。在这种情形下,如何注意才算尽到义务这一点并不明确。委托公司从众多人手中获得资金,并就信用的指示权得到全权委托,作为其对于受益人的信任应该负有的义务,忠实义务才最为恰当,即在作出运用的指示时,只专注于受益人的利益,不得为自己或者第三方谋取丝毫利益。正是出于这样的考虑制定了本条。"〔1〕

根据上述说明,昭和42年(1967年)修订似乎也可以解释为旨在规定委托公司对受益人负有忠实义务而不负有善管注意义务。有忠实义务却没有善管注意义务这样的说法无论是在理论上还是在实践中都很奇怪。因此,应当解释为委托公司对受益人既负有忠实义务又负有善管注意义务。

第四,因为受益证券免于适用《有价证券交易法》上的信息披露制度,所以在昭和42年(1967年)修订时不得不规定编制受益证券说明书和运用报告书的义务。昭和27年(1952年)修订《有价证券交易法》时规定受益证券免于适用信息披露制度可能是为了应对当时股票市场的问题,也是考虑到已经有了大藏省严格的行政指导。但是,因为昭和42年(1967年)修订就说明书和运用报告书的编制义务作出了规定,所以将来再通过法律修改将受益

〔1〕［日］户田嘉德:《修订证券投资信托法以及省令的解说》,第8页,载《别册商事法务》1968年第6号。

证券列为《有价证券交易法》的信息披露制度的对象的可能性就变得更小。

(七)平成10年(1998年)修订

平成10年(1998年)“金融大爆炸”对金融相关法律制度进行了一系列修改,其中对《证券投资信托法》也进行了大幅修订。其主要修订内容如下。

1. 为了让日本的投资者能利用在欧美得到广泛利用的各类证券投资信托商品,引进了证券投资法人(公司型投资信托)制度。法律名称改为《证券投资信托及证券投资法人的相关法律》。

2. 引进私募投资信托(投资者2人以上49人以下的证券投资信托、投资法人)。将证券投资信托的受益证券以及证券投资法人的投资证券、投资法人债券作为《有价证券交易法》上的有价证券,适用该法的信息披露制度,而不作为适用除外证券。

3. 为了促进商品的多样化,将个别商品(信托条款)的许可制改为申报制。

4. 为了实现更加专业的运用,允许对外委托证券投资信托委托业等的运用指示。

5. 为了使投资者可以在银行等各种金融机构购买投资信托,允许金融机构经过《有价证券交易法》上的注册,由其自身进行投资信托的窗口销售。

(八)平成12年(2000年)修订

平成12年(2000年)《证券投资信托法》又进行了一次大幅修订,允许运用于包括不动产在内的广泛的资产,法律名称也删除了“证券”二字,改为《投资信托法》。

与商事信托法理相关的重要修订内容如下:第一,关于由委托业者作出运用指示的传统类型的投资信托(在修订后的法律中称为委托人指示型),进行了几项重要的修订;第二,引进由受托人进行运用的投资信托(在修订后的法律中称为委托人非指示型)。此外,明确规定投资信托原则上必须是金钱信托(《投资信托法》第5条之3)。

1. 委托人指示型投资信托制度的修订

关于传统的委托人指示型投资信托,从商事信托法理的角度来看,平成12年(2000年)的修订内容包括以下重要事项。

第一,关于投资信托委托业者,明确规定其对委托人指示型投资信托的受益人负有善管注意义务(《投资信托法》第14条第2款)。关于该义务,应该解释为其与《信托法》第20条不同,至少在公募型的投资信托的情形下不允许通过合同减轻。

第二,关于投资信托委托业者的行为准则,随着运用对象资产范围的扩大设置了相应的规定(《投资信托法》第15条)。在其作出运用指示的信托财产进行特定资产(有价证券等除外)的取得或转让等的情形下,投资信托委托业者必须让第三方调查资产的价格等(该法第16条之2)。另外,若就特定资产(有价证券等除外)进行有利益相反可能的交易,投资信托委托业者必须对此次交易的相关事项进行书面记载,并交付给其作出运用指示的投资信托财产的受益人(该法第28条)。

第三,制定了投资信托格式条款变更的异议申请手续的相关规定,向异议受益人赋予了受益证券回购请求权(《投资信托法》第30条、第30条之2),该回购以信托财产进行。

此外,投资信托委托业者还可以在一定范围内经营宅地建筑物交易业、不动产特定共同事业等(《投资信托法》第34条之10)。另外,对于投资信托委托业者经营投资信托委托业以及投资法人资产运用业以外的业务的情形,还制定了相应的行为准则(该法第

34条之12至第34条之15)。

2. 委托人非指示型投资信托制度的新设

通过平成12年(2000年)的修订,《投资信托法》中诞生了不存在作出运用指示的委托业者,即由受托人进行运用的投资信托。其被称为委托人非指示型信托,即基于同一个信托格式条款,受托人通过与多名委托人签订的信托合同收取金钱,并将其共同运用于主要以特定资产为对象的投资,而无须听从委托人的指示(《投资信托法》第2条第2款)。该投资信托与共同运用指定金钱信托的区别在于"出口"的金融商品的性质差异。具体而言,关于共同运用指定金钱信托的受益权,私法上没有对其实施有价证券化的明文规定,其实际上并未实现有价证券化。而投资信托的受益权则实现了私法上的有价证券化(《投资信托法》第2条第12款、第49条之5),并且是《有价证券交易法》上的有价证券(《有价证券交易法》第2条第1款第7项以及第7项之2)。

关于委托人非指示型投资信托合同,若不是以一个信托公司等为受托人的情形,则不能签订这样的合同,并且不允许就本金的补充以及利益的补足作出约定(《投资信托法》第49条之2)。此外,从调整业务领域的角度出发,受托人不得签订将委托人非指示型投资信托的信托财产主要(超过50%)运用于有价证券投资的委托人非指示型投资信托合同(该法第49条之3)。

与委托人指示型投资信托相同,关于委托人非指示型投资信托,此次修订也制定了委托人非指示型投资信托合同的签订以及受益证券、分别运用等的相关规定(《投资信托法》第49条之4至第49条之7)。另外,关于经营与委托人非指示型投资信托相关业务的信托公司等,也与投资信托委托业者相同,制定了忠实义务以及善管注意义务、行为准则、运用权限的委托、调查价格义务、信托公司等的责任的相关规定(该法第 49 条之 8 至第 49 条之 11)。

四、投资信托的现行制度及其特殊性

第二次世界大战后证券投资信托作为带有很强规制色彩的构造得以制度化,经过平成 10 年(1998 年)和平成 12 年(2000 年)的修订,其法律制度环境大有改观。但信托型的构造,从信托法理的角度来看,依旧保持着特殊性。因此,以下对现行制度下投资信托的特征中,从信托法理的角度来看具有特殊性的地方进行梳理。

(一)特定金钱信托性

《投资信托法》第 5 条之 3 原则上禁止金钱信托以外的投资信托,规定"投资信托(政令规定的不缺乏受益人保护的证券投资信托除外)必须是金钱信托"。

该规定的目的有些费解之处。例如,一般而言,并不能说不是金钱信托就更容易给投资者造成损失。实际上基于上述条文括号的内容,《投资信托法施行令》规定了交易型开放式指数证券投资基金(ETF)等例外(《投资信托法施行令》第 8 条)。

(二)谁是委托人

关于传统的委托人指示型的投资信托,谁是《信托法》上的委托人的答案还是和以前一样,即委托业者为委托人。关于委托业者,鉴于其实质是管理受托人,除了对受益人的忠实义务进行规定外又添加了善管注意义务的规定。

作为与信托中受托人的分别管理义务相当的义务,平成 10 年(1998 年)在修改证券相关诸法时规定了证券业者的分别保管义务(《有价证券交易法》第 47 条),与此相对应,投资信托的委托业者原则上"无论以何种名目,不得以自己或者他人(包括虚拟人)名义接受顾客的受益证券(中间省略)或者金钱的预托"(《投资信托法》第13条之2)。但是在募集时收取顾客的申购金等情形下有必要接受金钱的预托,因此一定情形下允许例外(《投资信托法》第13条之2“但书”、《投资信托法施行令》第15条)。

相比之下,在委托人非指示型的投资信托中,只能说是投资者为委托人兼受益人(《投资信托法》第2条第2款)。

(三)信托合同的数量、受益权的分割以及格式条款的特殊性

在委托人指示型的投资信托中,因为委托业者为委托人,所以只能按照惯例签订一份信托合同,然后根据合同分割受益权(《投资信托法》第2条第1款、第4条)。而曾引起热议的格式条款的特殊性问题现在依然存在,即格式条款虽然以法律形式在委托业者与受托人之间适用,但实际上投资者会受到其影响。

相比之下,在委托人非指示型的投资信托中,虽然格式条款只有一份,但存在与委托人兼受托人的人数相同数量的信托合同(《投资信托法》第2条第2款)。

五、结语

运用型商事信托出于资产运用的目的而利用信托的构造,是迄今为止商事信托中规模最大的领域。关于运用型商事信托,本章将其区分为单独运用型与共同运用型,对其基本构造进行了简单梳理。

特别是对信托银行的主要商品共同运用指定金钱信托与证券界的商品证券投资信托[平成12年(2000年)修订后的委托人指示型投资信托]进行比较后发现,后者具有显著的特殊性(委托人的应有形态、信托合同的数量、受益权的分割等)。

平成12年(2000年)法律修订时新设了委托人非指示型的投资信托,基于同一个信托格式条款,受托人通过与多名委托人签订信托合同收取金钱,并将其共同运用于主要以特定资产为对象的投资,而无须听从委托人的指示。其与共同运用指定金钱信托在构造上几乎相同,但在法律制度上存在以下差异。第一,在“出口”的金融商品的性质上存在差异。关于共同运用指定金钱信托的受益权,私法上没有对其实施有价证券化的明文规定,其实际上并未实现有价证券化。而投资信托的受益权则实现了私法上的有价证券化(《投资信托法》第 2 条第 12 款、第 49 条之 5),并且是《有价证券交易法》上的有价证券(《有价证券交易法》第 2 条第 1 款第 7 项以及第 7 项之 2)。第二,关于委托人非指示型投资信托合同,若不是以一个信托公司等为受托人的情形,则不能签订这样的合同,并且不允许就本金的补充以及利益的补足作出约定(《投资信托法》第 49 条之 2)。第三,从调整业务领域的角度出发,受托人不得签订将委托人非指示型投资信托的信托财产主要(超过 50%)运用于有价证券投资的委托人非指示型投资信托合同(《投资信托法》第 49 条之 3)。

第五章　信托业法

神田秀树

日本于平成16年(2004年)对制定于大正11年(1922年)的《信托业法》(以下简称《旧信托业法》)进行了全面修订。本章将对平成16年(2004年)修订后的《信托业法》(以下简称《新信托业法》)主要内容进行简单梳理。此外,此次修订以金融审议会金融分科会第二部会的《关于信托业的应有形态的中期报告书》[平成15年(2003年)7月28日](以下简称《中期报告书》)为基础,因此本章还将对该报告书的内容作简单介绍。

一、平成16年(2004年)《信托业法》修订的定位

此次修订的主要内容可归纳为以下两点:①扩大了可受托财产的范围(将《旧信托业法》中不属于可受托财产的知识产权

等列为可受托财产);②扩大了信托业从业者的范围(现在只有信托兼营金融机构能从事信托业,为了使金融机构以外者也可以开展信托业,进行了相应的制度完善)。

虽说只是对上述两点进行制度完善,若在修订时对制度的应有形态没有一定程度的前瞻性,就无法完成其作为中期制度改革的使命。因此,《中期报告书》带着前瞻性意识,针对上述两点提出了具体建议,而此次修订正是朝着这个方向对《旧信托业法》进行了全面修订。

二、可受托财产范围的扩大

在《旧信托业法》中,针对在信托关系成立的"入口"转移给受托人的财产,就这样的信托财产限定性列举了信托银行可以受托的财产(《旧信托业法》第 4 条)。但是,关于该可受托财产,在确保有合适的信托业从业者的前提下,包括知识产权在内扩大其范围才更为合理。因此,《中期报告书》建议删除《旧信托业法》第 4 条对可受托财产的限制,改为《信托法》第 1 条规定的财产权在业法上均可受托。

《新信托业法》删除了《旧信托业法》第 4 条的规定,《信托法》第 1 条规定的财产权均可受托。

三、信托业的从业者

(一)准入标准等

1. 准入标准的基本想法

《中期报告书》认为,信托公司应该与其他金融业法一样,作为准入标准,要求具备可顺利完成信托业务的财产基础和人员构成。但由于信托公司信托业务的内容多种多样,《中期报告书》同时建议准入标准等的具体内容应该按照信托业务的内容和功能作出区分。该想法兼顾全局,不仅对准入标准的确定有用,还对法制整体的思考有用。

2.准入标准的区分

(1)《中期报告书》的想法

《中期报告书》指出,在思考准入标准时,以下两种业务对信托公司的资质和能力的要求各不相同,后者对信托公司的要求更高:一种是像根据信托合同或委托人的指示进行信托财产的管理或流动化那样,受托人的裁量性受到限制的业务;另一种是信托财产的运用、处分等受托人的裁量性较高的业务。《中期报告书》因此建议着眼于受托人的裁量性的大小对信托加以区分,对准入标准的内容设置适当的差异。《中期报告书》就如何区分列举了以下类型:①维持管理型信托,即受托人不是通过自身的裁量改变信托财产的形态或进行处分,而是通过该财产通常的用法来加以保存、维持、利用,或者只听从委托人等的指示来进行处分;②流动化型信托,即出于进行资产流动化的目的受托资产;③运用管理型信托,即受托人通过自身的裁量改变信托财产的形态或进行运用及处分。

(2)《新信托业法》

根据《中期报告书》的建议,《新信托业法》作出了以下规定。

第一,信托业采用执照制(《新信托业法》第3条)。

第二,对信托业中的管理型信托业作出定义,若仅从事管理型信托业则采用注册制(该法第7条)(每3年更新)。因此,信托公司是指,获得信托业执照者,或经过管理型信托业注册者(《新信托业法》第2条第2款,后者被称为管理型信托公司,参见该法第2条第4款)。

管理型信托业务是指,只接受以下任一信托的信托业(《新信托业法》第2条第3款):①仅听从委托人或者受委托人委托行使指示权限者(关于委托人或者受委托人委托行使指示权限者,仅限于政令规定的在股份的持有关系或人际关系上与受托人有密切关系者以外者)的指示来进行信托财产的管理或处分的信托;②仅对信托财产进行保存行为、在不改变财产性质的范围内的利用行为或改良行为的信托。

第三,将"信托受益权(《有价证券交易法》第2条第1款规定的有价证券所表示的权利及根据同条第2款的规定被看作有价证券的权利除外)的销售及销售的代理或中介"定义为"信托受益权销售业"(《新信托业法》第2条第10款),其营业采用注册制(该法第86条)。

从《新信托业法》的上述规定来看,其对于《中期报告书》提出的建议,将报告书中的类型①定位为管理型信托业,将报告书中的类型③定位为信托业(包括管理型信托业),而对于报告书中的类型②流动化型的营业,将其作为管理型信托业与信托受益权销售业合二为一的营业。

关于流动化领域,有《资产流动化法》[平成10年(1998年)制定]等特别法,流动化商品与《有价证券交易法》之间的适用关系处于各不相同的状态,将来有必要再次进行整理。

此外,在流动化领域中,作为促进租赁债权以及信用债权的流动化的法律有《特定债权法》[平成4年(1992年)制定],此前在实践中很多情形下使用信托。但是随着《新信托业法》的施行,该法已被废止(《新信托业法》附则第2条。关于过渡措施,参见该附则第3条至第6条)。

(3)指示权人

即便是受托人从事管理型信托业的情形,若另外存在指示权人,则在很多情况下该指示权人实质上应该称为受托人。对于该问题,《信托业法》作为一般业法该如何应对是个难题。

《新信托业法》在第四章"指示权人"中就"指示权人"对受益人的忠实义务以及行为准则作出了以下规定。

(指示权人的忠实义务)

第六十五条 就信托财产的管理或处分的方法作出指示的业务的经营者(在下一条中称为"指示权人")必须根据法律法规及信托的宗旨,为了信托财产的相关受益人的利益,忠实地就信托财产的管理或处分作出指示。

(指示权人的行为准则)

第六十六条 指示权人对作出指示的信托财产不得进行以下行为。

一 指示受托人以与通常的交易条件不同的条件,且若以该条件进行交易会对信托财产造成损失的条件进行交易。

二 指示受托人进行从信托的目的、信托财产的状况、信托财产的管理或处分的方针来看不必要的交易。

三 指示受托人利用信托财产的相关信息,为了自己或该信托财产的相关受益人以外者的利益进行交易(内阁府令规定的情形除外)。

四 内阁府政令规定其他可能对信托财产造成损失的行为。

(4)特别规则:企业集团内的信托和技术转移机关(TLO)

除了上述类型,《中期报告书》指出,以下两种情形应该设置更为简单的准入等的规制。第一,在只有集团内部的企业作为委托人、受托人以及受益人的情形等信托的当事人之间存在密切关系的情形(例如,将知识产权等由集团内的一家公司通过信托统一管理的情形)下,由于没有集团外第三方的参与,包括准入标准在内设置最低限度的规制即可。第二,在技术转移机关的情形下,出于政策性需要,应该将规制简单化。

因此,《新信托业法》将上述两种情形作为信托业执照制的例外。第一,对于符合以下所有条件的信托,采用申报制[《新信托业法》第51条第1款,另外设置了监督(现场检查权)以及防止滥用等规定,参见该法第51条第6款至第9款]。

①委托人、受托人以及受益人为同一个企业集团(指一家公司及该公司的子公司组成的集团)的公司。

②在特定目的公司(指《资产流动化法》第2条第3款规定的特定目的公司)是受益人的情形下,其发行的资产应对证券(指在《资产流动化法》第2条第11款规定的资产应对证券)并未被与受托人不属于同一企业集团者获得。

③未和与受托人不属于同一企业集团者签订与信托受益权的投资事业相关的匿名组合合同(指《商法》第535条规定的匿名组合合同)。

④内阁府令规定的与前两项相当的要件。

⑤在信托合同中规定以下条件,即在信托不满足上述各项所列要件中的任意一项时,未经委托人及受益人的同意,受托人即可辞任。

第二,关于技术转移机关采用注册制(《新信托业法》第52条第1款)。

(5)附带本金填补(或利益补足)合同的信托

《中期报告书》指出,"在信托公司处理附带本金填补合同的信托等类似存款的商品的情形下,因为有时需要用固有财产来填补,所以包括准入标准在内有必要设置与接受存款的金融机构程度相当的规制”,同时指出,“但是,鉴于目前尚未发现希望提供附带本金填补合同的信托等的需求,可以考虑仅限信托兼营金融机构有资格提供附带本金填补合同的信托等。关于信托公司提供附带本金填补合同的信托等,应该基于中长期视角深入探讨其是否合适”。

为了明确这一点,此次修订废除了《旧信托业法》第9条,并且在《兼营法》中新增了第5条之4(《新信托业法》附则第15条)。

(二)信托公司的组织形态

在此次修订前,信托公司被限定为股份公司(《旧信托业法》第2条),其他金融业态大多同样如此。《中期报告书》指出,“从保护受益人以及对信托制度的信任的观点出发,股份公司是具备业务的稳定性、持续性以及内部机关相互监督(治理)功能的组织形态,信托业的从业者应为股份公司的要求较为合理”,同时指出,“关于合名公司、合资公司、有限公司、合伙、中间法人、非营利组织、个人等加入信托业,应考虑其必要性与妥当性,兼顾公司法制的动向以及其他金融业态的处理办法,在此基础上探讨其是否妥当”。但《中期报告书》就技术转移机关指出,这是具有很强政策性需要的领域,应当作为特例朝着允许放宽形态的方向展开探讨。

《新信托业法》规定,原则上信托公司应为股份公司(《新信托业法》第5条第2款第1项、第10条第1款第1项),技术转移机关允许采取例外形态(《新信托业法》第52条第1款)。

(三)业务范围

《旧信托业法》中除了列举信托业务(该法第4条),还列举了以下兼营业务(该法第5条、第6条):①保护寄存;②作为《公司债券等转账相关的法律》的账户管理机构开展转账业务;③债务的保证;④不动产买卖的中介业务或现金及不动产的借贷中介;⑤公债、公司债、股票的募集及其认购资金的受理或其本金利息、分红的支付;⑥与财产相关的遗嘱的执行;⑦会计检查;⑧与财产的取得相关的代理事务。另外,信托兼营金融机构此前在可兼营的业务上受到了限制(《兼营法》第 1 条以及《兼营法施行令》第 2 条之 2)。信托专营银行以及外资信托银行可以开展所有兼营业务,参见《修改银行法等的部分内容的法律》[平成 13 年(2001 年)法律第 117 号,平成 14 年(2002 年)2 月 1 日开始施行]附则第 10 条。

关于信托公司的业务范围,《中期报告书》建议遵循金融法制的一般性想法,也就是说,从保护受益人以及确保监管当局监督的实效性的观点出发,对他业的范围设置限制。《中期报告书》同时指出,“关于他业限制的内容,应该根据多样的信托业从业者的加入的需求,考虑信托业与一般行业的相乘效应,对照他业与信托业务之间的关联性以及亲近性,在此基础上进行个别判断”。

《新信托业法》规定,原则上“信托公司除了可以经营信托业,还可以经营信托合同代理业、信托受益权销售业以及财产的管理业务(仅限于就与该信托公司的业务方法书中记载的信托财产相同种类的财产,按照与该信托财产的管理方法相同的方法进行管理的情形)”(该法第 21 条第 1 款),禁止经营他业(该法第 21 条第 5 款)。但是,“经过内阁总理大臣的许可,可以经营对正确且顺利地开展信托业务不会形成阻碍的与该信托业务相关的业务”(该法第 21 条第 2 款、第 3 款、第 4 款、第 6 款)。

与之相对应,《兼营法》也进行了以下修订:第 1 条第 1 款中“根据《信托业法》信托公司经营的业务”修改为“《信托业法》(平成 16 年法律第 154 号)第 2 条第 1 款规定的信托业务及以下所列业务”,在同款中增加以下各项。

一 《信托业法》第 2 条第 8 款规定的信托合同代理业务。

二 《信托业法》第 2 条第 10 款规定的信托受益权销售业务（第 4 条第 3 款中称为信托受益权销售业务）。

三 财产的管理（仅限于就与受托的信托财产相同种类的财产，通过与下一款的信托业务的种类以及方法中规定的信托财产的管理方法相同的方法进行管理的情形）。

四 与财产相关的遗嘱的执行。

五 会计检查。

六 与财产的取得、处分或借贷相关的代理或中介。

七 与下列事项相关的代理业务：

①第 3 项所列财产的管理。

②财产的整理或清算。

③债权的催收。

④债务的履行。

（四）行为规制以及监督规制

1. 财产性规制

虽然信托财产可以破产隔离，但是为了确保信托公司违反义务时履行损害赔偿责任，应保持信托公司固有财产的持续健全性，因此有必要设置一定的财产性规制。《中期报告书》对此指出，"关于具体的财产性规制，制定时可以参考现行《信托业法》规定的国债寄存义务等担保寄存义务或其他金融业法规定的财产性规制"（在其他金融业法中，财产性规制包括营业保证金和净资产规制等措施）。此外，《中期报告书》认为无须对信托公司的固有资产设置自有资本比例规制。

关于这一点，《新信托业法》对信托公司设置了营业保证金的寄存制度以及净资产规制（《新信托业法》第 11 条、第 5 条第 2 款第 3 项、第 10 条第 1 款第 3 项)(另外,对信托受益权销售业者也设置了营业保证金的寄存制度,参见《新信托业法》第 91 条)。

2. 说明义务以及不正当劝诱的禁止等

为了保护金融商品的购买者,在私法上制定了《金融商品贩卖法》以及《消费者合同法》,信托公司在进行信托商品的销售和劝诱时当然也需要遵守上述规定。问题在于在信托业法中是否也应设置上述规定,《中期报告书》建议应设置与其他金融业法相同的规制。《中期报告书》指出,"鉴于信托商品以实际业绩分红为基本,要求受益人责任自负,且信托商品的构造极为复杂,除了私法上的规制,在业法上也应该设置信托公司应遵守的信托商品的销售和劝诱规则。具体而言,应该引进信托商品的相关说明义务、不正当劝诱的禁止等规制,并要求信托公司加以遵守。另外,信托公司也应健全内部机制以确保这些规制得以遵守"。

关于这一点,《新信托业法》引进了以下规定。

(接受信托的相关行为准则)

第二十四条　信托公司就接受信托不得作出下列行为。

一　对委托人作出虚假的说明。

二　对委托人就不确定的事项提供断定性的判断,或作出可能令其误解为确定的事项的说明。

三　对委托人、受益人或第三方作出提供特别利益的约定,或者提供特别利益(包括让第三方作出提供特别利益的约定,或者让其提供特别利益)。

四　对委托人、受益人或第三方作出在信托受益权发生损失时加以填补,或事先未获得一定金额利益时加以补足的约定,或者在信托受益权发生损失时加以填补,或事先未获得一定金额利益时加以补足(包括让第三方作出该约定或让其进行该行为,对自身事故所造成的损失加以填补的情形除外)。

五 内阁府令规定的其他缺乏委托人保护的行为。

信托公司必须根据委托人的知识、经验以及财产情况,在接受信托时行为得当,开展业务时注意保护委托人。

(信托合同内容的说明)

第二十五条 信托公司在根据信托合同接受信托时,必须事先向委托人说明该信托公司的商号以及下一条第一款第三项至第十六项所列事项。但是,内阁府令规定的不影响委托人保护的情形除外。

3.其他

《中期报告书》指出,为了避免主要股东的经营方针等对信托公司造成不良影响,应参考其他金融业法的规定,设置适当的主要股东规则,但不需要设置像银行主要股东规制那样的规制。这一点在《新信托业法》第17条和第18条中得以实现。

(五)向顾客提供信息以及面向市场的信息披露

《中期报告书》提出,信托公司销售商品时,应根据销售和劝诱规制向交易对方作出说明,并且"应在商品销售后持续就信托财产的状况等进行适当的披露",另外"在要求信托公司进行该披露时,与信托商品的说明义务等相同,应考虑受益人的数量以及属性"。这一点在《新信托业法》第25条和第26条中得以实现。

另外,关于面向市场的信息披露,《新信托业法》第34条规定,"信托公司每财年必须根据内阁府令规定的业务及财产状况的相关记载事项编制说明文件,并在每财年终了后内阁府令规定的期间结束之日起一年以内,将其备置于所有营业所以供公众浏览"。

(六)受托人责任

受托人责任(fiduciary duty,又称信任义务)是信托法理的核心规则，一般主要包括善管注意义务、忠实义务、分别管理义务以及自己执行义务。受托人责任的问题在于除了《信托法》的规定（《信托法》第20条、第22条、第26条以及第28条），是否应该在业法中也设置明文规定。关于这一点，《中期报告书》建议，“关于信托业的经营者的受托人责任，从确保对信托业的信任等观点出发，应该在《信托业法》上也设置一般性的义务规定。通过在《信托业法》中明确定位受托人责任，有助于在《信托业法》上明确监管当局为保护受益人而采取行动的依据，并使制定罚则以确保义务的履行成为可能”。除了在《信托业法》中引进一般性的义务规定之外，为了提高预见可能性，《中期报告书》还建议，从现在的信托实务出发，在《信托业法》中健全防止利益相反的规定（设置将忠实义务具体化的行为准则）以及确保履行分别管理义务的规定。

关于这一点，《新信托业法》引进了以下规定。

（信托公司的忠实义务等）

第二十八条　信托公司必须根据法律法规以及信托的宗旨，为了信托财产相关受益人的利益，忠实地开展信托业务。

信托公司必须根据信托的宗旨，在善良的管理人的注意义务下开展信托业务。

信托公司必须根据内阁府令的规定，健全将信托财产与自身的固有财产及其他信托财产分别管理的体制，以及其他避免对信托财产造成损失或影响信托业信用的体制。

（信托财产的相关行为准则）

第二十九条　信托公司对其受托的信托财产不得作出下列行为。

一　以与通常的交易条件不同的条件，并且，在该条件下进行交易会对信托财产造成损失的条件进行交易。

二 进行从信托的目的、信托财产的状况以及信托财产的管理或者处分的方针来看不必要的交易。

三 利用与信托财产相关的信息,为自己或该信托财产的相关受益人以外者谋取利益的目的进行交易(内阁府令规定的情形除外)。

四 内阁府令规定的其他可能会对信托财产造成损失,或影响信托业的信用的行为。

除了信托合同中对进行下列交易以及该交易的概要作出了规定,并且不会对信托财产造成损失的情形,信托公司不得进行下列交易。

一 自己或利害关系人(政令规定的在持股关系或人际关系上有密切关系者)与信托财产之间的交易。

二 前项信托财产与其以外的信托财产之间的交易。

信托公司若进行了前款各项交易,则信托财产的每个会计期间均必须编制记载有该交易情况的书面文件,并将其交付给该信托财产的相关受益人。但是,内阁府令规定的不向受益人交付该书面文件也不会影响受益人保护的情形除外。

四、其他

(一)信托合同的代理及中介

关于信托兼营金融机构,《兼营法》允许其设置代理店(《兼营法》第5条第2款),该法将代理店定义为对信托业务的全部或部分进行代理者,仅限金融机构(《兼营法施行令》第2条所列金融机构)以及商工组合中央金库可成为代理店。但实际上代理店所进行的业务几乎只有信托合同的中介。《中期报告书》对此指出,从扩大信托服务的提供渠道,方便使用者进入的观点出发,关于仅进行信托合同中介者,在留意其作为信托从业者的业务的健全性和受益人保护的问题的同时,应允许扩大仅进行信托合同中介者的范围。

关于这一点,《新信托业法》设置了"信托合同代理店"制度。该信托合同代理店是指信托合同代理业的经营者,其接受信托公司或外国信托公司的委托为该信托公司或外国信托公司("所属信托公司")经营信托合同代理业,采用的是注册制(《新信托业法》第67条)(法人、个人均可)。

信托代理店从事信托合同的缔结的代理(仅限代理信托公司或者外国信托公司业务的情况)或中介,需遵守各种行为规制及监督规制(《新信托业法》第74条以下)。特别需要注意的是,第一,信托合同代理店就信托合同缔结的代理或中介接受顾客的财产预托时,负有分别管理的义务(《新信托业法》第75条)。第二,信托合同代理店的所属信托公司的责任非常重要。《新信托业法》第85条规定,"信托合同代理店的所属信托公司对信托合同代理店所进行的信托合同缔结的代理或中介给顾客造成的损害负有赔偿责任。但是,所属信托公司向信托合同代理店委托时相当注意,并且努力防止信托合同代理店所进行的信托合同的缔结的代理或中介给顾客造成损害的情形除外"。

(二)信托业务的委托

关于信托公司将信托业务的全部或部分委托给第三方(外包),从近年的趋势来看基本上应该加以允许。但是,应该避免出现借此规避《信托业法》中信托公司的准入规制、行为规制以及监管规制的情形,防止产生受益人保护的问题。《中期报告书》对此指出,"应该考虑信托公司对该第三方能否切实履行监督责任、该第三方是否具备切实开展该业务的能力、所开展的信托业务与该第三方的业务之间是否具有关联性及相近性的问题,建立监管部门可对信托公司能够委托信托业务的第三方的适格性进行判断的制度"。《中期报告书》还指出,"关于该第三方的行为的业法上的责任,应该由受到行政的检查和监督的信托公司来承担,并完善所需的相关规定"。

关于这一点,《新信托业法》设置了以下规定。

(信托业务的委托)

第二十二条 信托公司仅在满足下列所有要件的情形下,才可以就其受托的信托财产,将信托业务的一部分委托给第三方。

一 在信托合同中写明将信托业务的一部分进行委托以及信托业务的受托方(若受托方尚未确定,则写明受托方的选定标准及手续)。

二 受托方能够切实履行被委托的信托业务。

三 在委托合同中附带了受托方将被委托的财产与自己的固有财产分别管理等内阁府令规定的条件。

关于信托公司委托信托业务时第二十八条至第三十条(第二十九条第三款除外)的规定以及与这些规定相关的第八章规定的适用,这些规定中的信托公司包括接受该信托公司委托者。

(与信托业务的委托相关的信托公司的责任)

第二十三条 信托公司对信托业务的受托方进行受托的业务给受益人造成的损害承担赔偿责任。但是,信托公司在选任受托方时相当注意,并且,努力防止受托方因进行受托的业务给受益人造成损害的情形除外。

(三)其他

如第二章所述,在《信托业法》以及《兼营法》中存在关于《信托法》规定(以及《商法》的规定)的重要的特别规定。这些规定在

《新信托业法》中的继承情况如下。

本金填补或者利益补足的合同(废除《旧信托业法》第9条,新《兼营法》增加第5条之4)、有价证券的公示(《旧信托业法》第10条第1款、第2款为《新信托业法》第30条所继承,通过新《兼营法》第4条第1款准用)、《信托法》第22条的例外(废除《旧信托业法》第10条第3款、第4款,由《新信托业法》第29条作出应对,通过新《兼营法》第4条第1款准用)、《信托法》第17条的例外(《旧信托业法》第10条之2为《新信托业法》第31条所继承,通过新《兼营法》第4条第1款准用)、信托合同的格式条款的变更[《兼营法》第5条之3(无变更)]。另外,还有与信托公司、信托兼营金融机构的合并、分立相关的特别规定(《旧信托业法》第16条、第16条之2由《新信托业法》第40条继承,《兼营法》第6条、第6条之2、第7条、第7条之2未作实质性修改)。

此外,《旧信托业法》第22条第8项规定,信托公司对根据《信托法》第40条提出的阅览账簿请求加以拒绝时,只有“无正当理由”拒绝的情形才属于罚则的对象。《新信托业法》继承了该规定(《新信托业法》第118条第10项。《兼营法》未作修改,参见该法第10条第8项)。

第二编　商事信托各论

第六章　商事信托的实践与理论

神作裕之

一、讨论前提：商事信托的特点

本章主要针对信托银行这样的信托业者接受信托时的相关法律问题进行说明。本章以营业信托为前提对商事信托进行讨论。首先，应当了解商事信托具有的四个问题。第一，签订了同一份信托合同或者进行共同运用情形下不同信托合同的受益人之间如果存在集团性和利益共通性的特点，此时应该如何理解。第二，通过年金运用等共同运用方法产生二重信托时，受托人为同一人，通过信托受益权的形态保有信托财产，通过母信托运用管理信托财产，这种方式可能产生的问题。第三，受托人主张抵销时回收债权是否同时存在竞合行为的问题，另外存在按比例清偿问题。按比例清偿问题是指受托人同时以自己名义开设账户经营银行业务,这是信托银行特有的问题。第四,受托人通过受托管理的其他信托账户向信托账户发放贷款,发放贷款时由取得借款的信托账户中的财产提供担保,这一做法虽然是从事贷款业务的信托银行存在的特有问题,但是理论上也将此作为信托法的一般问题处理。

二、具体场景的讨论

1. 共同运用信托

平成18年(2006年)《信托法》规定,在存在多数受益人时,多数受益人可以集团的方式作出意思决定,行使权利,并且明确了权利行使的条件。这极大改善了旧法存在的不安定性和僵硬性问题。但是,该法所规定的"存在多数受益人时"是指基于一份信托合同对受益权进行分割而产生多数受益人的情况,或者基于一份信托合同存在复数不同种类的受益人的情况。但如果基于相同内容的复数信托合同进行运用管理,并通过共同运用的方式对相关信托财产进行管理运用,法律上并没有设置特别规定。因此,信托法上的效果会因为信托合同是一份还是多份而有所不同。应该如何理解这一现象是需要解决的问题。

平成18年(2006年)《信托法》制定时,并不是没有意识到共同运用信托中信托变更、受益人权利行使的问题。信托行为可以通过另外规定实现信托的变更,比如,在信托行为中加入条款,约定采用共同运用方式的其他信托合同受益人可以通过多数决变更信托合同的条款,这在一定程度上可以解决实践中的问题。与此相对,《信托业法》的做法是将基于复数信托合同产生的信托视为一个信托,神田秀树教授也认为应当将这一做法作为信托的一般规定导入信托法中。

日本商事信托研究会于平成12年(2000年)10月制定了《商事信托法纲要》。该纲要第531条第16款不仅规定了受益人大会制度,还建议增加“基于多个信托合同成立且采用共同运用的信托如果设置了受益人大会制度,则准用”这一系列规定。其不仅明确基于多数信托合同设立的信托也可以进行集团性的意思决定,同时明确了准用的范围。

进行共同运用时,虽然法律形式上存在多个信托合同,但是从其经济实质来看,其与对基于一份信托合同产生的信托受益权进行分割的情形十分相似。仅因为法律构成的不同而产生不同的规则是不合理的,无论存在几份信托合同,应当按照其实质适用相同的规定,这是一般法原则的要求。

这一问题在受益人行使权利的情形下特别明显。《信托法》第92条规定的受益人权利是不可以通过信托行为的约定进行限制的,但是共同运用信托中没有这样的规定。存在多份信托合同,并且采用共同运用方式的信托参加人对于采用共同运用方式的基金到底拥有什么样的权利,更进一步对这种权利需要施加什么样的限制成为问题。这种情况基本上与一个信托合同中存在多个受益权的情况是相同的,每个受益人享有的权利事实上也是相同的,因此也应该承认共同运用信托的各个受益人也享有这些权利,对于权利的限制也应该采用相同的处理方式。此外,超越基于同一个信托条款进行的共同运用这一要件,理论上存在能够在什么范围内认可商事信托中所存在的集团性、受益人之间存在的利益共通性的问题,为了认可集团性和利益共通性总结出特征是尚未完成的重要课题。

2. 年金运用中采用共同运用手法的二重信托

接下来分析二重信托的问题。二重信托的问题并不在于设立宣言信托。具体来说存在两种不同的学说,第一种是将问题理解为受托人信托事务的执行问题,也就是把它作为共同运用的方式、形态问题来理解。第二种是将其作为信托分割的一种类型来理解。

两种学说可能存在的区别在于是否认可母信托信托财产的破产隔离。另外还存在能否将子信托中的全部财产作为出资投入母信托这一问题。《信托法》第 2 条第 11 款规定了信托分割的定义,将信托分割定义为转移信托财产的一部分,因此转移全部资产时能否包含在信托分割中并不明确。这个问题似乎应该作为信托分割时选择法律构成时的解释问题,尚待解决。

此外,还遗留了应该采用何种程序的问题。程序可以通过信托行为另行约定,但存在究竟需要在何种范围内进行详细约定的问题。《信托业法》第 29 条之 2 是有关信托分割的规定,规定了向受益人进行催告程序的要件,该条的适用除外条件为"明显不违反信托目的且符合受益人的利益"。该标准与田中和明报告中所提出的标准,即从风险回报的角度来看母信托的运用对象是否有重大改变这一标准是否相同,如果不同那么有何区别,这些都是遗留下来的解释问题。

有关《信托法施行规则》第 14 条第 5 款、第 16 条第 5 款,神田秀树教授在报告中提到的垂直型分割,如果用公司分割的用语来表达,就是设置将分社型分割作为前提的规定,为了在母信托和子信托中都承认破产隔离这一重要法律效果,而决定采用吸收信托分割或者新设信托分割。这一做法基本上是适当的。

3. 受托人进行的抵销

接下来说明抵销相关问题。《信托法》修改纲要草案的补充说明中提到竞合贷款有可能违反忠实义务。在回收贷款时利益冲突会更加明显,更有可能违反忠实义务。换言之,受托人可以收回贷款的时候却没有收回贷款,反而回收了自有账户发放的贷款,这有可能触发竞合行为禁止条款。

如果禁止的竞合行为范围过大,很可能会不当地剥夺受托人用其固有财产进行交易的机会,导致成为受托人的人数减少。因此《信托法》第 32 条第 1 款对禁止的行为增加了合理的限定,增加了"违反受益人的利益"这一要件。田中和明报告中所说的"按比例清偿"不"违反受益人利益"这一解释是成立的。

但是,假设在回收自有账户的贷款时利用了从信托中获得的信息,那么是否还能够解释为按比例清偿通常不违反受益人的利益就存在疑问。如果在信托行为中存在允许竞合行为的相关约定,或者受托人对实施竞合行为一事公开了重要事实并且获得受益人的同意,此时允许该竞合行为。如果事前采用了上述手段,那么基本上就扫除了民事法上的问题。

受托人在基于信托合同发放贷款之前,就已经在经营用银行自有账户发放贷款的业务,那么从委托人和受益人的角度来看,不如说委托人和受益人应当可以预见受托人会采取这样的行为,委托人或者受益人可能基于未来能从受托人处获得的有关该自有账户发放贷款和回收的秘密或者信息的预期才签订该信托合同。

如果信托账户和银行账户同时向一位当事人提供贷款,即使通过与该债务人的存款债权进行抵销的方式收回贷款,按比例清偿这种处理方式基本上也是有合理性的。据说实务中的习惯做法是回收的金钱原则上在银行信托间按比例分配,可能存在有关这种按比例分配的默示约定。另外,《信托法》第 18 条第 1 款规定了在无法识别时按比例清偿的处理方法,前面已经说明了设置该规定的理由。

但是,这种行为对受益人来说是否会产生不利益仍旧存在争议的空间。鉴于此,应当明确利益冲突的实质性依据,通过控制这种利益冲突的依据增强法律的安定性。此时,对于实质利益冲突的理解基本上就是将其作为信息的问题来理解。按照业法的规定事先构筑起防火墙管理信息,这种方法在私法上会带来什么样的效果尚未明确,我个人对此十分感兴趣。

一边面对利益冲突,一边进行业务管理,这其实就是善管注意义务和忠实义务的相对化或者说是忠实义务靠近善管注意义务的一种现象。但是,这种讨论其实是建立在允许利益冲突存在的前提之上的,略微背离了古典忠实义务的思考方法。通过升级注意义务对形式利益冲突进行管理,具体而言通过在实务中提炼出更加精练的行为规范,最终可以实现受益人的利益,这可能是上述观点正当化的前提。

第七章　商事信托与金融商品交易法

神作裕之

一、问题提起

1. 信托受益权被规定为第二款有价证券[1]

2006年的《金融商品交易法》不仅扩大了有价证券的范围，还以投资性和流通性为标准，将同时具备投资性和流通性的有价证券规定为第一款有价证券，将仅具有投资性的有价证券规定为第二款有价证券。

一般信托受益权被视为《金融商品交易法》上的第二款有价证券。《金融商品交易法》对第二款有价证券的信托受益权的

[1] 《金融商品交易法》第2条第1款规定的有价证券和第2款前半段及中段的视同有价证券称为第一款有价证券；《金融商品交易法》第2条第2款后半段各项视同有价证券称为第二款有价证券。

发行人和发行时间进行了规定，设置复杂且详细的规则，具体将在后文详述。

作为第二款有价证券的信托受益权究竟是由谁发行的这一问题不仅影响《金融商品交易法》发行人披露主义下信息披露规则的构建，还会影响行业监管规则的适用范围。

2. 与股票发行人和发行时间的比较

以属于第一款有价证券的股票为例进行说明，股票基于《公司法》产生，在发行时受到《金融商品交易法》的规制。公司具有法人格，因此，毫无疑问公司作为企业金融的主体可以被视为发行人。股票的发行时间由《公司法》进行规定，新股发行时间原则上是缴付出资的时间。

与此相对，由于信托本身没有法人格，所以信托受益权的发行人和发行时间并不明确。民事一般法上认为发行人是受托人。但是对于发行时间存在证券产生时间、发行时间、交付时间等多种有力学说。

信托受益权作为第二款有价证券，并不发行纸面有价证券，究竟应该由谁作为发行人也没有足够的讨论。一般认为，发行时间是受益权产生的时间，但是这种观点会因为信托类型的不同而存在不恰当的情形。

无论怎么说，在《金融商品交易法》上规定作为第二款有价证券的信托受益权的发行人和发行时间是有必要的。

二、《金融商品交易法》上有关发行人和发行时间的规制

1. 发行时间

《金融商品交易法》对信托受益权的发行时间规定了两种类型，第一种是将自益信托的委托人兼最初受益人转让信托受益权

的时间点作为发行时间,第二种是将信托发生效力的时间点作为发行时间。

本章将仅以从事投资交易的信托为对象对信托受益权的发行时间进行讨论。

关于他益信托的发行时间,受益人取得信托受益权的时间点被认为是信托受益权的发行时间,这与经济实际情况相符。他益信托的受益人取得信托受益权的时间点,也就是信托生效时,是信托受益权的发行时间。

与此相对,关于自益信托,从事实上什么时候开始向投资者劝诱、销售信托受益权这一角度观察,委托人是最初的受益人,且其作为信托合同的当事人,通常情况下参与了信托商品的设计开发。

因此,自益信托的发行时间应当是委托人兼最初受益人向投资者转让信托受益权的时间点。如果信托类型是单独运用型的自益信托,《金融商品交易法》将委托人兼最初受益人转让该受益权的时间点作为发行时间就是基于上述理解作出的规定。

基于一个信托合同但是通过共同运用方式管理的自益信托,委托人兼最初受益人只有投资者一人,也就是说,共同运用型自益信托的经济实质就是集合多数委托人兼最初受益人的资金进行共同运用,法律形式上是委托人但实质上是投资者。因此,对于这类信托,应当将事实上的投资者也就是委托人兼最初受益人取得受益权的时间点,即信托合同产生效力的时间点作为发行时间。

《兼营法》第6条规定的保本共同运用型金钱信托是共同运用型自益信托的例外。对于有保本条款的自益信托,《兼营法》基于实现投资者保护的目的,信托受益权的发行时间又回归到自益信托的原则上，将委托人兼最初受益人转让受益权的时间点作为信托受益权的发行时间。

本章的报告中不包括有保本条款的共同运用型金钱信托。(见表1)

表1 《金融商品交易法》上发行人与发行时间的规制

指示权 自益或 他益	委托人指示型		委托人非指示型	
			金钱	物和/或权利
自益	发行人	委托人	受托人	委托人和受托人
	发行时间	受益权转让时(但是，共同运用信托为信托生效时)	受益权转让时(但是有保本条款的共同运用制定金钱信托以外的共同运用信托为信托生效时)	受益权转让时(但是，共同运用信托为信托生效时)
他益	发行人	委托人	委托人和受托人	委托人和受托人
	发行时间	信托生效时	信托生效时	信托生效时

2. 发行人

《金融商品交易法》规定了3种情形：①发行人是委托人；②发行人是受托人；③发行人是委托人和受托人。确定发行人产生的最重要法律效果是发行人将成为《金融商品交易法》上信息披露的义务人。

第一，《金融商品交易法》在决定谁是发行人时，首先着眼于实质的运用权限，拥有运用权限的人一般是对该信托受益权的内容和结构拥有最多信息，进而能够对该信托受益权的价值产生决定性影响的人，因此发行人被认为是合适的信息披露义务人。着眼于事实上的运用权限，委托人指示型信托中委托人或者接受了委托人指示权限的人员拥有对信托财产的管理和运用权限，在此类信托中,委托人是发行人。与此相对,委托人非指示型信托中受托人是发行人。

第二,从妥善履行信息披露义务需要掌握投资判断所必要的信息这一角度考察,《金融商品交易法》还将信托财产的性质纳入考量的范围。委托人非指示型自益信托中,对发行人区分最初信托财产是金钱还是非金钱作出不同的规定。如果最初信托财产是非金钱的,那么受托人与委托人同时是发行人。这是因为在最初财产是金钱以外的财产的情况下,委托人应当也拥有有关该信托财产的重要信息。

第三,从信托受益权的设计开发者的角度来看,在他益信托的情形下,委托人和受托人作为信托合同的当事人共同参与了信托受益权的设计开发,并使外部第三人(投资者)取得信托受益权。事实上可以认为委托人与受托人一样,掌握着有关该他益信托结构最丰富的信息。基于上述理由,无论最初信托财产是什么,只要是委托人非指示型他益信托,就根据第一标准将受托人和深入参与信托商品设计开发的委托人作为发行人。

《金融商品交易法》以第一标准为基准轴,第二基准和第三基准作为辅助作出了规定。

表2是剔除有保本条款的共同运用型自益信托后,对发行人和发行时间所作的类型化整理。《金融商品交易法》以多个视角及基准对发行人和发行时间作出了类型化的整理,可以说构建了非常缜密而且复杂的规则体系。

表 2 剔除有保本条款的共同运用型自益信托后，
对发行人和发行时间的类型化整理

<table>
<tr><td colspan="2"></td><td colspan="2">委托人指示型</td><td colspan="2">委托人非指示型</td></tr>
<tr><td colspan="2"></td><td>最初信托财产</td><td>金钱和/或非金钱</td><td>金钱</td><td>非金钱</td></tr>
<tr><td rowspan="6">自益</td><td rowspan="2"></td><td></td><td>计划 1</td><td>计划 2</td><td>计划 3</td></tr>
<tr><td>发行人</td><td>委托人</td><td>受托人</td><td>委托人和受托人</td></tr>
<tr><td rowspan="2">单独</td><td>发行时间</td><td>受益权转让时</td><td>受益权转让时</td><td>受益权转让时</td></tr>
<tr><td></td><td>计划 1 – 2</td><td>计划 2 – 2</td><td>计划 3 – 2</td></tr>
<tr><td rowspan="2">合同</td><td>发行人</td><td>委托人</td><td>受托人</td><td>委托人和受托人</td></tr>
<tr><td>发行时间</td><td>信托生效时</td><td>信托生效时</td><td>信托生效时</td></tr>
<tr><td rowspan="3">他益</td><td rowspan="3">单独或合同</td><td></td><td>计划 4 – 1</td><td colspan="2">计划 4 – 2</td></tr>
<tr><td>发行人</td><td>委托人</td><td colspan="2">委托人和受托人</td></tr>
<tr><td>发行时间</td><td>信托生效时</td><td colspan="2">信托生效时</td></tr>
</table>

被视为第二款有价证券的信托受益权的发行人和发行时间的相关规定首先触发了信息披露规则。但是，信托受益权作为第二款有价证券原则上并不适用信息披露规则，例外规定是信托受益权属于有价证券投资事业权利时适用信息披露原则。实践中对作为第二款有价证券的信托受益权进行信息披露的例子并不多见。

“发行人”和“发行时间”这两个法律概念不仅影响信息披露规则，还会确定金融商品交易业行业规范的适用范围，同时会划定《信托业法》中信托合同代理业行业规范的适用范围。

三、《金融商品交易法》和《信托业法》的适用关系

1.《金融商品交易法》上的信息披露规则和行业监管

《金融商品交易法》通过运用发行人和发行时间概念,对各式各样的信托商品进行类型化处理,确定了《金融商品交易法》的适用范围。但是以信息披露为第一要义的相关概念是否可以妥当划分出行业监管法的适用范围,特别是行业监管是否存在监管套利,仍需要重新确认。

2.《信托业法》与金融商品交易业规制之间的调整

(1)接受信托

将接受信托作为营业时,适用《信托业法》的相关规定,而不适用《金融商品交易法》的规定。但是信托公司如果通过具有较高投资性的特定信托合同接受信托,将准用许多《金融商品交易法》上的行为规范。需要注意的是特定信托合同的定义很宽泛。

(2)交易信托受益权等业务

将第二款有价证券的信托受益权的交易、交易的中介、行纪、代理作为营业时,属于第二种金融商品交易业。自益信托的委托人兼最初受益人在以交易信托受益权为营业时,可能会被认为是从事第二种金融商品交易业。

但是,第一,非金融商品交易业的自己募集或者私募时,通过规定"发行时间"和"取得劝诱类似行为",可以将委托人兼最初受益人交易信托受益权的行为排除在有价证券的交易范围之外。这里可能会被认为监管缺位。

第二,如果将劝诱等业务全部委托给金融商品交易业者交易信托受益权,那么这一行为原本就是被排除在金融商品交易业的定义之外的。

如果由受托人负责买卖信托受益权，那么已经取得了《信托业法》上许可的信托公司即使没有登录第二种金融品交易业，也可以从事信托受益权的交易业务。从事信托受益权的交易业务时，该信托公司被视为金融商品交易业者，需要接受《金融商品交易法》的行为规制。《兼营法》也设置了针对信托银行的相同规定。

这样一来，《信托业法》、《兼营法》和《金融商品交易法》之间就有关信托受益权的交易业务设置了调整规范，就排除双重规制的观点设置了特别规范。另外，信托公司被视为金融商品交易业者这一做法也被认为是妥当的。

(3)有价证券的公募和私募

是否适用有价证券公募或者私募相关规制由作为第二款有价证券的信托受益权的发行时间、发行人以及取得劝诱类似行为等概念决定。

委托人兼最初受益人向投资者进行劝诱或者受托人所进行的签订信托合同的劝诱有可能会被认定为公募或者私募。

处理有价证券的公募、私募的关键在于被认定构成自己募集或者私募时，也就是说发行人自身进行公开募集或者私募时，不适用金融商品交易业的规制。此处也可能存在规制的缺位。

(4)公募与私募的处理

如果受托人接受发行人的委托自行签订信托合同的劝诱，会被认定为构成公募或者私募。

另外，自益信托的委托人兼最初受益人为了转让信托受益权而进行的取得劝诱行为构成公募或者私募时，接受了该委托人兼最初受益人委托的人员为了转让该受益权所做出的取得劝诱行为可能需要按照公募和私募进行处理。

(5)承销、卖出

有价证券的承销指的是在向投资者发行新的有价证券或者出售有价证券时,承担未能完全出售有价证券风险而购入剩余份额的行为,该行为是连接发行人和发行市场的行为。将承销作为营业时,需要注册登记第一种金融商品交易业。

对于委托人非指示型共同运用型自益信托,最初信托财产是金钱,只有受托人是发行人,信托生效的时间点才为第二款有价证券的发行时间。

受托人向委托人兼最初受益人所做的签订信托合同的劝诱构成募集行为。因此,公募或者私募时,为了让委托人兼最初受益人取得该信托受益权而签订信托合同,构成有价证券的承销行为。

(6)信托合同代理业与金融商品交易业的关系

信托合同代理业是指代理信托合同的签订或者媒介的行为。但是该定义排除了受托人是发行人的情形。乍一看条文,可能会认为存在规制的缺位以及二重规制的问题,有关这一点需要通过解释论进行处理,具体在后文中论述。

(7)小结

金融商品交易业的行业监管、信托业、信托合同代理业的规制三者的适用关系非常复杂。为了防止逃避监管,《金融商品交易法》通过将有价证券的发行人与发行时间、取得劝诱类似行为以及与信息披露相关的观念进行组合,对上述 3 种行业监管作了很大程度的调整。但是仍存在可以修正的地方和遗留的问题点。

四、讨论

1. 讨论的视角

现行的《金融商品交易法》通过发行人概念将发行信息披露

规则和行业监管联系起来，基于发行人与发行时间的区别进行类型化处理，根据不同金融商品交易业的种类考察其妥当性，有必要时将某些行为视为取得劝诱类似行为，将某些行为从金融商品交易业的定义中排除出去，通过这些方式进行调整。

这种规制风格优缺点并存。一方面，比如，在单独运用型自益信托中，委托人兼最初受益人在转让该信托受益权时，实际上是发行有价证券，信托受益权自此开始流通。《金融商品交易法》希望对同一功能的金融商品适用相同的规则，鉴于上述经济实质，将委托人兼最初受益人转让信托受益权的时间点作为发行时间是合理的，这一点在信息披露规制和行业监管中也是共通且妥当的。

另一方面，对各种各样的规制来说，这种联系并不总是最优的。调整本身就是复杂的，可能会产生规制的重复或缺位。从立法论来看，与信托受益权相关的金融商品交易业者的行为规制和信息披露规制应当分离看待。

2. 是否应该将信托受益权作为第二款有价证券

该问题的出发点是全部信托受益权是否应该被视为《金融商品交易法》上的第二款有价证券。现行法着眼于所有与经营的分离、信托财产的独立性等法律性质，基于信托受益权的法形式而将信托受益权视为第二款有价证券。

但是，学界普遍意识到这种定义可能过于宽泛这一问题。从解释论来看，有学说认为行业监管的适用情形应当通过对"营业"的解释来进行处理。

此外，从立法论来看，也存在修改有价证券定义的讨论。在修改有价证券定义的相关讨论中，有学说认为，应当从形式基准变更为实质基准，形式基准与实质基准并用，或者将信托受益权从第二款有价证券中排除，等等。如果删除仅符合形式基准而被认定为第二款有价证券的相关规定，那么至少在信托受益权满足集团投资计划的要件时可以按照实质标准将其认定为第二款有价证券。除此之外，还有学说认为不对定义进行修改而设置除外规定等一系列的学说主张。

利用信托只要不违反公序良俗和法律规定，可以将其利用于私益目的、共益目的和公益目的中的任何目的。即使将目的限制在私益目的，信托利用的目的和范围也是非常广泛的，包括财产分离、财产管理、财产继承、资产运用和流动化等。

由于信托目的具有宽泛性和多样性，在考虑将信托受益权作为第二款有价证券的妥当性时的确还需要进行讨论。至少仅以公益或者共益为目的的信托，并没有定型化的投资对象，因此可以从第二款有价证券中排除。

但是实践中如何认定信托目的是公益还是共益存在困难。另外，由于现行规范可能存在逃避《金融商品交易法》监管的风险，因此更需要审慎的讨论。本书仅仅是为了提出问题。

3. 发行人概念与行业监管

(1) 基本观点

从《金融商品交易法》的观点出发，事实上以什么样的标准对信托商品的发行交易与流通交易进行区分是非常重要的。明确上述标准时，需要考虑到信托没有法人格，更进一步讲，设立信托商品之时，关系人的参与方式非常多样，信托财产的性质也是各种各样这一系列问题。此外，《金融商品交易法》采用的是发行人信息披露主义，应该从谁最能实现信息披露效果这一观点来讨论谁应该作为发行人。

《金融商品交易法》第 2 条第 8 款对金融商品交易业进行了详细的类型化划分，将金融商品交易业粗分为第一种金融商品交易和第二种金融商品交易后，根据不同的业务内容适用不同的规则。

对照被认定为金融商品交易业的各种业务的规制依据，一方面，按照个别具体信托商品的经济实质设置能够实现恰当规制的标准；另一方面，要保证该标准具有可预测性。但是如何在这两个标准中取得平衡是困难的，因为这两者是矛盾的。

一般而言，有价证券发行人概念首先可以确定发行信息披露规则的适用范围，利用发行时间和取得劝诱类似行为概念确定行业监管的适用范围，这一做法既存在局限性也有一定的合理性。

（2）作为信息披露义务人的发行人

现行《金融商品交易法》以三大标准对发行人概念进行类型化处理。第一标准是区分为委托人指示型和委托人非指示型，在委托人非指示型信托中，受托人是否经常是合适的信息披露义务人，需要根据不同情形认定。

现行法按照是否只根据委托人或者接受委托人委托的人员的指示管理或者处分信托财产这一标准将信托分为委托人指示型信托和委托人非指示型信托。但是也存在委托人或者受托的第三人对信托财产的管理运用的一部分拥有指示权的情形，因此可以推测实践中对于信托财产的管理运用权限有各种各样的分级安排，也存在接近委托人指示型信托的委托人非指示型信托。

在委托人指示型信托中，接受了委托人指示权委托的人员，理论上可能既不是委托人也不是受托人的第三人，而可能是最能够妥善履行信息披露义务的人员。

第二个标准为判断最初的信托财产是不是金钱，第三个标准是区分他益信托和自益信托。在实现同一经济目的方面，这两个标准比起第一个标准操作空间更大，因此，适用《金融商品交易法》时可能会导致监管套利。

事实上,相同经济功能的投资计划如果会因为具体操作不同而使行业监管的适用范围有很大不同,那么这与《金融商品交易法》希望实现功能统一性的立法主旨和目标并不一致。

(3)金融商品交易业者与发行信息披露规制的关系

①发行人与金融商品交易业

商事信托特别是符合集团投资计划要件的信托与具有法人格的公司一样,可以享受符合投资对象的法律效果,比如,财产分离功能、破产隔离功能以及经营和所有相分离的功能。

鉴于信托这种法形式可以支持投资对象性,可以由作为实质法主体的信托作为发行人;将信托作为发行人,然后由受托人代表信托。

但是理论上,在信托设立时发挥最重要作用或者在信托运用中发挥最重要作用的人代表信托也是可能的。从这种观点出发,可以得出既不是委托人也不是受托人的第三人可以作为发行人的结论。

谁是发行人会对金融商品交易业的适用范围产生巨大影响。比如,在自益信托中,将委托人兼最初受益人作为发行人,但是客观上无法认为上述人员在承销有价证券,另外,信托受益权的发行人自己进行的募集和私募行为也不适用金融商品交易业的规制。

然而,有观点认为应当从谁应该是信息披露义务人这一角度确定谁是发行人,但是也无法保证这一观点确定的发行人概念就是确定金融商品交易业规制适用范围时最佳的概念,特别是发行人概念应与行业监管分别进行考虑的情况。

②发行时间与金融商品交易业

有价证券发行时间的相关规制也会对金融商品交易业规制的适用范围产生很大影响。《金融商品交易法》将信托区分为自益信托和他益信托,将自益信托更进一步区分为单独运用型信托和共同运用型信托两类,将信托合同的生效时间或者委托人兼最初受益人转让信托受益权时间点作为有价证券发行时间。

将委托人兼最初受益人转让信托受益权的时间点作为有价证券发行时间,尚未转让受益权的阶段属于金融商品的设立阶段,该阶段并不是金融商品交易业的规制对象。

上述观点从信托商品多样性角度来看是恰当的,特别是将委托人兼受益人视作信托商品开发者中的一员,或者委托人兼受益人将信托财产转换成信托受益权时,应当将委托人兼最初受益人将信托受益权转让的时间点视为受益权发行时间,这种观点从信息披露规制与金融商品交易业规制两方面来看都是合理的。

《金融商品交易法》将单独运用型自益信托中的委托人兼最初受益人为了转让信托受益权所做的行为认定为取得劝诱类似行为。如果委托人指示型和单独运用型的自益信托以及委托人非指示型和最初信托财产不是金钱的单独运用型自益信托,则发行人是委托人,委托人兼最初受益人为转让受益权所做的行为是发行人自行做出的公募、私募行为,不属于金融商品交易业。

因此,在这种情况下可能没有向投资者提供必要的信息。这里是否存在监管缺位,也是本章的一个讨论点。

(4)满足集团投资计划份额要件的信托受益权

信托受益权作为第二款有价证券,发行人自身进行的公募或者私募行为原则上并不是金融商品交易业。符合《金融商品交易法》第 2 条第 1 款第 1 项条件的信托受益权就不是该款第 5 项的集团投资计划的份额。

当符合集团投资计划份额的要件时,适用集团投资计划份额相关规定,比如,从立法论角度,自己募集和自己私募适用《金融商品交易法》。实践中出现了强化对合格机构投资者等特别业务规制的动向，考虑到这一点，有必要对规制进行整合。

(5)信托契约代理业与金融商品交易业

就有关信托合同代理业与金融商品交易业的调整问题作如下简单说明。《信托业法》规定，受托人是发行人时不属于信托合同代理业。但是，仅根据条文，既可能产生双重规制，也可能产生监管缺位。有关这一问题可以从解释论着手解决。

其中一个解释是在出现规范缺位的情况下，也就是说，只有受托人是发行人，而且信托类型是委托人非指示型和单独运用型的自益信托，最初信托财产是金钱，在信托合同签订的时间点还没有发行《金融商品交易法》上的第二款有价证券，因此可以解释为受托人还不是受托人，通过适用信托合同代理业的相关规定防止规范的缺位。

接着在可能产生双重规制的情形下，鉴于立法主旨，将委托人和受托人双方都是发行人的情形认定为信托合同代理业，与此同时，优先适用信托合同代理业相关规则，而不是金融商品交易业相关规则，通过这种方式排除二重规制。

第八章　《金融商品交易法》的构造与信托

神田秀树

随着信息技术的发展，新型数字资产、暗号资产、分散性金融［如去中心化金融（DeFi）］登上舞台，从这些产品中时常能看到利用信托的产品。[1] 这一方面显示未来金融领域不断出现基于技术革新的金融创新，另一方面显示了现行法律制度是否能恰当应对顾客保护、投资者保护的问题。比如，在信托领域，现行与信托受益权发行相关的《金融商品交易法》中的信息披露制度以及与发行相关的金融商品交易业及其他行业的行业监管可能并不完善。因此，笔者将在本章中陈述应该如何对《金融商

〔1〕 有关新型数字资产、分散金融，参见金融审议会“与数字、分散性金融的应对方法相关的研究会”制作的相关资料，载 https://www.fsa.go.jp/singi/digital/index.html。

品交易法》中信托受益权发行披露制度与行业监管进行思考的相关感想。但因为必须谈及《金融商品交易法》中的两个重要概念，即“有价证券”以及“行业”概念，因此各处的介绍都十分简略，在此深表歉意。

另外，关于这些研究主题已经存在十分优秀的研究成果[1]，本章似乎并不能提供新的视角，本章目标是确认基本的思考方式。

一、《金融商品交易法》上的信息披露制度与行业监管

以下从本章问题意识出发说明《金融商品交易法》中的公众浏览型信息披露制度与行业监管相关的论点。

1. 投资商品或金融商品

现行《金融商品交易法》的入口概念是“有价证券”这一概念，此概念划定了该法的适用范围（该法第2条）。衍生品交易和暗号资产作为例外，不适用该法有价证券的概念，但是适用同一部法律。本章不涉及上诉两个例外。

自1992年《有价证券交易法》修改以来，《金融商品交易法》中的有价证券概念逐步扩大，在2006年修改的《有价证券交易法》（该法律名称后被修改为《金融商品交易法》）是现行法律的原型基础。当时法律修改的基础是金融审议会金融分科会第一部会审议的《投资服务法》，为了明确该法规定的“投资商品”的范围进行

[1] 参见［日］折原诚：《金融商品交易法上信托规制的现状与课题》，载《金融商品交易法与信托规制》，公益财团法人信托未来论坛2017年版；［日］田中和明：《与信托受益权相关的行为规制——与信托业法及金融商品交易法交错部分为中心》，载《金融商品交易法与信托规制》，公益财团法人信托未来论坛2017年版，第69页；［日］佐藤勤：《金融商品交易法中的信托业规制》，载《银行法务》2008年第52卷第1号，第4页；［日］佐藤勤：《信托受益权等发行信息披露与流通信息披露的规制》，载《南山法学》2015年第39卷第2号，第1页；［日］神作裕之：《商事信托与金融商品交易法》，载《信托法研究》2021年第45号。

了相关研究。本章限于篇幅只能省略具体内容。所谓“投资商品”是指“《投资服务法》中有必要进行投资者保护的商品”,但其实很难从正面作出“投资商品”的法律定义。[1]

当时虽然就有关《有价证券交易法》上有价证券概念该如何构建一事达成共识,认为应该从权利转让、行使方法角度进行考虑,并且与私法上的有价证券概念有所区别,但是仍存在其他两种不同观点。第一种观点将有价证券定义为资本市场投资的对象(满足投资对象性标准的商品)。第二种观点认为在满足上述投资对象性标准的基础上,需要进一步满足市场流通性标准的商品才是有价证券。该观点认为有价证券应该同时满足投资对象性标准和市场流通性标准。

有观点在构思《投资服务法》时提出,即使没有流通性也可以转换成金钱,那么为了保护投资者有必要将其纳入《投资服务法》。有观点认为,在没有流通性的情形下,相对交易仅凭借民商法等私法规则就足以解决问题,但是如果考虑到面向多数人同时发起募集、卖出、劝诱、销售等情形,相对交易与单纯进行多项交易的经济实质是不同的。因此,基本上满足投资对象性标准就可以被认定为投资商品这种观点是妥当的。此外,有必要注意不从证券形式而从实质内容的权利角度构建投资商品概念。

虽然无须满足市场流通性标准,但是满足了投资对象性标准的所有商品是否都应该当作投资商品便成为一个问题。传统上并没有国家规定绘画、票据需接受《投资服务法》的规制[这些年存在关于非同质化代币(NFT)的讨论,但是本章不作讨论]。因此,有必要划定重视经济实质和交易结构的标准。

---

〔1〕 参见[日]神田秀树:《投资服务法的基本概念》,载财团法人资本市场研究会编:《投资服务法的构想》,财经详报社2005年版。

那么究竟应该如何对“投资商品”下定义才是恰当的呢？关于这一问题美国联邦最高法院在著名 Howey 案件中撰写的判决书可供参考。该案件判决书明确了一般标准，即 1933 年联邦证券法上的证券之一“投资合同”(investment contract)是指将资金投资于共同事业(common enterprise)并且完全依靠发起人或者第三人的努力，期待获得利益的契约、交易或者计划。换言之，需要满足三个条件：①多数投资者出资并向投资者分配利润；②存在基于多数投资者出资的共同事业；③投资者与经营者相分离。[1]

参考上述标准，将以前的《有价证券交易法》与现在的《金融商品交易法》规定为有价证券的投资商品作出整理，大体可以分为 3 个类型：①以形式标准(法形式)就可以定义的投资商品；②仅凭形式标准无法作出定义，应该结合形式标准和实质标准作出定义的投资商品；③仅用实质标准无法作出定义的投资商品。

具体而言，如果用 Howey 案件标准进行检验，股份公司的股票或者公司债券满足上述三个标准，所以仅需要形式标准就可以作出定义(《金融商品交易法》第 2 条第 1 款第 9 项。此外，《有价证券交易法》和《金融商品交易法》以权利有价证券化为前提在该法第 2 条第 1 款将“股票”定义为有价证券，本章出于方便易懂的目的采用“股票”的说法)。但是，对于民法组合的持有份额，民法规则导致并不必然满足 Howey 案件测试的第三个条件。因此，除了形式标准(基于民法组合契约产生的权利)还需要条件③的实质标准对这类权利作出定义。更加一般的做法是，对于符合美国法上投资合同要件的投资商品(在日本是指各种契约作出的投资

〔1〕 See SEC v. W. J. Howey, Co., 328 U. S. 293 (1946). 关于本案件的解说，参见[日]竹内昭夫：《美国法上的“证券”概念》，载《新证券商品交易判例百选》，有斐阁 1988 年版，第 44 页。

安排）只能通过上述Howey案件确立的三个要件以实质标准作出定义，最后设置一个兜底条款。这种方式一定程度上可以比较具体地作出证券的定义。无论怎么说，关键并不在于兜底条款和列举，而在于注意保持事先预见性的同时，不遗漏地作出定义。

在《金融商品交易法》中，合名公司、合资公司的份额是第二种类型的例子（该法第2条第2款第3项。政令规定了实质要件）。集团投资计划的份额是上述第三种类型的例子（该法第2条第2款第5项。该项规定“基于民法……的组合合同……产生的权利……其他权利”，民法上的组合合同作为示例，而非限定列举）。另外，也设计了兜底条款（该法第2条第2款第7项）。

如果投资商品概念作为法律概念存在，那么一旦被认定为投资商品必定会带来某种法律效果，在这一意义上投资商品是一种法律技术性的概念。理论上只有在确定了包括各种投资商品的信息提供规制（包含公众浏览型信息披露制度）、禁止不正当交易、投资服务业规制在内的《投资服务法》的实际内容后，才应该确定连接各种法律效果的投资商品的概念。

2. 投资服务业

本章无法涉及《金融商品交易法》上金融商品交易业的全部，如仅简单论述与本章问题意识有关的一些论点，就会发现《金融商品交易法》扩大、修改了2006年《有价证券交易法》的规制范围，并作出了灵活性安排，没有遗漏地对投资服务领域进行横向规制，行业监管部分也体现了这些内容。[1] 对《金融商品交易法》中的

---

〔1〕 参见[日]松尾直彦：《金融商品交易法》（第6版），商事法务2021年版，第341页以下；[日]山下友信、神田秀树编：《金融商品交易法概说》（第2版），有斐阁2017年版，第383页以下。有关《金融商品交易法》修订相关内容，参见[日]松尾直彦：《金融商品交易法律制度制定过程中的主要论点以及今后的课题（Ⅰ）（Ⅱ）（Ⅲ）》，载《商事法务》2008年1823号第4页、1824号第22页、1825号第23页。

行业监管所作区分如下所述。举例而言,财产规制中的自有资本规制仅适用于第一种金融商品交易业者。另外,主要股东规制、兼营规制适用于第一种金融商品交易业者和投资运用业者。

(1)金融商品交易业的定义与范围

《金融商品交易法》将与金融商品相关的业务定义为金融商品交易业(该法第2条第8款),将从事这些业务的人定义为金融商品交易业者。具体而言,金融商品交易业被列举在该法第2条第8款,可以区分为“销售、劝诱”“资产运用、建议”“资产管理”3种主要业务。该法第28条将金融商品交易业作如下分类:①金融商品交易业(该条第1款);②金融商品交易业(该条第2款);③投资建议、代理业(该条第3款);④投资运用业(该条第4款)4类(参见该条第5款、第6款、第7款。另外,有关“业务种类区别”参见该法第29条之2第1款第5项)。作出上述分类,一方面是因为《金融商品交易法》对各项业务从功能上进行了统合和整理,另一方面是监管不断缓和的结果。

第一种金融商品交易业简单而言包括2006年修改前《有价证券交易法》规定的证券业,也就是投资商品(有价证券)的销售和劝诱(有价证券发行交易的中介行为和有价证券流通交易的中介行为)、《有价证券交易法》和《金融期货交易法》上衍生品交易与销售和劝诱两大类。与此相对,第二种金融商品交易业主要是指流通性较低商品的销售、劝诱业务。

在《金融商品交易法》下,2006年修改前的《有价证券交易法》与《外国证券业者法》规定的证券业、《投资信托法》规定的投资信托委托业及投资法人资产运用业、《有价证券投资顾问业规制法》规定的投资顾问业及投资全权委托业、《金融期货交易法》规定的金融期货交易业、《信托业法》规定的信托受益权销售业、《抵押证券业规制法》规定的抵押证券业、《商品投资业务法》规定的商品投资交易业,上述全部由金融商品交易业进行统合,实现了横向规制。此外,《不动产特定共同事业法》规定的不动产特定共同事业以及《商品交易所法》规定的商品交易受托业并没有被包含在《金融商品交易法》中(之后在2012年的法律修改中,商品关联市场衍生品被规定为《金融商品交易法》的对象)。

上述业务中,比如《投资信托法》规定的运用业务和证券投资顾问法规定的运用业务(全权委托业务)都被作为运用业务,历史上通过顾客数量标准进行分类,如果顾客数量为2人以上则为前者,顾客数量如果只有1人则为后者,现在二者由《金融商品交易法》进行统合,全部作为投资运用业。另外,《外国证券业者法》、《有价证券投资顾问业规制法》、《金融期货交易法》、《抵押证券业规制法》(《金融商品交易法》吸收了规制的实质)已废止。《投资信托法》与《商品基金法》部分的行业监管移动到《金融商品交易法》(存在一部分例外),但是这些法律中自行保留了行为规制。[1]

(2)业的类型

被称为投资服务业的相关内容,可供参考的有《新金融潮流的恳谈会》的《论点整理》(1998年)[2]。《论点整理》列举了8种行为类型:①销售、劝诱;②买卖(dealing);③中介(brokerage)、卖出(selling);④承销(undertaking)、卖出;⑤资产运用(asset management);⑥资产管理(custody);⑦建议(advice);⑧组合行为。接下来将论述与本章有关的几个概念。

---

〔1〕 参见[日]山下友信、神田秀树编:《金融商品交易法概说》(第2版),有斐阁2017年版,第383页以下。

〔2〕 参见新金融潮流的恳谈会:《论点整理》(1998年6月17日),载https://www.fsa.go.jp/p_mof/singikai/nagare/top.htm。

①中介

投资服务是指提供投资交易(比如,股票的发行与买卖)中介服务的行为。典型例子有股票的承销(发行交易的中介)与经纪业务(流通交易的中介),但是中介(intermediary)概念有三点值得注意。第一,从事上述中介业务的业者与顾客之间的行为(比如,《金融商品交易法》上的金融商品中介业、《金融服务提供法》上的金融服务中介业)也属于中介业务。因此,虽然从表达上可能并不十分恰当,但是本章将使用第一次中介和第二次中介的表达。第一次中介的例子有股份承销(发行交易的中介),第二次中介的例子有金融商品中介业者、金融服务中介业者从事的行为。第二,中介从该行为的法律性质来看,私法(《金融商品交易法》)上存在4种类型:媒介、代理、行纪、业者作为当事人的买卖。[1] 本章不对这4种类型的区别作出说明,可能因为业法规制仅对一部分限制其法律形式(比如,《信托业法》规定的信托合同代理业)。第三,在第二次中介中还存在两种类型,即从属型和独立型。前者附属或者属于第一次中介,第一次中介业者负有对第二次中介业者的监督义务,后者在所属关系上不存在第一次中介。《银行法》《金融商品交易法》上的日本制度出于历史原因采用的是前者形式。与此相对,《金融商品贩卖法》2020年的修订(根据该修订该法律改名为《金融服务提供法》)采用媒介方式(2020年改正后该法第11条的金融服务中介业)承认了后者即允许向顾客提供银行商品、证券商品、保险商品第二次中介业务(承认了一部分产品的第二次中介)。

②资产运用及资产管理

在制定《金融商品交易法》之前,根据顾客数量标准对资产管理业进行分类,如果顾客数量只有一人则为有价证券投资顾问业,

---

〔1〕 参见[日]神田秀树:《公司法》(第23版),弘文堂2021年版,第19页。

顾客数量为两人以上则是投资信托委托业，即使这出于历史原因但也非常难以理解，两者应该都作为投资服务业进行统合，也就是上述所说现在由《金融商品交易法》进行统合，两者均作为投资运用业。另外，《金融商品交易法》也对资产管理业务进行了一定整理。虽然资产运用与资产管理也是信托领域重要的组成部分，但限于篇幅本章不对此展开。

③直接销售

在制定《金融商品交易法》之前，存在如何认定直接销售行为的问题。比如，公司法认为上市公司"制造"了股票和公司债券。此时应该如何认定制造了这些投资商品的公司直接向投资者出售投资商品？有关这一问题将在后文的"组合商品"中详细说明，这一问题从很早之前就不断被提起。尽管是直接销售，但是这一行为直接将投资者作为交易相对人，那么不管该直接销售行为是不是本身会被当作"业"，也有必要对其施加与业者相同的行为规制。1998 年《证券投资信托法》修改（之后又在 2000 年更名为《投资信托法》）作出如下规定，直接销售中介业者（第一次中介业者）需要接受与证券公司（《金融商品交易法》上的金融商品交易业者）在从事销售、劝诱时相同的行为监管。具体而言，委托业者直接销售证券投资信托受益证券时需准用当时《有价证券交易法》规定的业者销售、劝诱的相关行为规制（1998 年修改后的《证券投资信托法》第 27 条）。另外，《金融商品交易法》将其规定为自己募集业[《金融商品交易法》第 2 条第 8 款第 7 项(1)]。[1]

④组合行为

有关集团投资计划的组合行为（也可称为投资商品制造）处

〔1〕 参见《金融系统改革相关法律修改的法律案概要》，载《商事法务》1998 年第 1486 号，第 33 页。

理需要留意两点。第一,应该将组合行为作为投资商品进行规制(比如,对于投资计划设定备案制),还是作为投资服务的“业”进行定性是一个问题。这个问题非常难以解决,《金融商品交易法》是将其作为后者来处理的。[1] 这导致《金融商品交易法》中出现的概念将投资商品发行阶段的行为也包含在规制范围之内(着眼于发行阶段的行为),其作为自己募集行为受到行业监管(该法第2条第8款第7项)。第二,组合在设计时与投资商品最初的发行时间(包含销售和劝诱)将在后文详述。后者的问题在于设计者实施的运用行为,这导致《金融商品交易法》导入了“自己运用”这一概念,将其也包含在行业监管的对象中(该法第2条第8款第15项等)。

⑤业概念的意义

投资服务业这一概念只要作为法律概念存在,一旦某种行为被认定为投资服务业必定会带来某种法律效果,这一意义上投资服务业概念是一个法律技术性的概念。因此,抱有持续从事某种行为的意思从事该行为时,有必要从将其作为投资服务业制定相应的准入监管、业务范围监管、行为监管、财务监管、监督规制等角度讨论上述规制的实际内容和业者规制的详细内容。理论上,在明确投资服务业法中有关业者规制的具体内容后,才能确定作为连接各种法律效果的入口概念的投资服务业的概念。

二、信托受益权与发行披露制度

本章限于篇幅不对有关信托受益权作为第一款有价证券的情

---

〔1〕 参见[日]松尾直彦:《金融商品交易法律制度制定过程中的主要论点以及今后的课题(Ⅱ)》,载《商事法务》2014年1824号,第26页。另外有关“业”概念与面向公众这一性质,参见[日]松尾直彦:《“金融商品交易业”业概念的备忘录》,载《商事法务》2014年第2027号,第4页。

形作出说明，仅就信托受益权作为第二款有价证券的情形作出说明（第2条第2款第1项视为有价证券）。包括信托受益权在内的第二款有价证券原则上不适用发行信息披露制度，但也存在一些例外（《金融商品交易法》第3条第3项）。

第二款有价证券与发行信息披露制度之间的关系如下，法律规定了发行人（制作和提交法定信息披露文件的义务人）与发行时间（应该提交法定信息披露文件的时间）[《金融商品交易法》第2条第5款，《与金融商品交易法第2条定义相关的内阁府令》（以下简称《定义府令》）第13条第3款和第4款]。信托受益权的发行人和发行时间如表3所示。

表3 《金融商品交易法》第2条第2款第1项规定的发行人与发行时间

指示权自益或他益	委托人指示型		委托人非指示型	
			金钱	物和/或权利
自益	发行人	委托人	受托人	委托人和受托人
	发行时间	受益权转让时（但是，共同运用信托，信托生效时）	受益权转让时（但是有保本条款的共同运用指定金钱信托以外的共同运用信托，信托生效时）	受益权转让时（但是，共同运用信托，信托生效时）
他益	发行人	委托人	委托人和受托人	委托人和受托人
	发行时间	信托生效时	信托生效时	信托生效时

信托受益权在私法上被有价证券化的情形属于《金融商品交易法》第一款有价证券，其他则属于第二款有价证券，信托受益权

是按照前述3种定义类型中的形式标准定义为视同有价证券的。

为什么信托受益权的发行人概念与发行时间概念会形成现行的规制制度呢?[1]对于股份公司的股份(第一款有价证券,《金融商品交易法》第2条第1款第9项),与制造股份的行为相关的规制仅由公司法作出规定,《金融商品交易法》仅对公司内部制造出的股份在外部市场出现的时间点以及流通后的时间点进行规制。公司本身就有法人格,因此公司可以作为发行人,《金融商品交易法》也是如此规定的。

与此相对,对信托的规制是从功能监管[2]角度实施的,内部应该由《信托法》、《信托业法》和《兼营法》对其进行规制(一般认为信托与股份公司不同,仅凭《信托法》的规制是不够的);如果从内部流向外部市场,此时以及之后就需要《金融商品交易法》进行规制(行业监管在后文详述)。由于信托没有法人格,因此信托自身不能发行证券,如果维持这种现状那么就必须在法律上明确发行时间,也必须规定发行人。

有关这一点他益信托(信托设定之时委托人与受益人不同的信托)相对更加简明易懂。受益人原则上是外部的人。因此让受益人取得他益信托的受益权属于募集行为,应当适用发行信息披露制度。其实质是为了保护该情形下数量众多的投资者(这一点

---

〔1〕 参见[日]松本圭介、堀弘:《金融商品交易法制中信托的定位》,载《信托》2008年第233号,第71页;[日]折原诚:《金融商品交易法上信托规制的现状与课题》,载《金融商品交易法与信托规制》,公益财团法人信托未来论坛2017年版;[日]田中和明:《与信托受益权相关的行为规制——与信托业法及金融商品交易法交错部分为中心》,载《金融商品交易法与信托规制》,公益财团法人信托未来论坛2017年版,第69页。

〔2〕 功能监管这一思考方式成为现阶段日本构建金融法制时的基本原则,在新金融潮流座谈会论点整理之后,也在修改《金融商品交易法》时被采用。参见金融审议会:《金融制度学习小组中间整理——功能、横向金融监管体系的构建》(2018年),载https://www.fsa.go.jp/singi/singi_kinyu/tosin/20180619/chukanseiri.pdf。

对 1998 年法律修改时将证券投资信托的直接销售行为作为行为规制的对象这一做法进行了整合)。此时委托人、受托人和双方均可以作为发行人,如果认为应该由实际拥有信托财产运用指示权的人作为发行人,那么在指示型(委托人对受托人有作出信托财产运用相关指示的权限的信托)信托中应该由委托人作为发行人,而在非指示型信托中则由受托人作为发行人。他益信托中委托人是内部人,所以在后者的情形下应当由委托人和受托人双方作为发行人(《定义府令》第 14 条第 3 款第 1 项)。

自益信托(信托设定之时委托人就是受益人的信托)相对来说更难以理解。由于委托人也是受益人,因此委托人也是内部人,如此一来该组合进入外部市场的时间就是委托人兼受益人将受益权向外转让的时间点,换言之,目前的规则原则上将委托人对外转让受益权的时间点作为发行时间[《定义府令》第 14 条第 4 款第 1 项(1)]。但是也存在例外,在共同运用信托的情形下,委托人事实上不能被认为是内部的人(大多为委托人兼受益人是投资者),可以理解为受托人向多数委托人发行受益权,这也是目前的规则[《定义府令》第 14 条第 4 款第 1 项(1)]。该例外的例外是对于签订了保本协议的金钱信托,已经存在《兼营法》上的投资者保护规范,所以《金融商品交易法》回到上述原则,将委托人兼受益人对外转让受益权的时间点作为发行时间[《定义府令》第 14 条第 4 款第 1 项(1)]。[1] 对于单独运用的情形,将出现在外部市场的时间点作为发行时间,现在的规则针对非指示型信托,根据信托财产是金钱还是非金钱有所不同[《定义府令》第 14 条第 3 款第 1 项(2)(3)]。这是因为如果信托财产是金钱以外的财产,则委托人和受托人都拥有有关信托财产的信息(委托人拥有的信息是十分

〔1〕 参见 2014 年修改后的《定义府令》(2014 年 4 月 1 日施行)。

重要的),受托人与委托人两者均应该作为发行人(制作法定信息披露文件的义务人)。

三、信托受益权与行业监管

与信托相关的各种行为和《金融商品交易法》上行业监管的关系是非常复杂的,[1]相关的基本思考方式有以下四点。第一,就信托而言重视“接受信托(承销)”行为。《商法》以接受信托为商行为(《商法》第502条第13项),另外《信托业法》和《兼营法》也将接受信托作为“业”对其进行行业监管(《信托业法》第2条第1款、《兼营法》第1条第1款)。但是,接受信托这一行为并不能完全符合上述《金融商品交易法》上的发行、第一次中介行为、第二次中介行为。第二,上述投资商品的制造行为和发行行为(公募和私募)在信托中应该如何理解也成为一个问题。第三,即使某种行为应该适用《金融商品交易法》的规定,该行为还需要受到《信托业法》和《兼营法》的规制,此时很多情况下并不需要进行两重规制,一般认为是需要进行调整的。即使需要调整,由于《金融商品交易法》的行业监管与《信托业法》和《兼营法》的行业监管之间在细微处内容并不完全一样,应该按照谁来进行统一也是一个问题。第四,从同功能、同风险、同规制这一角度来看,相同的业者应该适用相同的行为规制。

---

〔1〕 本章中不涉及的论点,参见[日]松本圭介、堀弘:《金融商品交易法制中信托的定位》,载《信托》2008年第233号,第71页;[日]折原诚:《金融商品交易法上信托规制的现状与课题》,载《金融商品交易法与信托规制》,公益财团法人信托未来论坛2017年版;[日]田中和明:《与信托受益权相关的行为规制——与信托业法及金融商品交易法交错部分为中心》,载《金融商品交易法与信托规制》,公益财团法人信托未来论坛2017年版,第69页。

1. 接受信托(承销)

一般从有价证券发行角度出发比较容易理解发行交易的第一次中介行为和第二次中介行为(本章不涉及流通问题)。比如,股份公司的股票和信托的受益权就比较容易理解。但是如果从接受信托这一角度出发,该行为本身是否应该作为金融中介行为和第一次中介行为便成为问题,如果将其作为第一次中介行为则如何理解第二次中介行为(接受信托成为交易中介行为)也将成为问题。后者的问题在理论上可以作出各种解释,比较简洁的理解方式是将其解释为信托合同签订的中介行为,事实上《信托业法》和《兼营法》也采取了这一立场(《信托业法》第 2 条第 8 款,将信托合同签订的代理与媒介业务定义为信托合同代理业)。

2. 制造与销售

对于股份公司的股票(第一款有价证券,《金融商品交易法》第 2 条第 1 款第 9 项),制造股份的行为交给公司法进行规制,《金融商品交易法》在该股票进入外部市场之时(发行阶段和发行时的销售阶段)和之后(流通阶段)进行规制。与此相对,对信托规制采用功能监管的原则,因此在内部(制造阶段)由《信托法》、《信托业法》和《兼营法》进行规制,在进入外部市场之后则由《金融商品交易法》进行规制。有关集团投资计划(《金融商品交易法》第 2 条第 2 款第 5 项)也采用相同的分析。

3. 金融商品交易与《信托业法》《兼营法》

(1)信托受益权的发行

他益信托的受益人原则上是外部人。因此在《金融商品交易法》上让受益人取得他益信托的受益权这一行为被认定为发行人实施的自己募集行为,而被当作自己募集业。事实上这是以存在数量众多的受益人投资者为前提,出于保护投资者而设置的规定。

这一规定也对1998年法律修改时直接销售证券投资信托(的受益证券)的行为被作为行为规制的对象这一规定进行了整合[这是第一款证券,但是《金融商品交易法》上将直接销售作为自己募集业进行规定。参见该法第2条第8款第7项(1)]。虽然自益信托也存在应该如何设定发行时间的问题,一般认为将受益权进入外部认定为发行,发行人的行为认定为自己募集并将其作为"业"。但是,现行制度下发行人是受托人以外的人时的确按前文所述进行处理,但是发行人是受托人时,如果这是接受信托的行为那么就属于《信托业法》和《兼营法》规定的信托业,不将其作为《金融商品交易法》上的自己募集行为(《金融商品交易法》行业监管的例外)。

(2)第一次中介

受托人是信托受益权的发行人,该受益权的发行时间是信托发生效力的时间,此时订立信托合同的代理、媒介在《金融商品交易法》上被作为信托受益权(第二款证券)的第一次中介行为(按照募集行为处理)(该法第2条第8款第9项),以此为业的行为成为第二种金融商品交易业(该法第28条第2款第2项)。此时这种行为不属于《信托业法》上的信托合同代理业(《信托业法》第2条第8款)。如果委托人与受托人被当作发行人,那么受托人通过其销售部门为了委托人向投资者作出取得信托受益权的劝诱时,从该行为的经济实质来看其功能与接受行为并不相同,应该认为属于《金融商品交易法》上的第一次中介行为(按照募集行为处理)(该法第2条第8款第9项)。[1]

---

〔1〕 参见[日]松本圭介、堀弘:《金融商品交易法制中信托的定位》,载《信托》2008年第233号,第77页。

(3)第二次中介

受托人作为信托受益权的发行人,该受益权的发行时间是信托发生效力的时间,此时订立信托合同的代理、媒介在《金融商品交易法》上被作为信托受益权(第二款证券)的第一次中介行为(这种行为不属于《信托业法》上的信托合同代理业)。在该行为中间从事的行为有可能成为《金融商品交易法》上的第二次中介行为。但是现行制度下金融商品中介业被定义为接受第一种金融商品交易业、资产运用业者、受登录金融机关的委托从事中介行为(《金融商品交易法》第 2 条第 11 款)。因此,假设《金融商品交易法》上发行人的发行行为是自己募集行为而被当作“业”,此时在这中间发生的行为、信托合同签订的代理行为、媒介行为成为金融商品交易业时中间发生的行为都是第二种金融商品交易业者与顾客之间的行为,所以不能构成第二次中介,不是金融商品中介业(理论上在某些情形下可能构成第一次中介,但事实上在发行阶段很难这么理解)。与此相对,如果《信托业法》和《兼营法》将接受信托(受托人的行为)作为行业监管的对象,那么该行为就是第一次中介;如果为该行为提供中介服务,那么就是第二次中介(信托代理业)。换言之,第一次中介与第二次中介的层次在《金融商品交易法》、《信托业法》和《兼营法》上有所不同。这是因为《金融商品交易法》并没有将发行人的发行行为全部作为金融中介行为(这限制了第二次中介的范围)。与此相对,《信托业法》和《兼营法》并没有对有价证券发行这一概念进行整理,所以有可能将接受信托的行为作为金融中介行为(与银行接受存款的金融中介行为相同),如此一来,中间发生的行为就成为第二次中介行为。

(4)调整

接受信托属于《信托业法》和《兼营法》上的“业”,因此对该行为提供中介服务构成《信托业法》和《兼营法》上的信托合同代理业。根据《金融商品交易法》的规定,如果受托人是发行人,则其他主体进行的发行中介行为是该法上的第一次中介(接受信托、私募),因此有必要进行调整。

受托人是信托受益权发行人时,《金融商品交易法》并没有对其施加业者规制。这是因为《信托业法》和《兼营法》本身已经提供了投资者保护的规则。但是,为什么不把他人实施的发行中介行为(即使是订立信托合同的中介行为)当作信托合同代理业而作为《金融商品交易法》上的第一次中介(金融商品交易业)呢?这一点在自益型共同运用金钱信托中存在问题,这是因为各种各样的人可以成为“他人”,所以在《金融商品交易法》上将其作为第一次中介。另外,在《金融商品交易法》制定之时,与发行后的流通交易中介行为相关的规制从《信托业法》上的信托受益权销售业转移到了《金融商品交易法》上的金融商品交易业,并进行了相应的整合,从这一点也可以进行说明(本章不涉及流通交易)。但是,在《金融商品交易法》将发行时间设定为受益权转让时的情形下,订立信托合同的时间在转让行为之前,因此一旦设置行业监管规则,该行为的中介行为在《信托业法》和《兼营法》下就只能被当作信托合同代理业。更加一般的说法是,存在发行人和发行时间概念不得不与行业监管相联系的问题。换言之,构建发行信息披露规则可以与行业监管相分离,但是从行业监管角度考虑也有必要使用发行人和发行时间的概念。从经济实质这一角度考虑,区分内外(制造和销售)的思考方式也具有一定的合理性,即将制造交给《信托业法》《兼营法》负责行业监管,而将销售交给《金融商品交易法》负责行业监管。这种情况下应该如何区分制造与销售呢？从经济实质上来看,很难总是将信托受益权转让时间作为发行时间。对于与多数人签订信托合同的情形,将订立信托合同这一时间点认定为进入外部市场(《金融商品交易法》领域)时间点的做法更加符合《金融商品交易法》制定时的思考方式。基于上述思考,虽然无法避免规制的复杂性,但是一定情形下将订立信托合同的时间作为进入《金融商品交易法》领域的时间是有一定道理的。

4.《金融商品交易法》与《信托业法》、《兼营法》的横向规制

金融商品交易业并不包含信托业,金融审议会金融分科会第一部会的报告提道,高投资性(更为准确的说法是除去投资性较低的产品)的信托商品的销售、劝诱应该适用与《金融商品交易法》相同程度的行为规制;对银行与银行商品以及保险公司与保险商品也应该作出相同规定。由此,《金融商品交易法》在制定时,将《银行法》《保险业法》《信托业法》等各业法上作出有关高投资性商品的销售、劝诱准用《金融商品交易法》行为规制的规定(《银行法》第13条之4、第52条之45之2,《保险业法》第300条之2,《信托业法》第24条之2,《兼营法》第2条之2。成为规制对象的信托合同被称为特定信托合同)。设置这个规定的理由是避免与其他业法作出重复性规定,承认对银行、保险公司、信托公司监督和执行的一体化。

5.结论

《金融商品交易法》上有关信托受益权的信息披露问题,本应该由《金融商品交易法》规定,比如,发行人与发行时间,但因为《信托业法》的存在,现行制度呈现两种法律交错的状态。有不少观点认为发行信息披露制度与行业监管是不同的法律制度,应该

将两者(发行信息披露制度和行业监管)分离思考。[1] 这一观点有可取之处,有必要根据不同问题以及不同情形将经济实质纳入考量并回归到问题本身,并对这一问题进行研究。

---

〔1〕 参见[日]田中和明:《与信托受益权相关的行为规制——与“信托业法”及“金融商品交易法”交错部分为中心》,载《金融商品交易法与信托规制》,公益财团法人信托未来论坛2017年版,第69页;[日]神作裕之:《商事信托与金融商品交易法》,载《信托法研究》2021年第45号。

第九章 商事信托与《投资信托法》

神作裕之

投资信托制度是根据《投资信托法》设立的运用型集团投资计划。集团投资计划是指法人、信托等(实质法主体)通过发行证券或者销售持有份额募集资金组成基金,由投资者以外的人员运营基金资产,证券持有人或者份额持有权人享有收益分配权,负担相应风险的法律构造。投资者通过集团投资计划享有规模经济、专家负责投资运用管理、风险分散的优点,容易投资和变价,而且因为存在持分价值评价体系和披露规则,可以更容易把握资产价值。

依据《投资信托法》设立的集团投资计划的特征在于投资信托或投资法人通过发行投资证券募集资金组成基金,将基金资产投资于特定资产。与此相对,也存在不适用《投资信托法》结构规制的基金。比如,利用民法上的组合、匿名组合、信托、公司等法律形式及法律形态,从投资者处募集资金组成基金后,进行投资和分配。

平成25年(2013年),投资信托和投资法人制度进行了大幅修改。针对投资信托,修改了投资信托契约变更规则,并采取措施使投资信托合并手续简易化、招股说明书制度合理化;针对投资法人,增加筹集资金方式且制度更加灵活化,修改了简易合并制度以及与利害关系人进行交易的相关规则。平成27年(2015年),修改了适格机构投资者特别业务制度(面向专业投资者的基金),强化了结构规制与监督权限,还修改了投资者范围。

这一系列的修改都与运用型集团投资计划,也就是基金规制有关。本研讨的对象虽然是投资信托,但是如果从构建监管法和资本市场法上基金规制的角度考虑,不仅需要研究依据《投资信托法》设立的计划,也有必要研究不适用《投资信托法》的集团投资计划。这是因为平成16年(2004年)《金融商品交易法》规定集团投资计划持分一般被作为《金融商品交易法》上的有价证券,如此一来想要区别《金融商品交易法》上的基金持分与基于投资信托和投资法人制度产生的受益权及投资证券在理论上就变得十分困难。因此,为了维持监管的整合性,防止监管套利,应该将两种计划从基金法制的角度进行研究。这样一来,以结构规制为内容的《投资信托法》的意义和功能会变得更加明晰。

本章主要从监管法和资本市场法角度讨论应该对运用型集团投资计划施加什么样的监管,对投资信托、投资法人制度以及适格机构投资者特别业务制度进行说明,同时对基金监管中所涉及的相应问题进行介绍。

一、集团投资计划（基金）监管的法律制度

1. 投资信托、投资法人制度[1]

(1)历史沿革

《证券投资信托法》于昭和26年(1951年)制定,[2]该法律规定:①组成以向特定有价证券投资运用为目的的信托;②分割信托受益权使不特定的人取得该受益权;③委托人对信托财产的运用作出指示的集团投资计划。根据平成10年(1998年)的《金融系统改革法》,公司型投资信托以及私募型投资信托引入,《证券投资信托法》改名为《投资信托法》,投资信托条款从个别承认制修改为事前备案制。一直以来以受益证券说明书和运用报告说明书为中心的信息披露制度改为适用《金融商品交易法》(《有价证券交易法》)上的披露制度,作为修改银证分离规则的一环,金融机构从禁止贩卖投资信托修改为允许贩卖。随着私募投资信托的引入,上述《证券投资信托法》第②点内容的“不特定”多数要件缓和为“复数”。平成12年(2000年)法律修改,原则上允许以一般财产权为投资对象,法律名称改为《投资信托法》。该法律引入了委托人非指示型投资信托,与此同时新设置了资产公正评价义务,除此之外,在昭和42年(1967年)规定的投资信托委托业者负有忠实义务之外,增加了投资信托委托业者、资产保管公司、一般事务受托人等的善管注意义务。此外,如果是委托人指示型投资信托

---

〔1〕 日本投资信托制度的诞生与发展,参见[日]神田秀树:《证券投资信托的诞生》,载[日]奥康孝康、仓泽康一编:《昭和商法学史》,日本评论社1996年版,第227页以下;[日]古德佳枝:《日本投资信托发展史》,载[日]野村资产管理股份公司编著:《投资信托法务与实务》(第4版),金融财政事情研究会2008年版,第657页以下。

〔2〕 参见[日]佐佐木功、松本崇:《证券投资信托法、贷款信托法》,第一法规出版社1977年版,第1页以下。

则采用受益权分割的方式,而如果是委托人非指示型投资信托,则基于同一信托条款采用共同运用方式。平成16年(2004年)《有价证券交易法》修改,信息披露制度变得更加合理化,交付招股说明书与请求招股说明书互相分离,后者在投资者请求时立刻交付即可。平成18年(2006年)法律修改导入了与投资信托条款变更相关的规则,规定了变更内容的公告制度、受益人书面交付制度,超过半数受益人反对时不允许变更等规定;对于重大变更,不仅需要书面表决,还导入了视为赞成制度。另外,投资信托委托业定位为投资运用业,法律规定为登录制,废止了《有价证券投资顾问业规制法》。

(2)适用的行业监管法

投资信托委托公司与信托公司之间签订的投资信托合同以及产生受益权的事项,适用《信托业法》《兼营法》《投资信托法》。接着,销售公司向投资者进行取得劝诱行为构成《金融商品交易法》上的募集或者私募相当行为,在销售时金钱的交付取得也适用《金融商品交易法》。[1] 投资信托受益权属于《金融商品交易法》上的第一款有价证券,所以除了需要遵守《金融商品交易法》上的信息披露规则之外,还需要遵守《投资信托法》上运用报告书制度的规则。投资信托委托公司运用信托财产的业务属于《金融商品交易法》上的投资运用业,需要遵守《金融商品交易法》上的规则。对运用行为的规制包括禁止取得同

---

〔1〕 有关适用投资信托的法律关系,参见[日]神田秀树等编著:《金融法讲义》,岩波书店2013年版,第325页以下。

一个法人发行的过半数有表决权的股份,[1]对于公募投资信托限制衍生品交易[2](《金融商品交易法》第42条之2第7项)。前者是为了限制投资者取得被投资企业的控制权,这超出了投资计划的功能;后者是为了防止因为高风险运作而给投资者带来严重损害。此外,随着投资信托过户制度导入,投资信托受益证券实现完全无纸化,账户管理机关、证券保管过户机关依据股份等过户法从事过户业务。围绕投资信托行业监管法的适用关系十分复杂。

依据《投资信托法》设立的运用型集团投资计划的投资对象是"特定资产"[3](《投资信托法》第2条第1款、《投资信托法施行令》第3条),证券投资信托是指委托人指示型投资信托中主要[4]投资于有价证券的信托(《投资信托法》第2条第4款)。以有价证券投资为目的的信托必须是有价证券投资信托(《投资信托法》第2条第4款、第7条),禁止委托人非指示型投资信托签订主要以有价证券投资运用为目的的投资信托合同(《投资信托法》第48条)。《投资信托法》中有价证券的定义与《金融商品交易

---

[1] 所有委托人指示型投资信托中的投资信托委托公司作出取得同一法人发行的股份的指示时,不得作出取得超过该法人50%表决权的发行股份的指示(《投资信托法》第9条、《投资信托法施行规则》第20条)。投资法人也有同样的限制(《投资信托法》第194条第1款)。为了促进取得海外不动产,平成25年(2013年)修改了《投资信托法》。登录投资法人想要取得国外特定资产,但是该交易受到资产所在国法律法规限制时,以该交易作为目的法人取得该股份的,不适用上述规定(《投资信托法》第194条第2款)。

[2] 禁止可能产生的损失额会超过该运用财产净资产的衍生品交易(《金融商品交易业等相关内阁府令》第130条第1款第2项、第8项)。如果违反适当管理信用风险的合理方法时也有相同规定(同条第1款第8项之2)。

[3] 委托人指示型投资信托主要的运用对象"特定资产"是指有价证券、衍生品交易相关权利、不动产、不动产的租赁权、地上权、期票、金钱债权、匿名组合出资持有份额、商品以及商品投资等交易相关权利(《投资信托法》第2条第1款、《投资信托法施行令》第3条)。

[4] "主要"是指,超过投资信托财产总额的1/2投资于有价证券、有价证券关联衍生品交易(《投资信托法施行令》第6条)。

法》的定义相同(《投资信托法》第2条第5款),《金融商品交易法》第2条第2款各项规定的视同有价证券被排除在证券投资信托规定的有价证券范围之外,所以如果签订主要以投资于视同有价证券为目的的信托合同,那么设立的不是证券投资信托,有价证券相关的衍生品也有相同规定。[1]

2. 对《金融商品交易法》上的集团投资计划持有份额的规制

除了《投资信托法》上的投资信托、投资法人之外,还存在信托、民法上的组合、匿名组合、合同公司等集团投资计划的法律形态。鉴于采用以多数一般投资人为对象的匿名组合形式设立的事业型基金发生了投资侵权事件,无论采用什么法律形式或者法律形态,即使不是依据《投资信托法》设立的运用型集团投资计划(基金),如果这一计划的份额满足集团投资计划的实质要件,就应当被视为有价证券(《金融商品交易法》第2条第2款第5项)。平成18年(2006年)《金融商品交易法》制定了综合且横向的监管规则。与此相对,信托受益权、合同公司的社员权也被认定为第二款有价证券(《金融商品交易法》第2条第2款第1项、第3项),按照形式标准这些基金持股份额都被视同有价证券[2]。但是,平成18年(2006年)《金融商品交易法》缓和了规制,原则上集团投资

---

〔1〕 参见[日]金融厅:《有关〈金融商品交易法制相关政令草案、内阁府令草案等〉的公众意见征集结果——意见概要以及金融厅对意见的观点》[平成19年(2007年)7月31日公布]第58页,载 https://www.fsa.go.jp/news/19/syouken/20070731-7/00.pdf。

〔2〕 有价证券概念与《金融商品交易法》的适用范围,参见[日]神田秀树:《金融商品交易法总论——法律构造与有价证券概念》,载《法学家》2008年第1368号,第6页以下。《金融商品交易法》第2条第2款第5项的有价证券性是指,即使只有一名投资者,但是投资者出资和向投资者分配事业收益,基于投资者的出资存在经营事业,投资者与失业者分离的要件就会被承认有投资性,准确来说与集团投资计划的意义并不相同。参见[日]神田秀树:《金融商品交易法总论——法律构造与有价证券概念》,载《法学家》2008年第1368号,第9页。

计划份额不适用《金融商品交易法》上的信息披露规则(该法第3条第3款)。如果资金筹集者将超过半数资金投资于有价证券,则需要适用信息披露规则(该法第3条第3项第1号、《金融商品交易法施行令》第2条之9第1款)。[1]

从构建有活力的金融市场的观点出发,以专业投资者为对象的基金为了不阻碍金融创新,一定程度上简化了针对以一般投资者为对象的监管规则,设置了合格机构投资者特别业务。一般而言,即使对于大部分专业投资者,只要以1名以上的合格机构投资者和49名以内的一般投资者为对象,仅需要向监管部门备案(《金融商品交易法》第63条、《金融商品交易法施行令》第17条之12)。合格机构投资者特别业务的备案人本来需要登录才可以从事组合型集团投资计划份额的私募(自己募集)[2]以及投资运用[3](自己运用)[4],现在仅备案即可。大多数《金融商品交易法》施行前就开始活动的基金都转为合格机构投资者。[5]

平成23年(2011年)《金融商品交易法》修改,为了满足国民

〔1〕 与第一款有价证券的取得劝诱不同,只要事实上出资取得持有份额的投资者没有达到500人,就是私募(《金融商品交易法》第2条第3款第3项、《金融商品交易法施行令》第1条之7之2),不要求提交有价证券申报书、制作和交付招股说明书等手续。但是即使是私募也有合同缔结前书面交付义务(《金融商品交易法》第37条之3)。

〔2〕 参见《金融商品交易法》第2条第8款第7项第6号。但是如果集团投资计划的运营者将私募相关行为全部向第二种金融商品交易业者委托,完全不进行取得劝诱,不被认为是私募,参见[日]松尾直彦、松本圭介编著:《实务论点:金融商品交易法》,金融财政事情研究会2008年版,第61页注1。

〔3〕 参见《金融商品交易法》第2条第8款第15项第3号。但是当集团投资计划的运营者将运用管理权限全部对外委托,与金融商品交易业者等签订投资全权委托合同时,在满足一定条件后自己运用管理行为被排除在金融商品交易业的定义之外(定义府令第16条第1款第10项)。

〔4〕 双层结构的不动产基金,其子基金的投资对象是不动产信托受益权,且子基金的出资人仅为母基金时,如果母基金管理人将所规定的事项进行备案,子基金管理人的自己管理行为不属于金融商品交易业的定义(定义府令第16条第1款第11项)。

〔5〕 参见[日]大崎贞和:《美国投资基金规制》,载《东京大学法科大学院法律评论》2008年第3号,第153页以下。

各种各样的资产运用需求,促进投资运用基金的设立,防止运用业者流向海外,[1]创设了面向合格投资者的投资运用业的特例(《金融商品交易法》第29条之5)。全部运用财产的投资者只可以是合格投资者,且全部运用财产的总额在200亿日元以下时(《金融商品交易法施行令》第15条之10之5),缓和了投资运用业者的开业规则(《金融商品交易法》第29条之5第1款)[2],将第一项有价证券相关的运用权限全部委托时,以合格投资者为相对人实施的私募业务被视为第二种金融商品交易业(该条第2款)。

二、投资信托与投资法人制度的修改

1.实际情况

投资信托的纯资产总额在平成27年(2015年)5月底是163兆3936亿日元。[3] 平成元年(1989年)年底为60兆日元左右,在日本泡沫经济后平成9年(1997年)年底减少到10兆日元。平成10年(1998年)日本提出"从储蓄到投资"的口号,投资信托制度被认为是实现市场型(直接型)间接金融的有效手段并进行了大范围的修改。之后投资信托数量开始不断增加,在平成10年(1998年)上升至约40兆日元,平成26年(2014年)递增至约148

[1] 参见[日]金融厅:《促进金融资本市场以及金融产业活力的行动计划:为了实现新成长战略》,平成22年(2010年)12月24日,第10页。

[2] 设置监事公司即可,出资之外也将最低资本金和净资产要件降低了1000万日元。

[3] 其中公募投资信托为109兆3270亿日元(契约型102兆4578亿日元,公司型6兆8692亿日元),私募投资信托为54兆666亿日元(契约型53兆2922亿日元,公司型7744亿日元)。参见[日]投资信托协会:《投资信托整体画像》,载https://www.toushin.or.jp/statistics/statistics/data/backno_I011BG/index.html。

兆日元。[1] 但是,如果以国民生产总值规模对主要国家的投资信托的余额调整后进行比较会发现,欧美主要国家(美国、澳大利亚、法国、英国、加拿大)是日本的 2 ~ 6 倍,国民平均余额是日本的 3 ~ 11 倍,日本的投资信托市场还有很大的成长空间。[2]

日本的投资信托存在以下特点:①小规模基金数量多;[3] ②基金之间的转换频繁;③手续费、与基金经理相关的信息不透明;④商品的复杂性、风险的复合性;⑤每月分配型投资信托发达;[4] ⑥持有期间短;[5] ⑦向外部委托运用的进展;[6] ⑧美国手续费不断降低而日本手续费年年增加,手续费平均值也高于美国。[7] 从上述特征可以看出,日本的投资运用业者比起满足投资者的需求和实现顾客的利益,可能存在通过短期的转换交易确保

---

〔1〕 参见[日]野村资产管理股份公司编著:《投资信托法务与实务》(第 4 版),金融财政事情研究会 2008 年版,第 663 页以下;[日]投资信托协会:《投资信托整体净资产额》,载 https://www.toushin.or.jp/statistics/statistics/data/backno_I011BG/index.html。

〔2〕 参见[日]金融厅:《金融监督报告》(2015 年 7 月),第 91 页,图表Ⅲ-3-1。

〔3〕 截至平成 27 年(2015 年)3 月底,日本公募投资信托的数量只有美国的 70%,净额仅为 5%,每个信托平均净额只有美国的 7%。此外,管理运用期间超过一年的股份投资信托中,净额超过 100 亿日元的仅为 20%,30 亿日元以下的占 60%。参见[日]金融厅:《金融监督报告》(2015 年 7 月),第 91 页以下。

〔4〕 每月分配型的投资信托在这数年连续分配频率(余额基准)中占 70%。参见[日]金融厅:《金融监督报告》(2015 年 7 月),第 92 页。

〔5〕 公募股份投资信托的平均持有期间[(年度平均余额/年度解约金额 + 偿还金额)计算得出推定数],在平成 25 年(2013 年)度为 1.98,平成 26 年(2014 年)度为 2.15。

〔6〕 日系投资运用业者向外部投资运用业者委托运用管理的投资信托的余额的比例为 50%,将海外资产作为投资对象的超过 60%。参见[日]金融厅:《金融监督报告》(2015 年 7 月),第 92 页。

〔7〕 参见[日]金融厅:《金融监督报告》(2015 年 7 月),第 97 页,图表Ⅲ-3-7 及图表Ⅲ-3-8。同意报告中还指出了日美手续费存在差异的一个原因,是美国改变了投资信托销售的商业模型,具体而言是从贩卖手续费转为根据存托的资产获得的报酬(同第 96 页)。

取得手续费的问题。[1] 增强金融、资本市场活力有识之士集会《增强金融资本市场活力的建议》指出，"修正短期持有频繁更换商品获得手续费的营业方式，在提升运用透明性的同时，立足于投资者所处人生阶段，开发普及真正适合顾客投资目的和需求的商品，为实现上述目标有必要采取相应对策"[2]。

2. 经过

平成25年(2013年)6月基于金融审议会设置的"与修改投资信托、投资法人法制相关的工作小组"报告书(以下简称《投资运用WG报告书》)[3]制定了《修改部分〈金融商品交易法〉的法律议案》。投资信托法制包括：①投资信托的合并、信托合同变更规则的修改；②向投资者提供充分信息；③确保货币市场基金(MRF)稳定运用的措施；④特定有价证券信息披露规则的合理化。投资法人法制包括：①筹集资金方法和资本政策手段多样化；②简易合并要件的修改；③强化与利益冲突关系人重要交易规则；④阻止不公正发行投资份额；⑤导入内部交易规则；⑥为取得海外不动产修改表决权须过半数的规定，完善了相关的政令、内阁府令。[4]

---

〔1〕 参见[日]金融厅：《金融监督报告》(2015年7月)，第93页。大部分日系的投资运用业者最先都是销售公司，役员中80%以上是销售公司出身。2014年根据不同销售路径信托余额的比例如下：证券公司50.1%(公募型66.4%)、银行46.1%(公募型32.9%)，直销3.3%(公募型0.6%)。参见[日]投资信托协会：《按照销售样态契约型公募、私募投资信托总计资产余额情况(实际金额)》，载https://www.toushin.or.jp/statistics/statistics/data/backno_I011BG/index.html。

〔2〕 [日]增强金融、资本市场活力有识之士集会：《增强金融资本市场活力的建议》[平成25年(2013年)12月13日]，第6页。

〔3〕 参见[日]金融审议会金融分科会报告：《投资信托、投资法人法制的修改》，平成25年(2013年)2月27日公布。

〔4〕 参见[日]宫本孝男等：《投资信托、投资法人法制的修改——平成25年改正〈金融商品交易法〉(1年内施行)府令解说(2完)》，载《商事》2013年第2045号，第88页以下。

3. 概要

(1)投资信托

为了使较为低效且规模较小的投资信托的整合更加简便,投资信托条款变更程序和合并程序进行了修改。投资信托受益权的内容是均等的,并且按照受益权个数赋予表决权(《投资信托法》第6条第1款、第17条第6款),受益人个人产生的影响非常有限[1],因此废除了需要受益人半数以上赞成的书面表决条件(该法第17条第8款)。[2] 另外,投资信托的合并如果属于内阁府令规定的给受益人带来轻微影响的情形,则不要求有书面决议(该法第17条第1款)。[3] 开放型投资信托中排除了反对书面决议受益人的受益权回购请求权(该法第18条第2款)。因为每日计算基准价格,按照基准价格随时可以偿还,所以设置回购请求权缺乏意义。委托人非指示型投资信托也作出了相同的修改(该法第54条)。

从提供给投资者充分信息的角度来看,运用报告书中指出,由于向投资者提供的信息不仅数量大而且难以理解,因此信息提供产生了较高成本。[4] 基于这一问题,运用报告书中提到分两步向投资者提供信息改善上述问题,首先必须向投资者交付记载了内阁府令规定的重要事项的交付运用报告书(《投资信托法》第14

---

〔1〕《信托法》规定了受益人大会决议的受益人人数要件,但是这是任意性规定(该法第113条第2款第5项),其中的受益权内容并不均一,表决权的内容可以通过信托合同自由设定为前提。

〔2〕参见[日]古泽知之、藤本拓资:《修改部分金融商品交易法等法律概要》,载《法学家》2013年第1460号,第21页。

〔3〕相关内阁府令中规定:①不违反合并前投资信托财产的运用方针;②商品的基本信托相同;③该委托人指示型投资信托的投资信托财产的净资产总额为进行合并的其他信托财产的5倍以上(《投资信托法施行规则》第29条之2第1款)。

〔4〕参见[日]古泽知之等监修:《逐条解说:2013年金融商品交易法修改》,商事法务2014年版,第313页。

条第3款、第54条)，其次可以运用公司的网站，通过电磁方式提供原则上投资者请求时才交付的运用报告书(本体)(《投资信托法》第14条第3款第3项)。为了使手续费变透明，要求重新记载作为手续费对价的业务内容[1]，自律管理机关修改了自律管理规则以解决总回报的表示问题。[2]

从特定有价证券的信息披露规则合理化的观点来看，如果满足一定期间持续募集或者卖出等条件，通过提交记载了简易事项的募集事项等记载说明书和有价证券报告书，作为有价证券备案书，则视为已经提出了有价证券备案书(《金融商品交易法》第5条第10~12款)。

(2)投资法人

投资法人主要应用于日本不动产投资法人(J-REIT)。[3] 运营J-REIT时市场有需要借款或者重新借款，而且在雷曼兄弟破产后，金融经济危机的出现造成了筹集资金困难的情况。当时与其他国家的不动产投资法人相比，日本的投资法人在筹集资金的手段和资本政策上存在很多限制，市场中出现了多样化的需求。[4] 立法上缓和了取得自有投资份额的限制，在与投资份额持有人达成可以取得的合意的情形下，可以从净资产中扣除基准净

[1] 特定有价证券信息披露府令第4项式样(记载上的注意)(22)~(25)。参见[日]金融厅:《面向金融商品交易业者的综合监督指针》，VI-3-1-2(4)，VI-3-2-3(2)。

[2] 日本证券业协会为了导入投资信托整体回报的通知制度，修改了《协会成员投资劝诱、顾客管理等相关规则》，规定了作为对象的投资信托、顾客范围、计算方法、通知方法、通知频率及内容等[平成26年(2014年)12月1日施行]。

[3] 东京证券交易所于平成13年(2001年)建立J-REIT市场，平成27年(2015年)5月底有51只J-TRIR上市。根据东京证券交易所的标准，全都是封闭型的投资法人。东证J-REIT在平成27年(2015年)5月按照市场价格总额为10.86兆日元，运用资产额为13.40兆日元。参见ARES J-REIT Databook，https://j-reit.jp/statistics/。

[4] 参见[日]古泽知之等监修:《逐条解说:2013年金融商品交易法修改》，商事法务2014年版，第58页以下。

资产,将得到的金额作为金额上限取得自有投资份额〔1〕(《投资信托法》第80条第1款第1项、第124条第1款第3项、《投资信托法施行令》第90条)。此外,为了使发行期权变为可能,导入新投资份额预约权制度(《投资信托法》第88条之4至第88条之23)。投资法人仅能以公正价格发行新的投资份额。但考虑到通过发行期权进行增资具有合理性,因此,法律增加了新投资份额预约权制度。〔2〕

此外,规则还从投资者保护的角度进行了修改。第一,通过准用《公司法》第210条导入了阻止投资份额发行请求权制度〔3〕(《投资信托法》第84条第1款)。这是为了保护现有投资份额持有人,使其免受份额稀释的风险而提供的法律手段。第二,修改了简易合并的基准。吸收合并存续法人向吸收合并消灭法人的投资份额持有人增发时,吸收合并存续法人的投资份额总数从"可以发行投资份额总数"中扣除"已发行投资份额总数",得到的份额数范围改为增发的份额数在存续法人已发行投资份额总数的1/5以下(《投资信托法》第149条之7第2款)。从可能影响存续法人财务情况的角度来看,这是更加合适的标准。第三,有关与利益冲突关系人进行的重要交易,比如取得不动产,修改了事后报告制度,要求资产运用公司事前取得投资法人董事会的承认(《投资信托法》第201条之2第1款、第2款)。鉴于资产运用公司的母公

〔1〕 继续禁止从特定投资者处取得自己的投资份额,不承认投资法人中金钱以外出资形成的出资份额的回购和分配,因此不承认以金钱以外财产取得自有的投资份额(《投资信托法》第80条之2第1款第2项)。

〔2〕 参见[日]古泽知之等监修:《逐条解说:2013年金融商品交易法修改》,商事法务2014年版,第62页。

〔3〕 有案例依据准用《投资信托法》第109条第5款、《公司法》第360条第1款承认禁止发行投资份额的请求,参见东京地决平成22年5月10日(金判1343号,第21页)。

司也就是发起人企业提供投资标的等行为可能对投资法人的运用产生巨大影响,因此需要设置事前的程序规制。[1]

三、合格机构投资者特别业务制度的修改

1. 实际情况

合格机构投资者等特别业务备案数为 3123 件[平成 27 年(2015 年)3 月底],基金数量为 2046 只[平成 25 年(2013 年)度],运用财产额为 8 兆 8079 亿日元[平成 25 年(2013 年)度]。如果证券交易监督委员会在对合格机构投资者特别业务备案者实施证券检查时发现其存在重大违法行为,此时需要公布备案者的名称、代表人姓名、违反法律的行为,[2] 针对一部分没有登录而进行基金销售、劝诱行为的备案人还可以向法院申请禁止命令。[3]

2. 过程

证券监督委员会在平成 26 年(2014 年)4 月向内阁总理大臣以及金融厅长官提出建议,有必要就合格机构投资者特别业务制定相应措施;同年 5 月进入征集相关政令、内阁府令修正案的公众意见程序,此时出现了相反意见。[4] 金融审议会设置了投资运用

---

〔1〕 参见[日]古泽知之等监修:《逐条解说:2013 年金融商品交易法修改》,商事法务 2014 年版,第 67 页。

〔2〕 平成 24 年(2012 年)至平成 26 年(2014 年),分别发生 12 例、11 例、17 例有关申报人的检查结果。检查的概要,参见[日]证券交易监督委员会检查科:《合格机构投资者特别业务申报人相关证券检查情况》[平成 26 年(2014 年)10 月 24 日];[日]证券交易监督委员会:《证券交易监督委员会活动情况》[平成 27 年(2015 年)6 月],第 35 页、第 48 页以下。在这些申报人中,存在无法联系问题的申报人有 603 家,占全体申报人的 20% 左右。参见[日]梅村元史:《平成 27 年金融商品交易法修改的解说》,载《商事》2015 年第 2074 号,第 19 页。

〔3〕 参见[日]金融审议会:《投资运用工作组》第 3 次事务局说明资料(发出警告书的业者情况)[平成 26 年(2014 年)11 月 6 日],第 1 页。

〔4〕 参见[日]金融厅:《修改合格机构投资者特别业务相关的政令、内阁府令的公布》[平成 26 年(2014 年)5 月 14 日]。与此相关向公众征集的意见,载 https://www.fsa.go.jp/news/25/syouken/20140514-1.html。

工作组,并出具了《投资运用 WG 报告书》[1]。平成 27 年(2015 年)5 月 27 日基于《投资运用 WG 报告书》制定了《修改部分〈金融商品交易法〉的法律议案》。[2]

3. 概要

法律草案规定了合格机构投资者特别业务备案人拒绝条件和失格条件(《金融商品交易法》第 63 条第 7 款),在扩充了备案书的记载事项后予以公布(《金融商品交易法》第 63 条第 2 款至第 6 款)。投资者范围由政令和内阁府令作出规定,即使原本不符合实际情况的合格投资者,也仅需要形式上参加就可以满足条件。《投资运用 WG 报告书》为了改变这一做法,一方面限缩了合格机构投资者的范围和条件,另一方面仅对人数作出要求,而没有对属性作出任何要求。该报告书中建议将一般投资者的范围限于有投资判断能力的投资者和与特别业务有密切关系的人。具体而言,有关合格机构投资者的要件,如果是投资事业有限责任组合,则投资者有资产要件;排除备案人作为控制人以合格机构投资者身份进行形骸化的投资情况。[3] 在征集公众意见稿中,一般投资者是指年金基金、富裕层个人投资者(拥有 1 亿日元以上投资性资产的人员)、股份公司等法人(设置了资本金和净资产额标准)及政府、地方自治体,还包括作为密切关系人的该特别业务业者的母公司、子公司、运用受托人、投资建议者及其役员、使用人以及其亲属(三等

---

〔1〕 参见[日]金融审议会:《与投资运用相关的工作组报告:为了确保投资者保护及成长资金平稳供给围绕专业投资者的制度构建》[平成 27 年(2015 年)1 月 28 日]。

〔2〕 参见[日]梅村元史:《平成 27 年金融商品交易法修改的解说》,载《商事》第 2074 号,第 19 页。

〔3〕 参见《投资运用 WG 报告书》第 4 页。被警告的业者管理基金的合格机构投资者的属性如下:投资事业有限责任组合为 30 家(65%),证券公司为 7 家(15%)。参见[日]金融审议会:《投资运用工作组》第 3 次事务局说明资料(发出警告书的业者情况),第 1 页。

亲以内)。[1] 此外,以构建相应的制度为前提,如果是创投基金,一般投资者包括:①上市公司等(原)役员;②基金(原)业务执行组合成员;③提交有价证券申报书或者有价证券报告书的上市公司中位于前列被记载的个人、法人;④作为经营革新的支援机关的注册会计师、律师;⑤拥有直接参与新事业设立具备经验、专门知识和能力的人员。[2] 创投基金的条件:①向非上市企业股权投资的比例在80%以上;②原则上没有杠杆;③原则上存续期间不偿还投资款;④明确说明作为创投基金采用的投资战略。[3]

此外,对备案人施加的行为监管,除了法律修改前就适用的禁止虚假告知和禁止填补损失的规则以外,还增加了:①适当性管理原则;②为了说明合同概要和风险等内容合同签订前的书面交付义务;③分别管理义务;④运用报告书交付义务(《金融商品交易法》第63条第11款)。更进一步,法律强化了监管权限,可以作出监管法上改善业务、停止命令业务命令等(《金融商品交易法》第63条之5、第63条之6),还提高了罚则的惩罚标准。无论是不是采用备案制,都可以作出停止业务、废止业务的命令是因为除金融商品交易业者以外,如果符合金融商品交易业相关的登录拒绝条件,就不允许从事特别业务(《金融商品交易法》第63条第7款),这不是开业规则而是禁止规则。

四、检讨与课题

1. 投资信托、投资法人制度

这次对投资信托、投资法人制度的修改主要是为了应对现实

〔1〕 参见《投资运用WG报告书》第6页。
〔2〕 参见《投资运用WG报告书》第7页。
〔3〕 参见《投资运用WG报告书》第7页以下。

中产生的问题。对合格机构投资者特别业务的修改也是为了应对现实中的问题,当时备案制存在监管法上的漏洞,所以,实践中经常出现恶劣行为。

法律修改可能有助于直接解决日本投资信托的问题,如非低效且小规模投资信托的合并和整合,但是大部分问题还是与实务操作有较大关系。为了使关系人发挥专门知识能力,切实履行作为信义义务人的责任和义务,有必要修改商品设计和销售方法,以符合投资者利益。为了消除或者减轻投资者对于关系人可能会优先考虑包括集团公司在内的业者利益的疑虑,在意思决定程序导入治理的观点应当是有益的。但是市场中存在大量内容复杂且规模较小的基金这一现象,可以认为是因为过去投资信托选择较少的问题得到改善,另外每月分配型投资信托也因为分配规则的缓和成为较有吸引力的投资选择。希望未来可以从关系人自主、多角度、长期性观点展开讨论。

J－REIT 作为一种法律形态几乎全部采用投资法人设立。对投资法人制度的修改,一方面处理了筹集资金、资本政策上的问题,另一方面也强化了对投资者的保护。[1] 从行为监管角度将投资法人制度与公司制度进行比较,这不仅有利于重新研究投资法人制度的意义及其修改方向,也可以倒逼对公司法的应有之义进行研究。对于投资信托与投资法人的关系,有必要从监管的同等性或者包括评价在内的各个观点出发进行更多的验证。[2]

---

〔1〕 参见[日]大崎贞和:《投资信托、投资法人制度的修改》,载《法学家》2013 年第 1460 号,第 40 页。

〔2〕 讨论投资信托与投资法人运用业者等承担损害赔偿责任以及与申请禁止相关的保护的同等性的文献,参见[日]田泽元章:《商事信托与业法、特别法——投信法、SPC 法上若干论点》,载[日]神作裕之编著:《从商事法、法人法观点看信托》,公益财团法人信托未来论坛 2014 年版,第 6 页以下、第 14 页以下。

2. 合格机构投资者特别业务

合格机构投资者特别业务制度的应然状态已经在前文进行了充分说明，但是对于各个观点仍存在较大分歧。平成16年（2004年）《金融商品交易法》将集团投资计划持有份额视同有价证券，在过去缺乏监管的领域设置了横向的监管规则，这一修改具有重要意义且有必要。当时面向专业投资者设立的基金的实际情况不明，合格机构投资者特别业务制度还采用备案制，在积累了业者和投资者保护相关信息和知识储备之后才实施本次法律修改。本次法律修改在实现投资者保护的同时，避免施加过多的监管，这一做法可以说是聪明的手段。在已经关注到的投资者属性、人数条件之外，也计划导入创投基金的特别规则，以及排除合格机构投资者出资形骸化情形的相关规则。[1] 创投基金不在存续期间偿还，基于运用条件等基金属性、商品设计对创投基金作出定义这几点也值得关注。从上述说明可以看出法律倾向于根据基金目的、商品性而赋予其法律效果。

3. 讨论的视角与课题

《投资信托法》上的投资信托和投资法人与《金融商品交易法》上的集团投资计划是运用型集团投资计划的重要组成部分，两者的持有份额都是《金融商品交易法》上的有价证券，适用《金融商品交易法》的规定。《投资信托法》认可私募投资信托，缓和了运用规则；《金融商品交易法》用一种包括性、一般性的方法对集团投资计划持有份额作出定义，导致明确说明《投资信托法》上行为监管的意义变得困难。《金融商品交易法》并非采用行为监管

---

〔1〕 参见《投资运用WG报告书》第4页。在收到警告书的合格机构投资者等特别业务申报稿管理基金中，合格机构投资者的出资比例为1%以下的基金占据了80%左右，平均数只有0.87%。参见［日］金融审议会：《投资运用工作组》第3次事务局说明资料（发出警告书的业者情况），第2页。

对集团投资计划持有份额进行规制,而以业法、信息披露规则、不公正交易规则为中心构建了规制的法律体系。[1] 但是,通过规定面向合格机构投资者投资运用业的特别规定、合格机构投资者特别业务,基金(集团投资计划)法律制度存在按照投资者的属性、数量和规模细分化的倾向。面向合格投资者的投资运用业的特别规定并不着眼于各个基金设置的规定,只有在全部投资者是合格投资者,管理总额在200亿日元以下的投资运用时才允许适用上述特别规定。合格机构投资者等特别业务的修改,在形式上采用结构规制的特别规定的方式,事实上是按照基金的目的、规模、投资者的属性和人数分情形采用结构规制或者商品规制,存在规则细分化和简洁化的倾向。

现行法有关运用型的集团投资计划的规制乍一看非常难以理解,而且从规则的综合性和整合性来看,规则本身可能会存在内在问题。

未来有以下两种改革方向。第一,《投资信托法》仅适用于面向一般投资者的公募型集团投资计划,通过这种方式在投资者保护目的之前构建行为监管和商品监管相关规则。[2] 决定管理方针并对其进行披露,与此同时,根据不同情况可以导入分散投资原则。虽然强化结构规制与运用规制可以促进投资信托的多样化,缓和监管,但是这与禁止不公正交易以及确保适当性管理原则,强

[1] 参见[日]松尾直彦:《金融商品交易法制制定过程中主要论点与今后的课题(2)》,载《商事》2008年第1824号,第26页。

[2] 参见[日]加藤贵仁:《与投资信托相关的监管法上的课题》,载金融厅金融研究研修中心:《金融危机后围绕金融、资本市场的课题》,第103页。

化信息提供实现责任自担原则这一改革的方向[1]并不协调。此外,限制积极投资手法可能会阻碍集团投资计划的发展,不符合一般投资者的利益。第二,制定基金法,对投资信托、投资法人法制与集团投资计划持有份额制度进行综合、整合、横向的规制。虽然现在存在横跨多个领域的问题,[2]但仍应沿着这一方向,以业者规制为纵轴,按照基金的目的、规模确定投资者的范围,同时将基金区分施加结构规制的基金和不施加结构规制、以业者规制信息披露规则为中心构建规制制度的基金,构建起分层的基金规制模式。

无论哪一种前进方向,都有必要重新确认结构规制的意义以及其存在方式。届时有必要按照基金的目的和规模,明确在何种程度上认可一般投资者的参与以及一般投资者保护的条件。基金的不同类型有可能与政策目的有关,此时有必要按照基金的分类充分研究政策意义与依据。另外,对衍生品交易等金融系统来说可能构成风险的交易或者行为,在对其进行规制时,基金规制的合理性与规制的实效性也需要纳入考量范围。[3]

---

〔1〕 20世纪末有关投资信托改革的方向性,参见[日]资本市场研究会编:《实现投资信托的魅力》,资本市场研究会1995年版。一般而言该方向性是恰当的。参见[日]森本滋:《证券投资信托的未来》,载鸿常夫先生古稀纪念:《现代企业立法的轨迹与展望》,商事法务研究会1995年版,第436页以下。

〔2〕 参见[日]神田秀树:《证券投资信托的法律侧面》,载《金融评论》1995年第36号,第10页。

〔3〕 关于基金规制的类型化与整理,参见[日]青木浩子:《基金规制》,载《法学家》2010年第1412号,第43页。

第十章　金融与信义义务法

神作裕之

信义义务作为一种法律义务在现代社会越来越重要,适用的场景也日益增多。[1] 金融领域的"信义义务(受托人责任)"也日益受到关注。[2] 在日本通常用日语假名拼写,然后通过在括号中说明的方式表述信义义务。这是因为成为问题的是软法上的受托人行为规范,而不是法律义务上的受

[1] 参见[日]樋口范雄:《信义义务—"信任"的时代——信托和契约》,有斐阁 1999 年版;Tamar T. Frankel, *Fiduciary Law*, Oxford University Press, 2010。

[2] 将信义义务作为金融领域的法律义务进行讨论的基础文献有:[日]神田秀树:《受托人责任:金融服务法的设想》,载财务省财务综合政策研究所:《金融评论》2001 年 3 月,第 98 页以下;[日]岩原绅作:《金融机关与利益冲突——我国的方向性》,载《金融法论集(上)》,商事法务 2017 年版,第 201 页以下;[日]银行金融研究所:《与金融交易中的信义义务相关的法律问题研究会〈金融交易的展开与信任的群像〉》,载《金融研究》2010 年 10 月号,第 179 页以下。此外,有关美国金融领域的信义义务,参见[日]神作裕之编:《信义义务与利益冲突》,岩波书店 2019 年版。

托人责任。[1] 除了是否具有法律拘束力以外,[2] 信托法上的受托人责任是指受托人只能追求受益人的利益(唯一利益原则),而谈及金融领域的信义义务时,是指追求顾客最佳利益的义务(最佳利益原则)。[3]

一、背景

1. 金融的专业化、分工化和高度演化

关注金融领域的信义义务的第一个理由是随着金融领域的分离化(unbundling)和专业化的发展,保护顾客和市场的信赖成了非常重要的课题。金融是指不同的时间点的现金流的交换,金融的功能可以分解为结算、提供信用、资产运用和风险转移 4 种功能。

金融机构为了实现上述功能,提供专业的服务,特别是在信息通信技术、金融工学发展的背景下,金融的分业化和复杂化快速推

---

〔1〕 信义义务并不是法律义务,而是指金融服务业为了向客户提供符合客户利益(最佳利益)的金融商品和金融服务而做出的最佳行为(best practice)这一原则。参见[日]松尾直彦:《金融商品交易法》(第 6 版),商事法务 2021 年版,第 429 页。另外,松元教授指出,通过信义义务可以构建起为了克服金融机构和顾客之间存在巨大的信息差和判断力差这一问题而设置的投资者保护规则的基础。参见[日]松元畅子:《金融领域的"Fiduciary"用语的考察》,载[日]能见善久等编:《信托法的新时代》,弘文堂 2017 年版,第 223 ~224 页;[日]财务省综合政策研究所:《形成国民资产相关的制度设计与金融机构的"Fiduciary Duty"》,载《金融评论》2020 年第 1 号(通卷 142 号),第 67 ~71 页。

〔2〕 但是,正如后面所述,信义义务的违反,比如,违反《金融商品交易法》诚实信用原则、适当性管理原则也可能构成法律违反。

〔3〕 受益人唯一原则是指受托人对信托受益人的义务,受托人只能为了受益人的利益管理和运用信托[《信托法重述(三)》第 78 条;Restatement(Third) of Trusts §78]。与此相对,最佳利益原则并不禁止利益冲突行为,存在利益冲突关系之时,机构必须为了本人的最佳利益行动[Max M. Schanzenbach & Robert H. Sitkoff Reconciling, *Fiduciary Duty and Social Conscience*: *The Law and Economics of ESG Investing by a Trustee*, 72 Stan. L. Rev. 381 (2020), p. 400 - 403]。

进。[1] 比如资产证券化和资产运用型的集团投资计划就是体现金融功能被分解和不断专业化的典型例子，这一领域之外也随处可见这种趋势。衍生品交易中存在的各种各样的风险本身就可以作为直接金融的交易对象。原本由国家负责或者应该由国家负责的年金资产的管理运用、一部分保险的风险转移功能也通过金融完成。

信义义务原本是信托法上受托人的义务和责任。但是信托的结构是将信托财产的所有权和广泛的裁量权赋予受托人，为了实现有利于受益人利益的财产管理和运用，必须保护包括委托人和受益人在内的利益相关人的信赖。因此，信托法与为了实现自己利益最大化的合同法原理不同，信托法是基于受益人利益的利他主义，在赋予受托人广泛裁量权的同时，要求受托人履行忠实义务等严格的信义义务，违反时会产生禁令、利益吐出这种强有力的执行效果。通过这种方式，受托人的忠实义务反映了信托的法律构造，在保护委托人和受益人等信托利害相关人的信赖方面以及实现高效公正的信托财产管理和运用方面发挥着重要的作用。

在金融领域信赖保护是一个重要的课题，如何确保作为金融机构的专业人士能够诚实公正地执行业务以及如何管理利益冲突成为重点，特别是金融功能不断被分解并变得更加专业化，这也导致利益冲突变得更加复杂多样。与此同时，由于实践中要求银证分离和限制金融机构业务范围的监管规则有所缓和，处理利益冲突问题的对策就成为金融领域最为重要的课题之一。此外，需要

---

[1] 参见[日]神田秀树、神作裕之、Mizuho 金融集团：《金融法讲义》（新版），岩波书店 2017 年版，第 7 ~ 8 页。

注意的是,这里所说的利益冲突[1]是指金融机构为了顾客的最佳利益行事时可能会区别对待受益人的各种事由和情况,范围广泛。如果在信义义务概念下将利益冲突作广泛的理解,那么成为问题的就不再是受益人唯一利益原则,而是如何适用最佳利益原则。

顾客和金融机构之间存在较大信息差,金融服务又存在复杂和抽象化的特点,顾客本身无法察觉到利益冲突,即使注意到了也很难证明因为利益冲突而产生了损害或者不利益。对于金融机构来说,前面所说的宽泛的利益冲突究竟是指什么也并不明确。信义义务希望通过原则主义的方式控制利益冲突,与此同时也希望发挥当事人以及市场自律规则的作用。

2. 衡平的作用

在资产管理领域,资产所有人和资产管理机构需恰当地履行信义义务,提升被投资企业的价值,从而增加顾客持有的金融资产的中长期价值,进一步推动创新和经济发展。信托受益权、股份等会随着信托财产和公司企业价值的增减而增减。商事信托中的受益人、股份公司的股东通过信托受益权或者股份的"所有"实现控制,拥有增加信托财产和企业价值的积极性,法律制度以此为前提进行构建。[2] 信托债权人、股份公司的债权人相对于受益人、股东享有优先权;受益人和股东虽然劣后于债权人,但是仍旧对剩余财产享有包括性的剩余请求权。信托法和公司法不仅要求受托人

---

[1] 一般被称为利益冲突管理制度。法律上并不使用"利益冲突"一词,法律规定"为了防止不当损害顾客的利益,为了对与该业务相关信息进行适当管理且适当监督该业务实施情况"构建"相应的制度以及其他必要措施"(《银行法》第13条之2第1款、第52条之21之3第1款、《金融商品交易法》第36条第2款、《保险业法》第100条之2之2以及第271条之21之2,《金融服务法》第24条等),也就是说,应当着眼于顾客的利益而构建利益冲突管理制度。本章中所称利益冲突,与为了顾客的最佳利益行动相对,广泛包含可能给予金融机构歧视的各种事由和情况。

[2] 参见[日]神作裕之:《以持续发展为目标的社会和信托》,载《信托》2019年第278号,第6页以下。

和公司经营者对受益人或者公司以及其股东负有作为法律义务的信义义务,同时赋予受益人和股东监督纠正经营的权利,如参与信托、股份公司重要的意思决定的权利。

但是,从股权投资来看,实践中出现了一系列新的特征,比如连接起最终投资者和被投资企业的投资链条变得复杂,跨国投资不断增加,股份持有方式和形态也呈现复杂化的倾向,消极机构投资者持股比例不断提升。这些新现象引发了新的问题,比如包括机构投资者在内的股东并没有按照公司法设想的那样行使作为股东基本权利的表决权。这一问题与重视受托人行动和受托人责任这一观点密切相关。换言之,这一问题表现为投资链条中采用消极运用方式管理的金融机关是否在恰当行使股东权利这一形式。与资产所有人、资产管理机构,还有向机构投资者提供投资建议、表决权行使建议的机构是不是法律上的信义义务人无关,世界上出现了要求这些人员承担信义义务的潮流。[1]

3. 信息的提供、受领和利用

金融机构和一般顾客,被投资企业与一般投资者之间存在很大的信息差。在金融领域,如何向顾客和投资人提供信息是重要的课题,实践中通过硬法规定了信息公示义务和说明义务。另外,从事金融商品的销售以及代理、中介业务的机构(以下简称金融商品销售机构)为了向顾客出售适当的金融商品必须先收集顾客的

---

〔1〕 有关受托人责任准则和受托人责任,参见[日]神作裕之:《日本版受托人责任准则与资本市场》,载[日]神作裕之、资本市场研究会编:《企业法治的将来展望——对资本市场制度的改革的建议(2015年)》,财经详报社2015年版,第103页以下。有关企业规范性的问题,参见《日本版受托人责任准则的规范性》,载[日]黑沼悦郎、藤田友敬编:《江头宪治郎先生古稀文集:企业法的进路》,有斐阁2017年版,第1005页以下。有关美国法的情况,参见《资产管理机构的信义义务和受托人责任》,载[日]神作裕之编:《信义义务与利益冲突》,岩波书店2019年版,第216页以下;《合理投资者的准则与受托人活动》,载[日]樋口范雄、神作裕之:《现代信托法:美国与日本》,弘文堂2018年版,第175页以下。

投资目的、财产情况、投资经验等相关信息，然后审查销售、代理、中介的金融商品是否适合该投资者。这被称为适当性管理原则。

与顾客和投资者相关的信息价值日益增长，积极利用这些信息来推动业务的趋势出现。在现代经济社会中，信息本身的价值不断提高。随着金融行业的分化、专业化和全球化进程加速推进，信息的大规模积累不仅会产生新的信息利用方式，如第三方利用和共同利用等多样化的方式，而且会导致信息本身的重要性不断上升。

取得与顾客和投资者相关的信息需要受到来自硬法的个人信息保护法以及各种行业监管法的规制，比如银行对顾客负有保密义务，并应严格处理顾客的信息。[1] 除此之外，近些年对于信息的利用和管理，实践中的处理比法律责任更加严格。无论是根据硬法还是软法，金融机构在处理顾客信息方面的行为规范，包括信义义务或最佳利益原则的适用，都成为一个重要的课题。[2]

4. 软法上的信义义务的应对方式

在上述背景下，金融领域内信义义务的制定和适用成为一个问题。当然，对于这些问题，一些领域已经受到硬法规定的规制，而其他领域则正在构建相关制度。例如，金融监督法已经制定了

〔1〕 有关银行的保密义务或者银行秘密，参见[日]岩原绅作：《银行交易中顾客的保护》，载《金融法论集（上）金融银行》，商事法务 2017 年版，第 159 ~ 168 页；[日]铃木禄弥、竹内昭夫编：《金融交易法纲要第 1 卷：金融交易总论》，有斐阁 1983 年版，第 134 页以下；[日]岩原绅作：《金融机关与利益冲突——我国的方向性》，载《金融法论集（上）》，商事法务 2017 年版，第 226 页以下（首次出处为《金融法研究》2003 年第 19 号，第 5 页以下）。

〔2〕 构建金融监管法上的利益冲突管理制度义务要求“适当管理与该业务相关的信息”（《银行法》第 13 条之 2 第 1 款、第 52 条之 21 之 3 第 1 款，《金融商品交易法》第 36 条第 2 款，《保险业法》第 100 条之 2 之 2 以及第 271 条之 21 之 2，《金融服务法》第 24 条等）。顾客信息的适当管理必须是为了保护顾客的利益。此外，在美国存在将收集、管理、利用信息的人作为信息的信义义务人的讨论[See Jack M. Balkin, *Information Fiduciaries and the First Amendment*, 49 UC Davis L. Rev. 1183（2016）]。此外，Balkin 教授指出，规制处理大量信息的平台经营者，有必要从信义义务和竞争法的配合中实现。

臂长交易规则(arms-length rule),通过硬法来处理这种利益冲突。[1] 除此之外,特定的金融机构还有义务在组织上构建起利益冲突管理制度[2]以应对这一问题。然而,构建利益冲突管理制度通常是原则性规定,应由金融机构自行制定和实施利益冲突政策。因此,有关规则的内容和其实施的有效性往往以软法发挥作用为前提。

传统上软法在金融领域发挥着重要作用。日本证券业协会、日本证券交易所集团自律管理法人是《金融商品交易法》上的自律管理机关,通过制定和运用自律管理规定,对实务操作有很大影响。在资产管理领域,厚生劳动省制定了《与确定给付型企业年金的资产管理相关人的作用及责任相关的指引》[3]。有关受托人责任,2014 年 2 月制定的日本版受托人责任准则规定了资产所有

---

〔1〕 有关银行和特定关系人之间的交易,内阁府令禁止该交易条件与一般的银行交易条件相比给银行带来不利益的交易,也就是臂长交易(《银行法》第 13 条之 2)。除此之外,禁止金融商品交易机构用自己的账户从事优先于委托购买的交易(《金融商品交易法》第 38 条第 9 项),禁止投资建议机构、投资运用机构从事利益冲突行为(《金融商品交易法》第 41 条之 2 第 1 款至第 4 款、第 6 款,第 42 条之 2 第 1 款至第 5 款、第 7 款)。另外,法律上规定了银证分离(《金融商品交易法》第 33 条),禁止以为了母子公司的利益进行不必要的交易为内容的投资建议或者投资运用行为(《金融商品交易法》第 44 条之 3 第 1 款第 3 项、第 2 款第 3 项)。设置这些防火墙规制的目的之一是防止利益冲突。

〔2〕 私法上被课以信义义务特别是忠实义务的人员,比如,受托人(《信托法》第 29 条、第 30 条)、投资建议者(《民法》第 644 条、第 656 条)。金融监管法上负有忠实义务的人员,比如受托人(《信托业法》第 28 条)、投资建议机构(《金融商品交易法》第 41 条第 1 款)、投资管理机构(《金融商品交易法》第 42 条第 1 款)。一般认为忠实义务的内容是追求受益人(顾客)的唯一利益规范。私法上对于金融商品贩卖者施加了说明义务(《金融服务提供法》第 4 条第 1 款),并且也适用适当性管理原则(《金融服务提供法》第 4 条第 2 款)。金融监管法上,金融商品交易机构等负有包括说明义务在内的信息提供义务,并且适用适当性管理原则(《金融商品交易法》第 37 条之 3、第 37 条之 4、第 38 条第 9 项、第 40 条第 1 项,《金融商品交易业府令》第 117 条第 1 款第 1 项等)。

〔3〕 [日]厚生劳动省年金局长:《与确定给付型企业年金的资产管理相关人的作用及责任相关的指引(通知)》(2002 年 3 月 29 日,年发 0329009 号),载 https://www.mhlw.go.jp/file/06 – Seisakujouhou – 12500000 – Nenkinkyoku/0000183838.pdf。

人、资产管理机构、服务提供者（表决权行使建议公司等）的受托人行为规范。受托人责任准则与公司治理准则规定了最佳行动（best practice），要求上市公司制定和公示为促进上市公司与股东之间进行建设性对话而制定的相关制度和措施的方针。[1] 2018年金融厅制定了《投资者与企业对话的指导》[2]，明确了股东与经营者对话的具体要点，与此同时逐步推动表决权行使结果的公示，逐步提升受托人责任准则的实施效果。[3]

随着金融商品不断演化，其结构变得越来越复杂，如何向顾客和投资者提供适当的金融商品和金融服务成为另一个重要问题。顾客信息的收集、管理和利用在各种不同的金融机构和金融业务中都面临挑战。认识到顾客和投资者信息的价值，一方面推动了信息的快速获取、管理和利用，另一方面也引发了如何妥善处理这些信息的紧迫问题。对于这个问题，硬法已经制定了一些规定，例如有关个人信息保护法的规定；对于法人相关信息，也设置了硬法上的信息受领规则，如防火墙规则。同时，软法也在这一领域扮演着重要角色。[4]

---

〔1〕 参见［日］东京证券交易所股份公司：《公司治理准则——为了公司的持续成长与中长期企业价值的提升》（2018年6月1日），原则5－1。

〔2〕［日］金融厅：《投资者与企业对话的指导》（2018年6月1日），载 https://www.fsa.go.jp/news/30/singi/20180601/01.pdf。此外，2021年4月6日修改版被公布，目前正在征集公众意见的程序中，参见 https://www.fsa.go.jp/news/r2/singi/20210611－1/01.pdf。

〔3〕 除了制定作为2014年的日本版受托人责任准则以及2015年东京证券交易所的上市规程附件的公司治理准则之外，与投资链条相关的企业、机构投资者以及金融机构、审计法人提出了最佳行为原则在软法上各种实践的样态的规范，参见［日］池田唯一：《准则：通过制定原则确保市场监管》，载青山学院大学园会计职业研究学会：《会计职业》2018年第13号，第29页以下。该文讨论了上述实践对于提高资本市场的效率以及公正性具有的意义。

〔4〕 典型的应对方针，比如，个人信息保护委员会和金融厅制定的《金融领域有关个人信息保护的指导》，载 https://www.ppc.go.jp/personalinfo/legal/kinyubunya_GL/。

二、信义义务的类型化

在金融领域谈及信义义务的时候,同样面临如何适当管理利益冲突的问题。《顾客本位业务运营原则》规定:"金融机构应当正确把握交易中与客户存在利益冲突的可能性,在存在利益冲突时进行适当处理。金融机构应当为此事先制定具体的应对方针。要求金融机构发现利益冲突并对其进行处理,提前制定相应的方针进行处理。"[1]这一规定将原本要求一部分金融机构设置利益冲突管理制度的硬法规定转化成软法上对一般的金融机构的要求,也彰显了金融机构的最佳行动原则。随着利益冲突变得复杂和多样,与利益冲突相关的行为规范和相关规定变得日益重要,这是强调金融领域的信义义务的理由。

金融领域所谈及的信义义务可以分为 3 个类型。[2]

第一,投资链条中与金融机关、金融机构相关的受托人活动的行为规范。日本在 2014 年 2 月制定了日本版受托人责任准则,并在 2017 年和 2020 年进行了修改。[3] 制定日本版受托人责任准则的目的是希望通过受托人的活动提升被投资企业的企业价值并促进其持续成长,从而实现顾客和受益人中长期的投资回报。将与受托人活动相关的规范定位为软法的原因有以下几点。

---

[1] [日]金融厅:《顾客本位业务运营原则》(2017 年 3 月 30 日制定,2021 年 1 月 15 日修改),规则 3。

[2] 除此之外,以上市公司及其经营者为对象的公司治理准则也十分重要。公司治理准则是《金融商品交易法》上金融商品交易所制定的有价证券上市规程的一部分,可以将其理解为资本市场或者说金融领域中广义的信义义务。但是从内容上来看,其是上市公司经营者的信义义务,因此本章不涉及公司治理准则。

[3] 与受托人责任相关的讨论会,参见《"有责任的机构投资者"各原则〈日本版投资者责任〉:通过与投资的对话促进企业的持续成长(2020 年 3 月 24 日)》(2014 年 2 月 26 日制定,2017 年 6 月 29 日修改),载 https://www.fsa.go.jp/news/r1/singi/20200324/01.pdf。

一方面,受托人责任的目的是希望通过正确行使股东权利提高企业价值。另一方面,通过硬法进行规制并不容易而且并不一定是恰当的。《约翰·凯报告》提道,培育信赖(trust)与尊重观念是资产所有人与资产管理机构的受托人活动的关键词,在此基础上,指出理解顾客的需求和期待,以及进行符合顾客需求和期待的活动构成位于投资链条上的金融机关的信义义务的重要内容。实现信赖和尊重才是受托人的责任,信赖和尊重并不能通过规制实现,政府和监管部分的作用是通过原则化的方式明确期待资产管理机构所作出的行动类型、标准及最佳行动的内涵,并且规定对不遵守上述原则的人采取的施压措施。[1]

对一部分负有作为法律义务的信义义务的金融机构来说,如果将受托人义务作为法定义务,在受托人活动相关的成本高于收益的时候,不仅会产生与受益人利益相反的结果,还可能抵触受益人唯一利益原则。这是因为作为法定义务的受托人义务与作为法定义务的信义义务处于紧张的关系中。虽然与受托人责任不同,但是随着环境、社会和治理(ESG)投资的兴起,美国正在讨论在受托人责任唯一利益原则下,究竟是否应该允许考虑环境、社会和治理要素,如果允许考虑环境、社会和治理要素应该设置什么条件。[2]

---

〔1〕《约翰·凯报告》是 John Kay 应英国政府要求,对英国股份市场的构造问题、上市企业的行动公司治理的问题进行调查分析,在 2012 年公布的报告[The Kay Review of UK Markets and Long-term Decision Making, Final Report(July 2012)]。该报告明确表明,本章谈及的原则是没有法律拘束力的。

〔2〕 Schanzenbach & Sitkoff 教授作出如下解释,以投资回报以外的理由考虑 ESG 的因素违反受托人的唯一利益原则和忠实义务。但是与此相对,以确保投资回报为目的而考虑 ESG 不违反受益人利益唯一原则,而且如果采用的投资战略成本高于可以期待的收益,这一点有合理的文件证明,且定期进行验证,那么也就不违反注意义务。See Max M. Schanzenbach & Robert H. Sitkoff Reconciling, *Fiduciary Duty and Social Conscience: The Law and Economics of ESG Investing by a Trustee*, 72 Stan. L. Rev. 381 (2020)。

此外,即使能够妥善处理与作为法定义务的信义义务关系,投资链条跨越国境,不同国家的资产所有人、资产管理机构甚至表决权建议公司或者不同国籍各种各样的金融服务提供者都参与其中,构成投资链条的不同环节,对于这些提供服务的参与者作出有效的制度安排本身对于一个国家的民事法律或者金融监管法律来说也是非常困难的。[1]

第二,金融商品销售机构在提供金融商品、金融服务时的适当性管理原则。但是值得注意的是,外国法上有关金融商品销售机构的适当性原则是通过硬法进行规定的。有关基于信义义务的适当性管理原则将在后文进行说明。

第三,要求金融机关、金融机构等建立信息管理的适当制度以及包括内部管理在内的控制机制。现代社会信息的财产价值不断升高,可以预想到企业对于信息的利用将不断增加。金融本身就是信息产业,要求其设立相应的制度和行为规范具有合理性。硬法为了保护个人信息制定个人信息保护法,为了保护法人的信息,设置了保密义务、内幕信息以及与法人相关信息管理的规定。随着银行和证券相分离规制的缓和,还设置了比较法上少见的规定,如设置防火墙规则,《金融商品交易法》设置了禁止信息接收

---

〔1〕 有关受托人责任准则,参见[日]神作裕之:《日本版受托人责任准则与资本市场》,载[日]神作裕之、资本市场研究会编:《企业法治的将来展望——对资本市场制度的改革的建议(2015年)》,财经详报社2015年版,第103页以下。有关企业规范性的问题,参见《日本版受托人责任准则的规范性》,载[日]黑沼悦郎、藤田友敬编:《江头宪治郎先生古稀文集:企业法的进路》,有斐阁2017年版,第1005页以下。有关美国法的情况,参见《资产管理机构的信义义务和受托人责任》,载[日]神作裕之编:《信义义务与利益冲突》,岩波书店2019年版,第216页以下;《合理投资者的准则与受托人活动》,载[日]樋口范雄、神作裕之:《现代信托法:美国与日本》,弘文堂2018年版,第175页以下。

等规定。[1] 即使在没有法律规制的领域,由于金融公司与顾客之间存在信息差,信息自身拥有相当的财产价值,而且市场上也存在不通过法律实现控制力的需求,因此也存在对与信息的收集、管理和利用相关的行为规范的讨论。[2] 在引入这种行为规范时可以信义义务或者最佳利益原则为依据。

三、"顾客本位业务运营原则"与适当性管理原则

日本法上以原则性规定的方式制定了"顾客本位业务运营原则",该规则体现了金融机构信义义务。本部分将聚焦于基于上述经营原则产生的适当性管理原则进行讨论。

1. 硬法上的适当性管理原则

适当性原则经常被分类为狭义适当性管理原则和广义适当性管理原则。[3] 广义的适当性管理原则是指在对所需要说明的事项进行说明时,必须按照顾客的知识、经验、财产的情况以及签订购买该金融商品的合同的目的,采用该顾客能够理解的必要方法和程序对重要事项进行说明。判例法将该规则作为民法上的规则予以广泛认可。除此之外,该原则在《金融服务提供法》上也被作为民事规则进行明文规定,金融商品销售机构在违反相关规定时

---

〔1〕 金融审议会市场制度工作组对防火墙规则特别是信息受领规则进行了修改。在防火墙规则中,禁止非公开信息的接收会阻碍金融集团提供多样化高质量的金融服务,降低隶属银行和金融商品交易机构的工作人员兼职的效率,在认识到这一点后,有学者提出限制性的解释论。参见[日]岩原绅作:《防火墙规则的现状》,载《金融法论集(下)信托、保险、证券》,商事法务 2020 年版,第 458 页以下;《利益冲突管理制度的设置与信息隔断》,载金融商品交易法研究会编:《金融商品交易法制的潮流》,日本证券经济研究所 2015 年,第 171 页以下。

〔2〕 参见《有关顾客信息利用的行为规范的现状》,载《金融研究》2021 年第 40 卷第 1 号,第 27 ~ 29 页。

〔3〕 参见[日]金融审议会第一部会:《中间整理(第一次)》(1999 年 7 月 6 日),第 17 ~ 18 页。

负有损害赔偿责任,该损害是推定的(《金融服务提供法》第 4 条第 2 款、第 6 条、第 7 条)。[1] 广义的适当性管理原则也是行业监管规则。在《金融商品交易法》上,广义的适当性管理原则通常与合同订立前的书面文件交付义务结合在一起规定。金融商品交易机构在交付订立合同前的书面文件时如果没有根据顾客的知识、经验、财产状况以及签订金融商品交易合同的目的以能够让顾客理解的必要方法和程度进行说明,那么就不能订立金融商品交易合同(《金融商品交易法》第 38 条第 9 款、《金融商品交易业府令》第 117 条第 1 款第 1 项)。《金融商品交易法》上的广义适当性管理原则是对订立合同前交付书面文件的补充。此外,《金融商品交易法》上的广义适当性管理原则对于与金融商品交易合同具有相同经济功能和风险的金融商品按照相同功能的商品实施相同规制的这一原则实施功能监管,在其他的金融监管法中对具备投资性的金融商品如特定存款合同、特定保险合同、特定信托合同准用这一规定。[2]

与此相对,狭义的适当性管理原则是指,金融商品销售机构不得进行不符合顾客的知识、经验、财产情况和投资目的的劝诱。与广义适当性管理原则的区别在于,即使进行了说明并被认为已经

---

〔1〕 日本 2020 年将《金融商品贩卖法》修改为《金融服务提供法》。《金融服务提供法》是根据 1998 年 6 月《新金融潮流座谈会论点整理》和 1999 年 12 月 21 日金融审议会第一部会《中间整理(第二次)》的建议在 2000 年 5 月制定的。该法规定了在销售存款、保险、有价证券等金融商品时金融机构必须说明的法定事项,在没有对这些事项作出说明时,有关该金融商品的跌破净值的部分推定为损害额,金融业需承担损害赔偿责任,该规定是民法上的损害赔偿的特别规定。此外,该法规定了金融商品贩卖机构广义的适当性管理原则。金融商品贩卖机构需提前制定劝诱的方针,在该劝诱方针中根据被劝诱者的知识、经验、财产情况和签订该金融商品的贩卖合同的目的规定需要注意的事项,并且立刻进行公布(《金融服务提供法》第 10 条)。

〔2〕 参见《银行法》第 13 条之 4、《银行法施行规则》第 14 条之 11 之 30 之 2 第 2 项、《保险业法施行规则》第 52 条之 13 之 247 第 2 款、《信托业法》第 24 条之 2、《信托业法施行规则》第 30 条之 26 第 2 项。

尽到了说明义务，此时仍旧禁止向顾客出售不适当的金融商品。民法上也通过判例承认了狭义适当性原则。但是，单独认定适当性管理原则而肯定销售机构的侵权责任的只有以下两种情形：[1]第一，顾客因为精神上的障碍而认知判断能力不足；第二，该投资可能会危及顾客将来生活的必要资产。[2] 作为机构监管规定的狭义适当性管理原则是一种禁止规则，其禁止金融商品交易机构对照顾客的知识、经验、财产状况以及签订金融品交易合同的目的被认为不适当的行为（《金融商品交易法》第 40 条第 1 款）。此外，《金融商品交易法》第40 条第 1 款规定了狭义的适当性管理原则，该规定也准用于特定存款合同和特定保险合同，但是并不准用于特定信托合同。然而，《信托业法》规定，受托人必须按照委托人的知识、经验、财产的状况以及信托合同的签订目的接受适当的信托委托。[3]

2. 比较法

(1)美国法

基于《多德—弗兰克法案》第 913 条(g)的规定，美国证券交

---

〔1〕 参见[日]潮见佳男：《违反适当性管理原则导致的损害》，载[日]现代民事判例研究会编：《民事判例 5》，日本评论社 2012 年版，第 6 页。

〔2〕 参见《金融商品交易法》第 171 条之 2 的规定，没有登录第一种金融商品交易业或者第二种金融商品交易业的未登录机构大量出售未公开的有价证券时，签订的与该有价证券出售有关或者因为该出售行为签订的合同（对象合同）原则上是无效的。但是如果无登录机构可以证明与该顾客的知识、经验、财产状况以及签订该对象合同的目的相对照，该出售行为并不缺乏对顾客的保护，而且该出售行为也不是不当利得，该合同并不会无效。这里举证责任倒置，无登录机构负有证明责任，参见[日]岸田雅雄监修、神作裕之、弥永真生、大崎贞和编：《注释金融商品交易法》第 4 卷（改订版），金财 2020 年版，第 307 ~ 308 页。由于没有登录金融商品交易业的无登录机构利用"马上上市就能大赚一笔"这种商业话术出售未公开股给购买人造成损失的事件频频发生，为了应对这一社会问题而在 2011 年新设相关规定。

〔3〕 参见《信托业法》第 24 条第 2 款、《银行法》第 13 条之 4、《银行法施行规则》第 14 条之 11 之 30 之 2 第 2 项、《保险业法施行规则》第 52 条之 13 之 247 第 2 款、《信托业法》第 24 条之 2、《信托业法施行规则》第 30 条之 26 第 2 项。

易委员会制定了最佳利益原则(regulation best interest)[1],规定了经纪自营商(broker dealer)的行为规范(《美国证券交易所法》§240.15.1－1)。与投资建议机构不同,以往美国法不把经纪自营商作为信义义务人。但是,对照经纪自营商所从事业务的实际情况,发现其与投资建议机构的法律地位相比存在巨大的差异,因此对经纪自营商的义务进行了修改。

最佳利益原则不仅要求经纪自营商为个人顾客的最佳利益行动,还要求其在履行信息公开义务、注意义务、与利益冲突相关的义务以及遵守义务的时候,必须履行为了顾客的最佳利益行动的义务。其一方面对最佳利益原则制定了相当详细的规范(rule-based),另一方面以原则规定方式(principle-based)确保了经营自营商广泛的裁量自由,从而保证了规定的灵活性。这可以说是一种折中性的规定。[2]

信息公开义务是指必须完全且公正地公开利益冲突存在的重要事实、手续费、费用,如果投资战略中存在限制,也必须公开其限制,以及推荐相关的全部重要事项。

注意义务要求尽到合理的注意和运用相应的技能,具体表现如下:①理解推荐产品的风险、利益和成本,至少是符合个人顾客的最佳利益;②对照所推荐商品的风险、收益和成本,该推荐符合个人顾客的投资组合和该顾客的最佳利益,且没有优先考虑该经纪自营商及其关系人的利益;③不仅是每项交易都要符合个人顾客的最佳利

---

〔1〕 See Securities Exchange Act §240.15.1－1(a)－(b); SEC, 17 CFR PART 240, Release No.34－86031; File No. S7－07－18, RIN 3225－AM35; The broker－Dealer Standard of Conduct, 5 June 2019. 有关美国法上的最佳利益原则,参见[日]小出笃:《美国投资商品的销售与信义义务》,载[日]神作裕之编:《信义义务与利益冲突》,岩波书店2019年版,第252～254页;[日]松元畅子:《金融领域的"Fiduciary"用语的考察》,载[日]能见善久等编:《信托法的新时代》,弘文堂2017年版,第75～79页。

〔2〕 See Securities Exchange Act §240.15.1－1(a)－(b); SEC, 17 CFR PART 240, Release No.34－86031; File No. S7－07－18, RIN 3225－AM35, p.662.

益，一连串的交易从整体来看都要符合个人顾客的最佳利益，且没有优先考虑该经纪自营商的利益，才可以被认为尽到了注意义务。

有关利益冲突义务问题，①截至推荐之时，已经识别出与该推荐相关的全部利益冲突，然后通过书面方式进行完整和公正的披露或缓和该利益冲突；②识别出推荐的有价证券和投资战略是否存在重大限制，对该信息进行披露；③在进行推荐的时候，对可能会产生使该经纪自营商及其关系人将自己的利益优先于个人顾客的所有利益冲突进行规定，缓和该利益冲突；④认识到特定证券在特定期间包括销售竞争、销售目标以及销售提成在内支付的全部报酬，并且有义务排除。

为客户最佳利益行动义务是指在信息公开义务、注意义务、利益冲突相关义务履行相关方针手续之外，为了遵守相关规定用书面方式规定经过合理设计的方针和手续，并实施这些方针和手续。

从内容上看最佳利益原则和金融交易业监管机构（FINRA）制定和适用的自律监管规定与适当性管理规定十分相似。基于最佳利益原则的注意义务必须基于合理的根据作出是否符合适当性的判断，特定的顾客可能存在适当性管理义务的问题，因此不仅单个交易必须符合适当性管理原则，还要求连续的一系列推荐交易行为从整体来看也不能是过度交易，就这点来看，其沿用了金融交易业监管机构的适当性管理规则。[1]

---

〔1〕 FINRA Rule 2111 (Suitability); Regulatory Notice 11 – 25, Know Your Customer and Suitability – New Implementation Date for and Additional Guidance on the Consolidated FINRA Rules Governing Know – Your – Customer and Suitability Obligations (May 2011); Regulatory Notice 12 – 25, Additional Guidance on FINRA's Rule (July 2012); Regulatory Notice 12 – 55, Suitability Guidance on FINRA's Suitability Rule (Dec, 2012). 金融交易业监管机构按照最佳利益原则修改了适当性管理规则，现行的金融交易业监管机构 2111 规则并不适用于适用最佳利益原则规则的交易推荐[Regulatory Notice 20 – 18, FINRA has amended its suitability rule, Non-cash Compensation and Capital Acquisition Broker (CAB) Rules in Response to Regulation Best Interest]。

最佳利益原则和适当性管理原则之间也存在很大的不同。第一,基于最佳利益原则产生的注意义务采用最佳利益原则,而金融交易业监管机构确定的规则被称作适当性管理规则。最佳利益原则扩张了过去基于金融交易业监管机构规则确立的适当性管理规则,制定了自营经纪商的行为规范标准,要求其做出符合个人投资者合理期待的行为。[1] 具体而言,适当性管理原则不仅适用于买卖有价证券的推荐阶段,包括账户变更在内的与账户相关的投资战略的推荐也适用适当性管理原则,此外,基于账户监测的合意进行默示和"一揽子"推荐的行为适用适当性管理原则。从上述两点来看,最佳利益原则比金融交易业监管机构规则的适用范围更加广泛。[2] 第二,金融交易业监管机构的适当性管理原则几乎是为了应对上述注意义务而设置的规则,与此相对,最佳利益原则增加了披露义务、利益冲突相关的义务和遵守义务。第三,义务本身也变得更加严格。上述披露义务要求完全且公正地披露与利益冲突相关的所有重要事实。上述注意义务以做出符合顾客最佳利益的行为所需要的注意义务标准,要求使用合理的关切、注意以及技能,对自营经纪商可能将自己利益优先于个人顾客的推荐行为相关的利益冲突进行特定化处理,并缓和这种利益冲突,还要求有合理的根据让人相信该自营经纪商及其关系人没有将自己的利益优先于个人顾客。更进一步,上述利益冲突相关的义务,将构建和运用利益冲突管理制度、缓和产生利益冲突的情形作为义务,除此之外还禁止销售竞争、规定销售业绩和发放提成的做法。

最佳利益原则不仅将金融交易业监管机构规定的自律管理原

---

〔1〕 See Securities Exchange Act §240.15.1-1(a)-(b); SEC, 17 CFR PART 240, Release No. 34-86031; File No. S7-07-18, RIN 3225-AM35s, p.5,661.

〔2〕 See Securities Exchange Act §240.15.1-1(a)-(b); SEC, 17 CFR PART 240, Release No. 34-86031; File No. S7-07-18, RIN 3225-AM35, p.556-557.

则、适当性管理原则提高到硬法的高度，扩展了该原则的适用范围，与此同时将原则导向式方法和规则导向式方法结合起来，对从事推荐行为的自营经纪商的行为规范作出规定，而且要求对利益冲突进行披露和采取消除利益冲突的措施，构建了更加深入的行为规范标准。此外，其通过规定遵守义务增加了组织上的处理义务，这一点也值得注意。

(2)德国

①一般义务

德国法上投资建议的定义与日本和美国相比在范围上有很大不同，范围相对广泛。投资建议是指与委任规则(EU)2017/565第9条所称对顾客或者其代理人进行的有关金融商品的个别推荐，该推荐基于顾客的情况作出，是适合该顾客的推荐(《有价证券交易法》第2条第8款第10项)。德国法下收取特别报酬并不是构成投资建议业务的要件。德国法上的投资建议业务并不要求收取特别的报酬，通常与有价证券的投资中介和经纪等有价证券服务一起提供。出于这个原因，如果证券公司在有价证券劝诱过程中提供了投资建议服务，很多情况下也事前取得了投资建议业的许可。因此德国法上的适当性管理原则主要是投资建议业的问题。

投资建议业是金融服务业(《信用制度法》第32条)，也是有价证券服务业(《有价证券交易法》第32条第1款)。有价证券服务机构除了负有作为金融服务提供机构构建内部管理制度以外，《有价证券交易法》还规定了其他的监管规则。有价证券服务机构负有诚实、公正以及作为专家维护顾客的最佳利益的一般义务(该法第64条)以及构建利益冲突管理制度的义务(该法第80条第1款第1项、第2项)。

②金融商品治理

德国资本市场法受到很强的欧洲法的影响。欧洲通过金融商品市场指令Ⅱ(MiFID Ⅱ)导入了金融商品治理的概念。[1] 金融商品治理是指,金融商品开发者应该在确定哪些顾客是销售对象后设计和开发金融商品,确定销售战略,向销售机构提供有关金融商品和目标顾客的信息。销售机构将向金融商品开发者反馈在实际销售过程中获得的信息,然后在获得这些信息后,金融商品开发者重新修正之前目标顾客群体、销售战略和该金融商品的商品性。金融商品治理的目的是防止有害投资者的金融商品的开发和流通,在金融商品的劝诱和销售阶段、设计开发阶段也适用适当性管理原则。[2]

金融商品治理要求金融商品开发设计者根据顾客的属性出售金融商品,缩小投资者群体范围。通过这种方式确定的市场称为目标市场。金融商品设计开发者必须在确定目标市场之后,设计开发符合该目标市场的投资者群体需求、投资目的以及经济负担的金融商品。此外,设计开发者必须定期观察所预设的目标市场,还必须考虑所有可能带来损失或者价值毁损的风险和事由。基于上述的观察和考虑,金融商品设计开发者必须向销售机构提供该金融商品的目标市场、销售战略、销售渠道、金融商品的内部管理部门的同意程序相关的信息。金融商品贩卖机构基于从金融商品设计开发人处获得的信息验证该金融商品是否真的符合预期目标市场的顾客的属性,并向设计开发者提供相应的反馈。德国法通

〔1〕 See Directive 2014/65/EU of the European Parliament and of the Council of 15 May 2014 on Markets in Financial Instruments and Amending Directive 2002/92/EC and Directive 2011/61/EU(MiFID Ⅱ).

〔2〕 参见 MiFID Ⅱ, paragraph 71, Article 16 and 24。

过《有价证券交易法》的修改将金融商品治理变成了国内法。[1]

③适当性管理原则

德国法上的适当性管理原则是采用规则基础方法制定的,有很多详细的具体规则。该规则是接受《金融市场商品指令Ⅱ》的委托制定的,通过可以直接适用于欧盟各国的EU规则[2]制定了包括"了解你的顾客"规则(know your customer rule)和适当性审查等详细规则。提供投资建议的有价证券服务机构根据收集到的顾客的信息作出该金融商品或者有价证券服务并不适合该顾客的判断时,必须告知顾客这一信息(《德国有价证券交易法》第63条第10款)。另外,有价证券服务机构提供投资建议时必须向该顾客提供适当的金融商品或者有价证券服务(《德国有价证券交易法》第64条第3款)。有价证券服务机构在将《德国有价证券交易法》预期的顾客类型分类为一般投资者、专业投资者和合格投资者后,应基于后面所提到的顾客信息审查适当性。适当性审查是指,就某一项具体的交易,从顾客的投资目标、顾客对投资风险的耐受度以及经济负担能力等观点进行判断,同时判断该顾客凭借其所有的知识能否理解该风险。该规则与《金融市场商品指令Ⅱ》规定一致,要求在审查适当性时,应当审查承担风险损失能力和对风险的耐受能力(《德国有价证券交易法》第64条第3款第2项)。

提供投资建议服务的有价证券服务机构应该从顾客处收集到

---

〔1〕 参见《德国有价证券交易法》第63条第4款、第5款,第80条第9款至第13款。

〔2〕 Commission Delegated Regulation (EU) 2017/565 of 25 April 2016 supplementing Directive 2014/65/EU of the European Parliament and of the Council as regards organizational requirements and operating conditions for investment firms and defined terms for the purposes of that Directive, C/2016/2398, OJ L 87, 31. 3. 2017, p. 1 – 83.

的信息包括：①通常的收入来源以及金额；②包括流动资产、投资商品、不动产在内的现有资产金额；③通常的金融债务；④与客户投资目标相关的信息，投资期间、风险偏好、风险预测以及与投资目的相关的信息(《德国有价证券交易法》第 63 条第 10 款)。因为专业投资者拥有理解交易风险所必要的知识和经验(EU 规则第 56 条第 1 款)，所以针对专业投资者收集的信息仅限于投资目标和财务情况。合格投资者不适用“了解你的客户”规则(《德国有价证券交易法》第 68 条第 1 款)。

如果顾客明确拒绝提供必要信息，投资建议机构就不能进行推荐。此外，提供投资建议的有价证券服务机构在没有收集到必要的信息时，不能进行推荐且必须告知投资者无法提供建议(EU 规则第 54 条第 8 款)。在顾客提供了不适当的信息的情形下，有价证券服务机构不知道这一情况，或者不能认为该信息是明显错误信息时，可以提供建议服务(EU 规则第 55 条第 3 款)。

EU 规则还详细规定了推荐是否适当的判断标准(EU 规则第 54 条第 2 款)：第一，推荐的金融商品是否与顾客的投资目标特别是投资目的和对风险的忍受度相适配；第二，对该顾客来说是否为经济上可以承担的投资风险；第三，顾客凭借其拥有的知识和经验是否能理解该投资风险，在作出上述判断后能否审查适当性。这是因为在进行推荐的时候必须同时考虑顾客的个别情况和金融商品本身。监管法上的适当性审查义务几乎是与通过判例法发展起来的民事法上向投资者提供适当的投资建议的规范相对应的。

值得注意的是，投资建议机构必须在进行有价证券交易之前向顾客交付适当性报告书；但是，通过远距离通信手段交易有价证券的，事前可能无法交付适当性报告书，如果可以取得顾客对在签订合同后立刻交付适当性报告书的同意，并且可以保证顾客在收到适当性报告书后进行交易，那么此时可以作为例外允许签订合同后交付适当性报告书(《有价证券交易法》第64条第4款)。适当性报告书需要记载机构提供的建议的概要以及推荐是否以及在何种程度上符合顾客的偏好、投资目的以及顾客属性。通过适当性报告书，顾客可以获得一个重新考虑的机会，重新思考推荐的金融商品是否真的适合自己，以及在多大程度上适合自己。适当性报告书的内容、方式和样式在规则中有详细的规定(EU规则第54条第12款)。顾客在提起民事诉讼时，可以将适当性报告书当作证明手段。适当性报告书制度虽然并没有使用有利于顾客的举证责任倒置规则，但是提供适当性报告书是金融监管法为了保护顾客而规定的投资建议机构的义务，不能在诉讼中作为对抗顾客的证据。

3. 顾客本位业务运营原则与适当性管理原则

(1)顾客本位业务运营原则的历史沿革与性质

金融审议会议会市场工作会组在2016年12月公布的报告中建议制定顾客本位业务运营原则。为了实现最佳行动，以原则基础方法制定顾客本位业务运营原则，呼吁金融机构采用这一原则，希望金融机构认真考虑基于该原则到底什么才是顾客的利益，在共同竞争中提供更好的金融商品和金融服务。[1]

2017年3月金融厅制定并公布了顾客本位业务运营原则。[2]该原则可以说是将金融机构的信义义务以原则基础方法作出了规范化的规定。

---

〔1〕 参见[日]金融审议会:《市场工作会报告:为了形成国民安定资产采取的措施以及围绕市场和交易所进行的制度构建》(2016年12月22日)。

〔2〕 参见[日]金融厅:《顾客本位业务运营原则》(2017年3月30日制定,2021年1月15日修改),在历史背景中记载为以客户为中心的业务运营(信义义务),明确了该原则是基于信义义务而提出的。该原则的历史沿革参见 https://www.fsa.go.jp/news/r2/singi/20210115-1/02.pdf。

在该原则被制定之前,2008 年 4 月金融业界和金融厅对 14 项业务达成了金融服务业中的原则的合意。[1] 该文件包含了金融服务利用者保护相关的原则。该原则聚焦于金融服务业原则中金融机构对顾客所负有的信义义务,重新确认相关的规范,并从中抽取出详细的规则制定了实务指导性规则。[2]

顾客本位业务运营原则不仅要求制定和公布实现顾客本位的方针,还要求披露采取措施的情况。顾客本位业务运营原则 1 要求金融机构在制定和公布为实现顾客本位的业务运营的明确方针的同时,还应该定期公布已经采取的相关措施的信息。为了实现更好的业务运营,该方针需要定期进行修改,也就是说,顾客本位业务运营原则不是遵守或解释的规则(comply or explain),而是采用了遵守和解释(comply and explain)规则。截至 2020 年 12 月末,采用并公布该原则的金融机构一共有 2098 家。[3]

(2)基于顾客本位业务运营原则的适当性管理原则

顾客本位业务运营原则 6 规定,"金融机构应当把握顾客的资产状况、交易经验、知识以及交易目的和需求,开发设计、销售、推荐对顾客来说是适当的金融商品或者金融服务"。2020 年 8 月金融审议会公布的《市场 WG 报告书》提出:"从事金融商品和金融服务劝诱的金融机构应当:(i)适当把握金融商品和金融服务的内容;(ii)正确把握顾客的属性和交易目的;(iii)有证明金融商品和金融服务的内容是适合顾客的属性和交易目的的合理依据,没有

---

〔1〕 这里所说的原则是指各大金融机关在执行业务时或者有关部门在行政时应该尊重的、在法律等个别规则基础中的主要行为规范和行动原则。参见[日]金融厅:《金融服务业中的原则》,载 https://www.fsa.go.jp/news/19/20080418-2/02.pdf。

〔2〕 参见[日]佐藤隆文:《资本市场与原则》,日本经济新闻出版社 2019 年版,第 112 页。

〔3〕 参见[日]金融厅:《为了扩大和落实顾客本位业务运营原则采取的措施》(2021 年 4 月 12 日)。

做到上述三点而进行的劝诱行为可能会被认为不符合适当性管理原则。"[1]受到该观点的影响,2021 年 1 月该原则进行了修改。

虽然顾客本位业务运营原则 6 没有进行修正,但是有关该原则 6 的解说进行了大幅修改,增加了解说 1 ~ 解说 4。解说 1 要求金融机构在销售和推荐金融商品和金融服务时:①在确认顾客的意向之后,首先要考察符合顾客生活计划的目标资产额、安全资产和投资性资产的适当比例,基于这一判断向客户提供具体的金融商品和金融服务的建议;②有关具体金融商品或者金融服务的建议,必须超越行业监管法的限制,与类似商品和服务、替代商品和服务的内容(包括手续费)进行比较后提供金融商品和服务;③在出售金融商品或金融服务后,应当基于顾客的意向,考虑到顾客的长期计划进行适当的事后帮助服务。解说 2 提道,金融机构在向顾客销售包含复数金融商品或者金融服务的打包商品时,应当注意整个打包交易对顾客来说是否适当。解说 3 提道,负责设计开发金融商品的金融机构应当在设计开发金融商品时,基于金融商品的特征,在特定和公布预计的销售目标的同时,负责销售的金融机构应当按照设计开发者预想的方式进行销售。解说 4 提道,销售或者建议的是复杂并且具有高风险的金融商品或者顾客是容易遭受金融交易损害的对象时,应当更加谨慎地对照金融商品或者顾客的属性进行适当性审查。

顾客本位业务运营原则 6 与原则 5 之间有很密切的关系。原则 5 的解说 1 提道:①对顾客进行销售、推荐并且参与了金融商品设计开发的金融机构所预计的顾客对象的属性;②证明该交易是

---

〔1〕［日］金融审议会:《市场工作组报告书——顾客本位的业务运营进展》(2020 年 8 月 5 日),载 https://www.fsa.go.jp/singi/singi_kinyu/tosin/20200805/houkoku.pdf。

符合顾客的需求以及意向的理由，这些作为重要事项是提供信息的对象，也是选择相应金融商品和服务的理由。这是因为设计开放金融商品的金融机构需要按照设计的顾客属性，适当性审查相关的信息。

(3)顾客本位业务运营原则与《金融商品交易法》上的适当性管理原则的异同

第一，《金融商品交易法》上的适当性管理原则是法律规范，与此相对顾客本位业务运营原则上的适当性管理原则并不具有法律效力，该原则是最佳行动原则的体现。但是，两者的规范有重叠的部分，违反该原则也可能违反《金融商品交易法》。

第二，《金融商品交易法》上的适当性管理原则适用于劝诱金融商品交易的情形，但是基于顾客本位业务运营原则产生的适当性管理原则不仅着眼于金融商品的设计开发阶段，还要求设计开发者在明确目标顾客属性后设计开发金融商品，通过销售机构对顾客披露目标顾客属性。值得注意的是，在这里金融商品的设计开发程序与劝诱、销售程序连接了起来。要求金融商品的设计开发者检查金融商品销售者向顾客劝诱销售的是否为符合目标顾客群体属性的金融商品，然后金融商品销售机构基于顾客的需求、意向和属性，向顾客表明适当性审查的理由。顾客本位业务运营原则5和原则6要求金融商品的设计开发机构和销售机构之间增加交流，即使在金融商品的设计开发阶段也要求其注意到适当性管理原则，并互相进行信息交换，提高适当性管理原则的实际效果。也就是说，要求金融商品的设计开发者在设计开发阶段基于该金融商品的特性，对销售对象进行特定并公开的顾客属性，督促销售机构遵守这一标准进行销售，同时要求金融机构对该金融商品以及对照预计的顾客属性对适当性进行审查。这一点和前面所说欧盟的《金融市场商品指令Ⅱ》的思考方式相近。

第三，金融监管法对金融商品交易机构等，也就是金融商品交易机构和登录金融机关、银行以及保险公司课以《金融商品交易法》上的适当性管理原则的行为规范，而基于该原则产生的适当性管理原则作为一般性原则，广泛适用于采纳了该原则的金融机构。

第四，虽然《金融商品交易法》上没有作出要求，该原则要求告知顾客被推荐和销售的金融商品的适当性审查理由，这是最佳行动原则的要求。这和欧盟法上的适当性报告书制度有类似的功能。适当性报告书的功能在于让顾客重新考虑销售机构向其进行的劝诱销售行为是否真的适合自己，在产生争议的时候也可以成为对其有利的证明手段。披露适当性审查也希望能达到相同的效果。

4. 金融厅的监督指针

金融厅 2021 年 1 月修改了《面向金融商品交易机构的综合监督指针》，该指针在“适当性管理原则和诚实公正义务”这一标题下要求确保前述《金融商品交易法》上的适当性管理原则，还要求有证明金融商品和金融服务的内容符合顾客的属性和交易目的的合理依据。另外，基于金融商品交易机构等的诚实公正义务，该监督指针还要求金融商品交易机构“作为投资劝诱的前提，确立可以把握提供的金融商品内容是适当的制度”，以及“确立可以正确把握顾客属性及交易实际情况的顾客管理制度”。[1] 此外，该指针要求采取包含内部管理部门检验在内的组织内部的应对措施。该监督指针设置这些行为规范和组织上的义务的依据是《金融商品交易法》上的适当性管理原则和金融商品交易者等的公正诚实义

〔1〕 参见［日］金融厅：《面向金融商品交易机构等的综合监督指针》，载 https://www.fsa.go.jp/common/law/guide/kinyushohin/。

务。基于顾客本位的业务运营原则规定的适当性管理原则的适用范围极大程度地超越了金融法上的适当性管理原则,但是基于软法规范的该原则产生的适当性管理原则可能也可以成为金融厅和金融机构之间进行交流的一个契机。

2021 年 4 月 12 日,金融厅要求采用该原则的金融机构针对顾客本位业务运营原则 2 ~ 7 的各项内容采取了什么样的措施作出一一对应的说明并提交报告书,然后对所提交的报告内容进行确认,并对明确采取了应对措施的金融机构列表公示,公布其所采取的方针。[1]

金融厅的监管基于顾客本位业务运营原则所要求的披露制度以及源于信息披露的金融机构之间的对话交流,这可能会进一步促成深入的对话交流。与此同时,通过强化信息披露也可以更好发挥市场规律和顾客选择的作用。[2]

5. 违反该原则的法律效果

第一,违反顾客本位业务运营原则规定的适当性管理原则时,也可能违反《金融商品交易法》上的适当性管理原则或者诚实公正义务。顾客本位业务运营原则 6 规定的适当性管理原则被认为是该原则 2 的具体表现,"金融机构应当保持高度的专业性和职业伦理道德,对顾客负有诚实公正执行业务的义务,谋求顾客的最佳利益"。诚实公正原则是《金融商品交易法》上的义务,适当性管

〔1〕 金融厅比较分析了金融机构的良好行为和恶劣行为,在主页上进行公示,希望通过这种方式可以向顾客传递便于理解的信息。参见[日]金融厅:《为了扩大和落实顾客本位业务运营原则采取的措施》(2021 年 4 月 12 日)。

〔2〕 参见[日]佐藤隆文:《资本市场与原则》,日本经济新闻出版社 2019 年版,第 74 ~ 86 页。资本市场的管理由监管部门以及自律管理机关的管理、市场自发的管理和市场参加者自身的管理三部分构成,通过原则性规定的制定以及公开,监管部门可以与市场参与者共享规范,通过遵守或(和)解释推动信息披露以实现市场管理功能,通过自己管理对原则进行实质的解释运用,期待其做出符合法律精神的行动。

理原则是《金融商品交易法》规定的法律规范，因此违反该原则的适当性管理原则，也可以构成违反《金融商品交易法》的行为，[1]同时会产生金融监管法上的法律效果。

第二，行业监管法、监督法和自律管理规则所规定的社会规范也可能会对侵权法上的注意义务范围和程度作出规定。在对侵权行为法上的注意义务范围和程度进行解释时，也会参考顾客本位业务运营原则6以及该原则中的解释。特别是该原则规定的适当型管理原则表现为最佳行动原则而为人所知，实务中积累了很多经验，可能会提高金融机构的注意义务标准，使追究因为违反广义适当性管理原则而构成的侵权行为的法律责任更加容易。

第三，明显脱离适当性管理原则的证券交易的劝诱行为在民法上可能会构成侵权行为。[2] 在日本最高法平成17年（2005年）7月14日民集59卷6号1323页案件裁判时，还没有适当性管理原则的明文规定，法院作出如下判断："虽然没有关于适当性管理原则的明文规定，但是在大藏省证券局的通知、证券业协会的公正习惯规则中存在与该原则内涵一致的规范。虽然这些是公法上的业务规制、行政指导或者自律监管规定，但是证券公司的负责人违反顾客的意向和实际情况，对客户进行了过大风险交易的劝诱，是明显背离适当性管理原则所做出的劝诱行为，该行为应当被认为是侵权行为法上的侵权行为。"这表明违反行业监管法和监督法的规范，或者违反自律监管机构制定的自律规范这样的软法规范的行为也可能构成侵权行为法上的侵权行为，从而产生损害赔偿责任。但是也存在批判性意见，该案中确立的显著违反适当性管

[1] 参见［日］金融审议会：《市场工作会报告：为了形成国民安定资产采取的措施以及围绕市场和交易所进行的制度构建》（2016年12月22日），第11页。

[2] 最判平成17年7月14日民集59卷6号，第1323页。

理原则的法理在实践中并没有得到充分利用,未能实现投资者保护这一目的。

第四,违反狭义适当性管理原则会导致销售该金融商品的合同效果不归属于顾客的法律效果。民法上如果违反了狭义的适当性管理原则,应该否定该合同的效力。现在的判例虽然采取的是基于公序良俗使金融商品交易归于无效的限定解释,但是如果适当性管理原则作为最佳行动被确立起来,那么违反狭义适当性管理原则签订金融商品交易合同也应该在民法上否定其效力。

四、结语

金融是未来现金流的交换,从这一定义上看其本质就具有不确定性。因此,确保预测可能性和计算可能性以及信赖保护是重要的课题。近年来日本制定了很多相关的软法规范。这一动向对金融领域的信赖保护具有重要意义。通过硬法确保和培育信赖的确存在较大的局限性,因此上述发展方向具有一定合理性。

但是,仅凭借软法是否能确保和培育信赖也存在疑问。实践中存在仅凭借软法无法实现上述效果的领域。金融交易中顾客与金融机构之间就适当性管理原则这一问题容易产生纷争,欧盟法下不仅规定了适当性管理原则,还在法律上规定了金融商品治理、适当性报告书等提高适当性管理原则实效性的义务和制度。另外,迄今为止通过自律监管规范规定适当性管理原则的美国,在2019年以后通过确立最佳利益原则将其变成硬法上的规范。〔1〕显然,实践中存在无法仅依靠软法就实现上述目的的情形。

---

〔1〕 相关文献参见[日]小出笃:《美国投资商品的销售与信义义务》,载[日]神作裕之编:《信义义务与利益冲突》,岩波书店2019年版,第252~254页;[日]松元畅子:《金融领域的"Fiduciary"用语的考察》,载[日]能见善久等编:《信托法的新时代》,弘文堂2017年版,第75~79页。

日本在 2021 年 1 月修改了顾客本位业务运营原则,从适用范围和内容两方面入手,提供了比硬法上的适当性管理原则更加广泛的适当性管理原则的行为规范。由此造成软法上的适当性管理原则和硬法上的适当性管理原则或者诚实公正义务之间的关系变得非常复杂,金融监管的现状也与这两者存在密切的关系。

希望今后能够着眼于硬法和软法的分工与协作关系,根据不同情形将软法变成硬法,或者将硬法变为软法,在关注实践发展的同时,不断修正两者各自的界限与规范内容,加深理论层面的各种讨论。

第十一章　从组织法角度看商事信托的变更

神作裕之

实践中存在很多长期存续的信托，这些信托随着经济形式或者法律制度的变更可能需要变更信托条款或者终止信托。信托本身具备随环境变化而进行应对的灵活性，这是信托在英美被广泛利用的重要原因之一。信托合同的变更、解除是会对信托产生重大影响的行为，这些行为究竟应该满足什么要件以及遵循什么程序才可以被认可呢？本书将以信托的基础性变更为中心尝试采取组织法上的方法作一些讨论。

如果仅从形式上将信托合同视为委托人与受托人之间签订的合同，那么信托的基础性变更则需要当事人之间的合意。更进一步无视受益人的意思或者利益也会被认为是不恰当的。因此，通常认为委托人、受托人、受益人三者达成合意才可以变更信托。[1] 但是，英国法和美国法在有关信托基础性变更的相关规则的处理上有很大的不同。与英美法相比较，日本法上并不一定需要三者同意才可以进行信托的基础性变更。

本书在讨论信托行为中的基础性变更时不包括公益信托，以私益信托为对象，讨论在信托行为中没有关于信托基础性变更条款需要在事后对信托基础进行变更的情形。信托基础性变更是指信托解除导致的终止[2]、信托合同的重要变更[3]以及信托合并和分割[4]。与信托基础性变更相关的意思决定权如何归属于委托人、受托人及受益人，以及在实施前以何种方式进行控制，本章将以组织法的角度进行研究。组织法的角度有利于明确信托法上的强行法规的范围。与公司相比信托更为灵活，但信托法中也存在不少强行法规。现行信托法的修改整理工作中，其中一个重要课题就是规则的任意化，立法论上也在朝着制定更为灵活的信托基础性变更规则方向开展讨论，因此也有必要讨论法规任意化的边界。

---

〔1〕 参见［日］能见善久、山田诚一、道垣内弘人编:《现代信托法的展望》，载《信托法研究》1999 年第 24 号，第 109 页。与此相对，有关信托的解除，承认享受全部信托利益的受益人享有解除权是恰当的，委托人以及受托人应该设置限制受益人解除权的条款。

〔2〕 英国法规定只有受益人可以终止信托，从这一规则可以推导出受益人才是信托最终所有人这一明确结论。美国法和日本法不承认仅需要受益人意思就可以终止信托，这体现了对委托人意思的尊重，将信托视为组织时，认可组织的独立性和自律性，在有关信托基础性变更问题上，有必要将这一问题作为委托人、受托人和受益人权限分配的一环进行考虑。

〔3〕 问题在于判断是否属于信托合同的重要变更的标准，如果不涉及信托目的的变更以及不带来受益权内容变更的信托合同的变更不宜誓“重要变更”。参见［日］能见善久、山田诚一、道垣内弘人编:《现代信托法的展望》，载《信托法研究》1999 年第 24 号，第 110 页。

〔4〕 本部分将遵循商事信托纲要的脉络，信托合并是指将若干复数信托财产合并时也将信托合同合并为一份；信托分割是指一个信托财产分割为复数，信托合同也分割为相应的份数。参见［日］商事信托研究会:《商事信托法的研究》，有斐阁 2001 年版，第 151 页、第 153 页。

此外,本章的讨论范围是委托人没有保留撤回权和变更权的所有私益信托。本章将包含能见教授提出的三种信托模型:“信托=契约型”“信托=制度型”“信托=财产处分型”。[1] 的确不可否认在“信托=财产处分型”中委托人作为交付财产的一方其意思应该有决定性作用。与此相对,如果投资者支付了对价成为受益人,委托人意思的重要性就相对弱化,受益人意思以及经济合理性显得更为重要。[2] 但是,在“信托=财产处分型”信托中,也需要随着环境的各种变化而对信托进行基础性变更。本章没有将研究对象限定在商事、金融目的的信托或者以交易为目的的信托,[3]也是这个原因。[4]

一、与信托基础性变更相关的规则现状与组织法上的方法

1. 现行信托法

现行信托法并没有提供完备的有关信托解除、变更、合并和分割的规则。“委托人享有全部信托利益的情形”,委托人及其继承

---

[1] 本章中所称信托三种模型,参见[日]能见善久:《现代信托法讲义(1)》,载《信托》1999年第199号,第7~9页。

[2] 此外,存在多数受益人的信托中,如何确定受益人的总体意思成为问题,本章不对此问题进行讨论。参见[日]商事信托研究会:《商事信托法的研究》,有斐阁2001年版,第103~126页。

[3] 有关传统的赠与(gift)信托与美国法上取得令人瞩目发展的交换(deal)信托的区别,参见John H. Langbein, *The Secret Life of the Trust: The Trust as an Instrument of Commerce*, 107 Yale L. J. 165, 167(1997)。

[4] 能见教授指出在“信托=制度型”这类信托中,信托的变更和解除采用与法人制度相似的思考方式是恰当的。参见[日]能见善久、山田诚一、道垣内弘人编:《现代信托法的展望》,载《信托法研究》1999年第24号,第108页。为了更加恰当地应对环境变化,信托基础性变更是所有信托的共通问题,与信托基础性变更相关的英美信托法上的规则主要是在赠与型信托中发展起来的。但是这并不意味着民事信托与商事信托就应该受到相同规则的约束。比如,民事信托中允许委托人保留信托的撤回权,但是在商事信托中为了保护受益人和确保受益人对于合理投资对象的期待对撤回权进行限制这一问题是值得讨论的。

人可以随时解除信托(《信托法》第 57 条)。如果不是信托财产的债务就不能用信托财产进行清偿,除非有其他不得已的事由,法院可以经受益人或者利害相关人的请求命令解除信托。在这种情形下,受益人或者利害关系人可以向法院请求,法院可以命令解除信托(旧《信托法》第 58 条)。但是,这些都是任意规定(《信托法》第 59 条)。学说上认为委托人和受益人不同的他益信托,只要委托人和全部受益人达成合意就可以解除。[1] 解除信托时仅需要委托人和受益人的意思,不需要受托人的意思。

信托行为中约定的管理方法如果因为情况改变不符合受益人的利益,委托人、委托人的继承人、受益人或者受托人可以向法院请求变更(旧《信托法》第 23 条)。日本信托法并没有制定有关信托变更、信托合并和分割的规定。有学说认为,信托合同的变更应根据信托合同的约定进行,或者需要取得委托人、受托人和全部受益人的同意。[2] 信托的合并、分割也可以认为是信托合同变更的其中一个类型。[3] 与信托的解除不同,信托合同的变更需要受托人的同意。受托人负有根据变更后的信托合同管理信托的义务,因此无视受托人的意思是不恰当的。

在讨论信托的基础性变更相关的规则时,应该注意以下几点。第一,现代社会环境变化快速剧烈,对信托基础性变更的需求增大,信托利用的范围也不断扩大,考虑到这一点信托基础性变更就是一个现实性的问题。第二,在设计有关信托基础性变更的意思

---

〔1〕 参见[日]四宫和夫:《信托法》(新版),有斐阁 1989 年版,第 348 页。

〔2〕 参见[日]四宫和夫:《信托法》(新版),有斐阁 1989 年版,第 214 页。

〔3〕 有关信托结合这一问题,能见教授认为将其作为信托变更的一种类型理解即可。参见[日]能见善久、山田诚一、道垣内弘人编:《现代信托法的展望》,载《信托法研究》1999 年第 24 号,第 113 页、第 119 页。在《信托基本规则提案》中,将信托的结合和分割作为“特殊变更”。

决定以及实施程序时,不得不考虑信托的运营效率。第三,与第二点也有密切关系,作为达成同一目的的法律形式、法律手段,信托与委任合同、公司、组合等法律形式和法律制度之间的比较,以及制度之间互相竞争也是非常重要的视角。[1]

2. 组织法分析

英美法上对信托法究竟是财产法还是契约法这一问题已经讨论了上百年。日本在信托法制定后围绕信托的构造、受益权的法律性质、信托法在私法体系中的定位这一系列问题进行了丰富的讨论。[2] 许多重要问题可以通过立法解决,虽然说明方式存在很大不同,但是信托法既具有物权法上的财产性要素又具有契约法上的债务性和柔软性的特点,这一点并没有争议。[3] 信托的内部关系与契约关系十分相似,与此相对在与第三人之间的关系上,存在受托人破产时受益权的物权性保护(旧《信托法》第 16 条),对违反信托的处分行为可以行使撤销权(《信托法》第 31 条)、更换受托人等一系列规定,带有很强的物权法的特征。

---

〔1〕 美国将商事或者金融目的的信托利用与公司的事业目的进行比较,将信托限定在证券化的领域中。理由如下:①一直以来,信托的第一目的是信托财产的价值保存,而不是积极投资;②受托人负有公平义务,因此面对本金受益人很难开展积极投资活动。See Stevens L. Schwarz, *Commercial Trusts as Business Organizations: Unraveling the Mystery*, 58 Bus. Law 559,575 -579(2003). 但是现在通过投资运用获取收益的信托不断普及,再加上公司法也允许发行种类股,股东之间的利益也未必完全一致,这种差异也是具有相对性的。日本制定了《资产流动化法》和《投资信托法》,承认了信托型和公司型集团投资计划,同时承认两种类型的投资计划是希望可以实现不同投资计划的竞争。但是对这一观点也存在批判,参见[日]藤田友敬:《从组织法看金融系统改革相关法律》,载《商事法务》2002 年第 1637 号,第 36 ~39 页。

〔2〕 比如,道垣内教授指出,类似制度中的义务规定应当有均一性,各项类似制度的救济方法也具有均一性,因此制定《信托法》,即使不是所有权人也享有与所有人同样的物权性救济,承认这一点具有重要的意义。参见[日]道垣内弘人:《信托法理与私法体系》,有斐阁 1996 年版,第 215 ~219 页。

〔3〕 See John H. Langbein, *The Contractarian Basis of the Law of Trusts*, 105 Yale L. J. 625, 669(1995); Henry Hansmann & Ugo Mattei, *The Functions of Trust Law: A Comparative Legal and Economic Analysis*, 73 N. Y. U. L. Rev. 434 (1998), 438 -445.

Hansmann 教授指出,信托法最重要的贡献在于提供了调整信托内部人(委托人、受托人、受益人)与交易相对人之间权利义务关系的规则,创设出了同时具备权限和责任的组织。[1] 组织的本质在于创设出与受托人个人财产相隔离的财产(财产隔离功能)。通过契约创设出两个不同的人格是困难的,但是通过信托事实上可以实现上述效果。如果将组织理解为法律主体(legal entity),那么该法律主体的财产与该企业的所有人的财产相独立,债权人无须监视所有人的经营情况,仅需要监视该法律主体的经营即可,因此可以实现更有效率的监视。[2] 信托法将物权法与契约法进行绝妙的结合,可以预计未来会将信托法作为组织形态的一种进行研究,相关的研究文献也会不断登场。[3]

美国法上将信托法作为组织法进行研究吸引了很多关注,组织的本质在于将信托财产从受托人的固有财产隔离出来,也就是积极型财产隔离功能。[4] 但是,组织法上的手段不仅有助于明确信托的外部关系,还有助于明确信托的内部关系。日本的四宫和夫教授已经提出信托财产具有实质法主体性,并且以信托财产为中心构建了信托法的体系性理论。受托人是具有实质法主体性信托的机关,在与第三人的关系中原则上负有个人责任;“信赖”受

---

〔1〕 See Henry Hansmann & Ugo Mattei, *The Functions of Trust Law: A Comparative Legal and Economic Analysis*, 73 N. Y. U. L. Rev. 434 (1998).

〔2〕 See Henry Hansmann & Reinier Kraakman, *The Essential Role of Organizational Law*, 110 Yale Law Journal 387(2000).

〔3〕 See Robert H. Sitkoff, *An Agency Costs Theory of Trust Law*, 89 Cornell L. Rev. 621(2004).

〔4〕 森田果助教在信托法学会对美国法相关学术讨论作了介绍。参见《组织法上的信托》,载 http://www.law.tohoku.ac.jp/~hatsuru/papers.html。最近的讨论参见 George G. Triantis, *Organization as Internet Capital Markets: The Legal Boundaries of Firms, Collateral, and Trusts in Commercial and Charitable Enterprises*, 117 Harv. L. Rev. 1102(2004)。

托人这一个人性要素也是信托的重要特征。[1] 四宫和夫教授的这一学说被称为实质法主体说,该学说以积极型财产隔离功能为前提,还对受托人的地位作出了解释。如果承认信托财产具有实质法主体性,那么理所当然就可以使用组织法的思考方法对信托进行解释。但是,如果着眼于信托内部关系,即使不采用实质法主体说也可以使用组织法进行分析并承认其意义。本章既着眼于信托内部关系,也企图从当事人之间的权限分配和治理角度采用组织法进行分析。

在信托内部关系采用组织法分析的依据是受益权的法律性质以及以受益权为前提的"所有与管理的分离"。换言之,将受一定目的拘束的财产权处分给受托人设立信托(《信托法》第 1 条),对受托人享有债权的同时产生对信托财产的物权性权利。[2] 一方面受益权与信托财产之间是物权性的关系,允许对受益权内容进行自由设计,比如,设计出优先劣后的构造。另一方面,受益者在受托人违反信托处分信托财产时享有撤销权(《信托法》第 31 条),还享有包括知情权(《信托法》第 40 条)在内的监督纠正权。如果考虑到受益人对信托财产权享有一种类似股权的权利,而且拥有一定监督纠正权这一特点[3],可以认为受益人是信托实质所有人。除了不具有法人格,两者之间的关系与公司和社员的关系

〔1〕 参见[日]四宫和夫:《信托法》(新版),有斐阁 1989 年版,第 65~81 页。

〔2〕 参见[日]四宫和夫:《信托法》(新版),有斐阁 1989 年版,第 76~77 页。

〔3〕 受益人没有参与管理运营信托的权限,这是受托人的专有权限事项。同意信托基础性变更的权限虽然是消极同意形态,但是受益人对与信托样态的重要变更的同意权限,在这一点上存在与传统信托法理不一致的地方。但是,给受益人自行判断决定是否符合自己的利益的机会,比如,是否要同意受托人违反忠实义务的行为,符合信托法发展的方向,换言之,在受益人可以作出合理判断时,通过受益人意思行使实现信托法规任意化、柔软化。

非常类似。[1]

信托财产的名义与管理权归属于受托人，受托人与实质所有人受益人之间出现“所有与管理”的分离。信托是一种积极承认“所有与管理”分离，以专家为中心负有信义义务的受托人负责信托财产的管理运用的制度。[2] 如果将信托作为组织看待，可以将受托人理解为享有信托的管理权并负有信义义务的机关。“所有与管理”在制度上进行类型化分离[3]，与此同时受托人与受益人之间产生代理成本问题。这一问题与公开公司中“所有与经营分离”带来的问题是一样的。信托中的问题更加复杂，委托人与受托人之间，以及委托人与受益人之间都可能产生代理成本问题。这么看来，如果从信托法的观点来看，不妨说信托法比公司法更加复杂。虽然信托法规有任意化的趋势，但是信托法将受益人享有监督纠正权这样的规定作为强行法规保留下来。原因如前文所述，是因为在信托中也存在不少需要处理代理成本问题的情形。

在试图解决上述问题时，鉴于信托的构造与受益权内容，将信托理解为一种法律形式，采用信托内部权限分配与治理的观点是

---

〔1〕 一般而言受益权的法律性质是债权，受益权与股东权具有类似性。参见[日]新井诚：《信托法》，有斐阁2002年版，第53页。但是，公司社员拥有剩余财产分配请求权，在信托中可以通过信托行为的规定使剩余财产归属于受益人以外的第三人。但是，《信托法》上是将该第三人视为受益人（《信托法》第63条）。从组织法分析来看，权利归属者当然是其中一类受益人。值得注意的是，虽然赋予受益人监督权，一定程度上照顾到了信托治理问题，但是受益人没有解任受托人的权限（《信托法》第47条），受益人对受托人的控制权并不像股东权那么强有力，但也并没有必要设置与股份公司监事相当的专门机关。

〔2〕 信托的意义，参见[日]樋口范雄：《Fiduciary“信任”的时代》，有斐阁1999年版，第47～54页。此外，该书还指出信托另一个重要的功能在于能够自由设计受益权从而扩大财产处分权的自由。

〔3〕 《信托法》第9条没有认可受托人可以享有全部受益权。因此，如果构成信托，至少是存在部分的“所有与管理的分离”。但是，该条不适用于《资产流动化法》第224条第1款、《贷款信托法》第6条第4款、第11条。

有益的。[1] 承认受托人拥有完整权利，重视构成受托人个人要素的受托人义务和责任，如果从创设保护受益人体系的角度看，至少在信托内部关系中，承认作为实质所有权人受益人参与意思决定的权利，并且沿着扩大受托人可以实施行为范围的方向进行讨论是有必要的。[2] 随着受托人裁量权的扩大，为了保证受托人恰当行使裁量权以实现受益人的利益，则需要对信托治理制度进行讨论。

二、比较法

1. 绪论

众所周知英国信托法与美国信托法在信托终止及信托变更相关的规则上存在显著不同。[3] 英国信托法规定，信托的变更和终止无须经信托设定人(settlor)的同意，受益人的意思具有决定性作用。与此相对，对于与"信托目的"(purpose of trust)相关的信托终止和变更，美国法一直贯彻尊重信托设定者意思的立场。英

---

〔1〕 现行信托法上也存在不少可以用信托组织性和实质法主体性进行说明的地方。比如，有关受益人的取回权，与第三人异议权不同，法律没有明文规定是因为信托财产很难回到受益人手中，特别是当存在多数受益人时处理规则是不明确的。与股东诉权一样，原则上受益人是为了信托财产而行使监督权，信托财产由受托人负责管理。受托人管理不当导致信托财产产生损失时，填补损失或者恢复信托财产作为救济手段(《信托法》第27条)，这一点恰好也说明了信托存在组织性。

〔2〕 同样的规则不仅适用于信托基础性变更，也适用于受托人利益冲突规则和报酬规则。

〔3〕 适用美国法或英国法会产生截然不同结果的典型例子，参见 In the matter of Professor Sir Derek Harold Barton, Todd v. Barton(February 20, 2002) Judgement in the High Court, Chancery。该案中，美国设立了一个遗言信托，该信托中规定，将位于英国的财产作出如下安排，其子在65岁后，每年可以领取2万英镑，直到死亡，在其死后，其余剩下的财产支付给英国的王立化学学会。该案争议焦点在于两名受益人中的一名受益人获得16.4万英镑，剩余财产由王立化学学会取得后是否可以终止信托。美国法不允许这种做法，英国法则允许这种做法。参见[日]樋口范雄：《美国信托法笔记Ⅱ》，弘文堂2003年版，第325～328页。

美信托法在这一点上存在差异,有一部分原因与是否鼓励信托设立的现实情况有关,但是也无法否认这与信托的本质和信托观念有关。英美信托法为了防止过度制约信托基础性变更而影响信托运营效率,从整体来看都设置了灵活和精细化的规则。

2. 英国法

英国法上,有关信托的终止和变更,判例和立法经历一波三折,最后确立了相当复杂的规则。[1]

对于信托财产管理与运营相关条款的变更,即使没有信托设定者、受益人的同意,受托人也可以向法院请求实施违反信托条款的管理行为的同意。通过这种方式法院也参与到变更中,这种情形比较常见。过去在判例上法院在承认信托变更时采用了非常严格的认定标准,1925 年随着《受托人法》的制定,如果信托管理权限变更被评价为"恰当"则同意信托变更(《受托人法》第 57 条第 1 款),大幅缓和了信托变更的条件。

与此相对,如果变更受益权内容则需要全部受益人的同意。虽然法律不要求信托设定者的同意,但是在实践中会尽可能取得信托设定人的同意。此外,法院参与或者加入信托变更的情形较多,特别是在当事人无法表示同意的情况下(具体来说是受益人尚未出生或者未成年时),法院如果认为变更有利于受益人利益的实现,可以代替无法作出同意意思的受益人作出同意的决定(1958 年《信托变更法》)。但是需要注意的是如果变更超越最初信托一般目的以及具体目的,已经不能被认定是"变更",而应该解释为"终止 + 再设立"。对于前文所说的超越最初信托一般目的及具

---

〔1〕 参见[日]神作裕之:《英国法上信托的终止与变更》,载《英国与泽西岛信托》,公益财团法人信托未来论坛 2004 年版,第 27 ~ 59 页。有关信托终止的判例法,以 Saunders v. Vautier(1841)4 Beav 115 为中心发展而来。

体目的的变更,法院不会作出同意的决定。

Saunders v. Vautier 案确定了受益人全员同意可以终止信托的规则。根据信托法理,这是因为受益权是衡平法上的赠与,受益人是衡平法上信托财产的所有人。当终止信托时,信托设定人的意思不成问题,这是因为信托设立以后信托就是为了受益人而存在。因为信托一旦设立,信托设定人就脱离了信托关系。[1] 但是,需要注意的是,该法理也并不总是认为受益人意思优先。换言之:第一,受益人并不能控制受托人的管理处分权、裁量权,也无法对受托人进行指示。同样,选任新受托人的权限也不属于受益人。第二,根据 Saunders v. Vautier 规则仅适用于具备意思能力的受益人作出同意的情形,判例法并不承认法院可以代替没有意思能力的受益人同意终止信托。法院可以代替没有意思能力的受益人作出同意决定这一规则由 1958 年制定的《信托变更法》确立,但是对该法的适用范围存在限制。[2] 第三,英国实务操作中,一般而言还是选择尊重信托设定人的意思,即使法院作出同意的决定,这种情况下也不承认明显违反信托条款的变更。[3]

3. 美国法

接下来考察最能体现现代美国法演进方向的《美国统一信托

〔1〕 英国法上信托设定人不能作为执行信托。Turner v. Turner(1984) Ch. 100. 这一点与优先设定人意思的美国法相同。

〔2〕 信托变更法规定了法院可以代替作出同意决定的人员范围,如果在申请同意时点条件已经成就,那么就存在可以作为受益人的人员,此时就不能代替这些人员作出同意的决定。

〔3〕 法院没有终止信托后再设立信托的权限。因此,在该变更被认定为信托“终止 + 再设立”时,法院不能同意该变更。两者的区别十分微妙,应该以变更后的信托是否还能实现最初信托的一般目的(general aims)和具体目的(objective aims)这一标准进行判断。

法》(Uniform Trust Code)的规定。[1] 一般而言,该法典就信托的终止与变更适用相同的规则,在没有违反信托设立者的意图范围内设置了灵活的规则。受托人或者法院可以终止或变更信托,区分只需要受益人同意、需要信托设立者和受益人双方同意两种情况,作出详细的类型化处理。这种做法不仅对权限分配作出安排,在最后阶段也保留了法院介入的余地,保证了衡平的实现。

法院就信托一般事务,在出现不可预测的事由、效率管理信托实务已不可能、信托财产的价值与管理费用相比不够充足的情形下,可以变更、终止信托。另外,基于纠正错误或者实现信托设立者在税收上的目的,法院也拥有变更信托条款的权限。[2] 只需要受托人就可以决定信托变更的有终止不经济的信托及信托合并、分割等情形。[3]

非慈善且不能撤回的信托变更及终止的相关规定根据是否构成与"信托重要目的"相关的变更有所不同。如果信托的变更、终止与实现"信托重要目的"无关,即使没有信托设立者的同意,经过全部受益人的同意也可以变更、终止信托。[4] 与此相对,如果信托变更与终止与"信托重要目的"相关,仅仅经过全部受益人同

---

〔1〕《美国统一信托法典》中有关信托变更、终止的规定,参见[日]樋口范雄:《美国信托法笔记Ⅱ》,弘文堂2003年版,第290~333页;[日]神作裕之:《信托的基础性变更——变更、终止及合并、分割》,载[日]大冢正明、樋口范雄编:《现代美国信托法》,有信堂2002年版,第185~204页。有关统一信托法典制定的背景与意义,参见[日]樋口范雄:《美国信托法的新动向》,载[日]大冢正明、樋口范雄编:《现代美国信托法》,有信堂2002年版,第9~15页。

〔2〕参见《美国统一信托法典》第412条、第414条(b)款、第415条、第416条。

〔3〕有关不经济(uneconomic)的信托终止,在通知特定受益人后,信托财产只剩下不到5万美元,此时受托人判断信托财产不足以支付管理费时可以终止信托[《美国统一信托法典》第414条(a)款]。信托财产十分微薄时,无须在法院的信托终止程序花费信托财产。与此相对,信托合并和分割只要不损害所有受益人的利益且不阻碍信托目的的实现,受托人可以单独决定(《美国统一信托法典》第417条)。

〔4〕参见《美国统一信托法典》第411条(b)款。

意还不够,还必须确认信托设定人的意思。[1] 该规则与 1889 年 Claflin 案确立的规定一致,已经被很多州采用。[2]

无论是信托的变更还是信托的终止,如果与"信托重要目的"无关,信托设立人的意思就不成问题。但是达成"信托重要目的"是否需要信托存续,信托变更是否违反"信托重要目的",最终由法院判断。信托变更、终止不需要受托人的同意,但是反对的受托人可以向法院表示异议。[3]

值得注意的是,《美国统一信托法典》判断信托重要目的时采用的是信托存续对"信托重要目的"的实现是否必要这一判断标准。将信托制度与其他财产管理的法律手段作比较,采用的是可以否定信托本身存在的法律构造。这种判断标准与其说是在传统规则下确立的,不如说是为了推动信托终止规则往更为容易的方向发展而设置的。

三、日本法

1. 比较法的启示

英国信托法承认受益权具有的明显的物权性质,受益人可以基于自己的意思变更信托条款,还可以终止信托。与此相对,美国信托法下,受益人不能简单地超越信托设定人的意思。英国法上将设定信托解释为向受益人处分财产权,美国法则重视信托作为一种法律形式或者组织的独立性。美国信托法更加适合组织法分

---

〔1〕 参见《美国统一信托法典》第 411 条(a)款。

〔2〕 在 Claflin 案实践中,信托设定人以其子为受益人设立信托,向受托人作出如下指示:在其子满 21 岁时向其支付 1 万美元,满 25 岁时支付 1 万美元,满 30 岁时支付剩余信托本金。在该案中法院认为信托设立人在当时并没有让受益人取得全部信托财产的意图,因此否定了受益人请求终止信托的主张。See Claflin v. Claflin, 20 N. E. 454(Mass. 1889)。

〔3〕 参见《美国统一信托法典》第 410 条(b)款。

析。有学说认为,信托设立人通过信托这种组织形态使受益人受到拘束,这一安排有利于实现所有关系人的利益,美国法的规则就是基于这一理念而制定的。[1] 特别是《美国统一信托法典》针对信托变更、终止的原因,谁拥有信托相应的权限,根据目的的不同作出类型化区分,制定了相当缜密的规则。无论怎么说,英美信托法为了实现高效的运营信托,对有关信托基础性变更的规则作出了灵活、合理的安排,最终由法院作为信托的监督机关保证信托的公平。

2. 受益人保护的实际效果

日本法上信托基础性变更的相关规定与英美法相比具有明显的限制特征。为了灵活高效应对包括经济形势、法律制度在内的环境变化,有必要灵活且高效地实施信托基础性变更。英美法对于应该在何种程度上尊重委托人的意思这一问题的处理虽然存在较大差异,但是规则设置上都在确保有关信托基础性变更相关规则的健全性和效率性的同时,使信托基础性变更规则朝向更加容易的立法方向。委托人、受托人和受益人三者之间应该如何分配相关的意思决定权限,为了确保健全性和效率性应该设置什么样的治理结构,这一系列问题都成为重要的课题。

3. 受托人的权限

如果信托基础性变更只与信托的管理方法相关,且没有改变信托目的,在这样的条件下,即使没有取得法院的同意受托人也可以对信托条款进行实质变更。《美国统一信托法典》规定在满足一定条件的情况下受托人有权终止不经济的信托和决定信托合并、分割。在扩大受托人权限的同时如何确保控制受托人将成为重要的论点。

---

〔1〕 See Robert H. Sitkoff, *An Agency Costs Theory of Trust Law*, 89 Cornell L. Rev. 621(2004).

4. 受益人参与的方式

如果认为信托是为了受益人而存在的制度，那么进行信托实质性变更时就应该询问受益人的意思。日本的大部分信托就是这么处理的，[1]受益人支付对价后取得受益权，实施与其本身相关的信托基础性变更时，应该自己判断该变更是否有利于自身的利益。这是因为受益人为了实现自己的利益有作出决定的激励。但是，如果存在多数受益人，在没有引进多数决制度的情况下，要求全部受益人同意，势必导致无法实现机动且灵活的信托基础性变更。从立法论来看，在保护少数受益人的前提下，通过受益人大会制度作出集团性的意思决定是一种可行的手段。[2]

5. 委托人与受托人的意思

接下来的问题是应该在何种程度上尊重委托人的意思，在对信托进行基础性变更时应该如何考虑委托人的参与。英美法在这一问题处理上存在巨大差异。至少在现行信托法下，认为信托是向受益人处分财产权的观点是不恰当的，应当认为如果明显违反信托重大目的也就是委托人的意思，则受益人没有相应的变更权限。商事或者金融目的的信托中，受托人的意思自身受到经济合理性的限制，因此具有相当程度的客观性，[3]原则上在对信托进

---

〔1〕 神田教授将日本实践中的信托业务分为"存款型""运用型""转换型""事业型"四种类型，指出有必要根据不同类型研究相应的制度设计。参见[日]神田秀树：《日本的商事信托——绪论》，载《现代企业立法的轨迹与展望——鸿常夫先生古稀纪念》，商事法务研究会1995年版，第589～595页。

〔2〕 但是，对于可以自由设计受益权的内容的信托，也就是存在各种各样的受益人，比如债权人性质的受益人与剩余财产请求权人性质的受益人时，引入受益人大会，应该在何种范围承认表决权的行使，如何决定表决权的个数，这一系列的问题都等待解答。有关商事信托纲要的解决，参见[日]商事信托研究会：《商事信托法的研究》，有斐阁2001年版，第110～120页。

〔3〕 参见[日]神田秀树：《商事信托法讲义(1)》，载《信托》2003年第214号，第37页。

行基础性变更时需要委托人的同意。[1] 如果像美国法一样,不将信托作为赠与,那就应该尊重受委托人选择信托作为法律形式的意思,这样就会弱化受益权的物权性特点,更加符合组织法分析的方式。

应当在何种程度上重视受托人的意思也是一大疑难问题。事实上大部分的案例都是由受托人提出变更信托基础的建议的。对信托基础性变更规则进行柔软化处理从组织法分析来看意味着受托人权限的扩大。[2] 比如,委托人和受益人合意变更信托,但是受托人不同意时该如何处理?根据契约法分析,没有受托人同意就无法对信托进行变更。但依据组织法分析,信托变更在取得(委托人及)受益人同意后方可有效进行,受托人需要遵照上述意思,如果不遵循该意思可以辞任。但是现行法限制受托人辞任(《信托法》第43条、第46条),而且辞任后的受托人与信托债权人之间存在什么责任关系在解释论上也不明确。现行法下,只能解释为需要取得受托人的同意。

6. 信托债权人保护

信托基础性变更是指给信托带来重大影响的行为,如果根据这一定义,信托基础性变更可能也会给以信托财产为担保财产的信托债权人的地位带来影响。受托人对信托债务承担个人责任且没有辞任的自由时,受托人很可能阻止导致信托财产无法清偿信托债权人的信托基础性变更。但是,假设受托人负担有限责任,则

---

〔1〕 参见[日]樋口范雄:《美国信托法笔记Ⅱ》,弘文堂2003年版,第331~332页。与此相对,能见教授认为应当承认享受全部信托利益的受益人的信托解除权,但可以通过信托条款的另行约定限制受益人解除信托。参见[日]能见善久:《信托的变更》,载《信托法研究》1999年第24号,第11页。

〔2〕 更加尖锐的问题是,是否认可受益人选任和解任受托人的权限。如果承认受益人的选任和解任权,受益人就可以事实上控制受托人。与此相对,如果不承认该权限,那么对信托基础性变更的柔软化处理实际上扩大了受托人的权限。

增大了实施侵害债权人利益的信托基础性变更的可能性,因此需要采取一定手段保障信托债权人的利益。本章虽然没有对这一问题展开讨论,但是有必要讨论信托基础性变更时的债权人保护问题。[1]

7. 法院的功能

法院作为信托的监督机关支撑着英美法上信托基础性变更制度。在情况变更,需要变更管理方法之外的内容时,原则上是需要法院的参与,还是在私益信托的情形下,将这一问题交由信托法及当事人的意思自治处理?私益信托中也存在不少信托是无法完全依靠受益人自治来应对这些问题的。为了保护受益人,一方面需要注意制定对策监督受托人,如共同受托人制度;另一方面应确保对策的实效性,需要综合考量信托治理的应然和实然状态。与此同时,有必要将法院的监督权能作为法律手段的一环进行研究。

四、结语

本章尝试以信托的基础性变更为例,从信托内部,即委托人、受托人、受益人之间的权限分配和信托治理的法律手段这一组织法视角提出一些可供讨论的观点。信托的基本构造是委托人出于一定目的处分自己的财产,受托人对该财产进行管理,对管理产生的利益向受益人分配,这一基本构造下信托财产具备独立性,信托具有组织法上的特征。[2] 这也是为什么日本的信托几乎是在商

---

〔1〕 股份公司,实施合并、分割、减少资本时设置了债权人保护程序,但是在公司章程变更、解散、营业转让等情形下没有设置债权人保护程序。

〔2〕 以出资人、管理运营的组织、经营成果的归属人以及归属形态等观点对企业形态进行分析的文献,参见[日]竹内昭夫:《企业形态与法》,载《公司法的理论 I》,有斐阁1984年版,第21~60页;[日]藤田友敬:《企业形态与法》,载《企业与法(岩波讲座　现代法7)》,岩波书店1998年版,第35~61页。

事领域发展起来的。权限分配与信托治理的观点符合组织法分析的方法,但是这种观点并不一定需要将信托财产作为中心,也没有必要将其作为实质法主体。这是因为信托作为一种法律形式或一种投资计划本身就存在代理成本问题,上述观点只是相应的法律应对手段。[1]

信托是出于一定目的而设立的。本章以私益信托为研究对象,在私益信托中,一方面受益人和受托人之间存在"所有与管理的分离",另一方面信托与受托人受到来自委托人设定的信托目的的约束。这种情况下存在多数受益人,对受益权进行结构化设计的也不在少数。如果从内部组织法观点来看,信托绝对不是简单的组织。信托法要注意不能损害信托的灵活性,有必要重新研究高效的受益人保护对策,此时运用组织法分析是有一定帮助的。

---

[1] 参见[日]神田秀树:《商事信托法讲义(1)》,载《信托》2003年第214号,第37~39页。在证券化和流动化计划中,信托作为一种法律形式发挥着重要作用。

第十二章 信托法与商行为法

神作裕之

在日本，信托经常被应用于商事领域特别是金融领域。[1] 实践中，信托作为一种用于金融交易的法律手段以及投资计划中所利用的法律形态，不少情况下与公司（法人）、匿名组合等各种制度和契约类型处于竞合和调整关系。信托与公司（法人）具备有限责任和匿名性的特点，被认为是一种参与资本市场的法律技术。[2] 就计划

---

〔1〕“商事领域”的意义存在争议。除了着眼于信托功能的思考方式，还存在集团性、商行为性、营业目的等各种各样的观点，从上述观点对“商事信托”进行定义。“商事信托”的概念，参见［日］神田秀树：《日本商事信托——绪论》，载鸿常夫先生古稀纪念：《现代企业立法的轨迹与展望》，商事法务研究会 1995 年版，第 583 页以下；［日］神田秀树：《商事信托的法理》，载《信托法研究》1998 年第 22 号，第 49 页以下。本章将从商事信托其中一个切入点商行为法出发，对商行为法的各项制度与信托之间的关系做一个绪论性讨论。

〔2〕参见［日］四宫和夫：《受托人的忠实义务》，载《信托的研究》，有斐阁 1965 年版，第 211 页。

的稳健性而言，信托和公司与基于（准）委任协议设立的计划相比显得更稳健，信托和公司均存在终止和清算规则。

受商行为法规制的匿名组合也在很大程度上参与了这种竞争。这是因为匿名组合具有有限责任和匿名性的特征，这两个特征适应商业发展。例如，在资产流动化和资产管理计划中，信托、匿名组合和合同公司会被有选择地使用，有时还被结合在一起使用。当然，税收和会计财务也是选择这些法律形式时的重要考虑因素。然而，使用匿名合伙或公司形式等合同或组织的情形与利用信托的情形相比，从民法的角度来看会存在法律构成和法律效力的差异，不可否认这也是选择法律形式的重要考虑因素。理论上，通过与各种相似制度的比较有助于澄清信托法的特点。

四宫和夫教授强调了信托法理的重要性，指出信托关系中法律手段和经济目标不一致意味着法律权能和经济性财产的分离。信托关系理论提供了这种分离应该如何调整的规则，是从法律上弥补罗马法与现实之间差距最合适的修正理论。四宫和夫教授还承认信托财产存在实质法主体性，并提出将名义和管理权授予受托人，将对信托财产享有的特殊权利授予受益人。〔1〕在四宫和夫教授看来，信托是一个接近于组织或公司的法律形态。〔2〕

---

〔1〕［日］四宫和夫：《信托法》（新版），有斐阁1989年版，第65～81页。四宫和夫教授的信托法理论及其在法学学说历史上的地位，参见［日］加毛明：《受托人破产时信托财产的处置（1）》，载《法协》2007年第124卷第2号，第169～179页。

〔2〕四宫和夫教授将委任关系、事务管理、监护制度等民法上的财产管理制度与信托进行比较，以及将行纪与信托进行比较，相关比较研究参见［日］四宫和夫：《作为财产管理制度的信托》，载《四宫和夫民法论集》，弘文堂1990年版，第43～75页；《间接代理相关考察——以与信托的关系为中心》，载《四宫和夫民法论集》，弘文堂1990年版，第77～96页。前者称为“财产管理制度”，后者称为“间接代理”。在内部关系中，信托只不过是事务处理关系的特殊形态。在外部关系中，信托财产以受托人为名义，如果将超越权限处分情形下的法律效果带来的一些差异排除，和赋予管理者任意排他管理权的管理者是一样的。

道垣内教授指出,有必要将信托法理与合同、法人等其他法理一起作为整个私法体系的一部分,信托、委任、代理和公司等制度是在管理和运用他人财产方面具有连续性的一系列制度,并从每个义务人的义务内容和违反义务时的救济措施角度进行比较研究。[1] 与不涉及所有权转移的财产管理制度相比,比如,委托,委托人可以基于所有权获得保护,在利用信托的情形下,也承认信托的委托人享有同等的物权性救济,[2]《信托法》设置了委托人和受益人的债权人保护制度。这是关于信托在日本私法体系中地位的说明。

本章试图在这些研究[3]的基础上,将信托与商行为法中规定的匿名组合和代理等各种制度进行比较。[4] 除了上述匿名组合契约外,商行为法还设置了有关以行纪为营业的批发商和准批发商的规则,此外在商事代理中认可了非显名代理,设置了民法中没有的规则或者民法的特别规定。上述制度关于管理、运用和处分他人财产的商事法制度和契约类型,至少可以实现信托的一部分功能。

因此,本章从信托与商行为法中规定的各种制度的交叉视角

---

〔1〕 参见[日]道垣内弘人:《信托法理与私法体系》,有斐阁 1996 年版,第 1 ~ 17 页、第 168 ~ 199 页。

〔2〕 参见[日]道垣内弘人:《信托法理与私法体系》,有斐阁 1996 年版,第 218 ~ 221 页。

〔3〕 参见[日]四宫和夫:《信托法》(新版),有斐阁 1989 年版,第 22 页;[日]神田秀树:《日本商事信托——绪论》,载鸿常夫先生古稀纪念:《现代企业立法的轨迹与展望》,商事法务研究会 1995 年版;[日]神田秀树:《商事信托的法理》,载《信托法研究》1998 年第 22 号;[日]神作裕之:《组织——以信托基础变更为素材》,载《新商业法》2004 年第 791 号,第 26 ~ 36 页(参考日本私法学会研讨会:《信托法与民商法的交错》)。

〔4〕 指出有必要对各种制度和合同类型进行比较研究的文献,参见[日]道垣内弘人:《孤独者的信托法(第一回)原来有这么多各种各样的问题》,载《法学教室》2008 年第 331 号,第 129 ~ 134 页。

出发,以匿名组合、行纪和非显名代理为例,并将其与信托进行比较。本章着眼于下列问题:是否能确保商事利用的匿名性优势;谁与外部交易相对方存在合同关系;目的财产是否以及在何种程度上是独立的;受托人、代理人、经营者、批发商和受益人的法律地位,进行分析和讨论。通过这样的比较,可以从不同角度澄清信托的特点。反过来说,这样的比较可以提供新的角度思考匿名组合和批发商等商事法制度的意义和问题。

匿名组合、行纪以及非显名代理的概要如下所述。

匿名组合是指一方当事人(匿名组合成员)为了经营者经营的需要出资,经营者将从经营过程中产生的利益分配给组合成员。(《商法》第535条)根据匿名组合合同,经营者将组合成员的出资作为自己的财产投入经营,为了分配收益而进行投资运用或者事业经营的计划。匿名组合成员与经营者的关系是匿名组合成员出资,只有经营者与交易相对人存在权利义务关系,这一点与信托类似。

行纪是指以自己的名义为他人买卖商品或者进货的行为(《商法》第551条)。以行纪为业被称为"问屋"。以自己名义用他人账户行事,在这一点上行纪与信托具有共通性。

商行为中还认可了非显名代理。日本《民法》上规定的代理制度以显名为原则,商行为中允许非显名代理(《商法》第504条)。商行为的代理人与受托人各自需要对本人和受益人负有善管注意义务与忠实义务,必须为了本人和受益人的利益行事,对交易相对人无须表明是为了谁进行交易,确保了行为的匿名性,这一点两者具有共通性。日本法上,交易相对人对于不知道商行为的代理人是为了本人行事这一事实不存在过失时,可以选择与代理人之间形成法律关系。如果作出了这种选择,那就会有交易相对人与代理人之间产生法律关系的效果,发生与行纪和信托类似的法律关系。英美法上并没有区分代理和行纪,日本法下原本是行纪的法律关系经常会被作为委托人和交易相对人之间的直接法律关系,受到法律规制。如果考虑到与英美法的比较,讨论非显名代理和信托也是有意义的。

在进行比较时,本章涉及以下五点:第一,谁是受托人的交易相对人,与交易相对人进行交易时的责任财产是什么。在信托和匿名组合的情况下,用于投资管理和事业经营的出资财产的目的约束力和独立性的程度成为问题。第二,讨论该计划本身的稳定性。第三,受益人权利的内容。本章特别关注的是,在受托人等陷入破产和受托人做出权限外处分和行为的情况下,是否认可受益人拥有物权性的救济。第四,受益人是否有控制和指示受托人的合法权限。第五,受托人对受益人负有什么义务,违反时产生什么样的法律责任,从受益人的角度看他们享有什么法律救济措施。

一、匿名组合与信托

1. 匿名组合的意义

匿名组合合同是一种有偿双务非要式合同,一方当事人(匿名组合成员)向另一方当事人(经营者)经营的业务出资,并约定将经营该业务产生的利润分配给匿名组合成员(《商法》第535条)。匿名组合成员的出资归属于经营者的财产(《商法》第536条第1款),匿名组合成员就有关经营者的行为对第三人没有任何权利义务(《商法》第536条第4款)。匿名组合是一种为了让企业能够使用民法上的组合而由商法作出了一些调整的产物,是一种共同企业类型,具备了对于匿名组合成员来说投资的有利性和匿名性

（秘密化）优点，还具备使经营者免于支付确定利息负担的优势。[1]

2. 对外关系与责任财产——财产分离性

（1）财产分离的意义

匿名组合的对外关系中，仅限于经营者与交易相对人之间存在权利义务关系，匿名组合成员对该相对人就经营者与相对人之间所做的行为没有任何权利义务（《商法》第536条第4款）。[2] 匿名组合成员的出资是归属于经营者的财产（《商法》第536条第1款），因此匿名组合成员的出资在构成经营者责任财产的限度内负有责任。

接着使用Hansmann教授和Kraakman教授提出的概念分析匿名组合中是否存在独立财产以及独立的程度。根据两位教授作出的有名定义，企业债权人就该事业的责任财产，如果相较于企业所有人、业务执行人的个人债权人有优先地位，那么这种情况被称为“积极型财产分离”（affirmative asset partitioning）；企业债权人不能追及企业所有人和业务执行人员个人财产或者只有劣后追及地位的情形被称为“防御型财产分离”（defensive asset partitioning）。[3] 从效率的角度来看，积极型财产分离有重要意义，因为它允许企业债权人对分离的财产有优先请求权，可以节省监督成本，并根据债权人和企业所有人和业务执行者之间的风险

---

〔1〕 参见［日］西原宽一：《商行为法》（第3版），有斐阁1973年版，第175页。有关匿名组合，参见［日］神作裕之：《交互计算、匿名组合——商行为法与金融法的交错》，载《新商业法》2010年第935号，第30～37页。

〔2〕 但是，匿名组合成员如果将自己的姓氏或者姓名放在经营者的商号中，或者同意将自己的商号作为经营者的商号使用，使用后将与经营者承担连带责任（《商法》第537条）。

〔3〕 See Henry Hansmann & Reinier Kraakman, *The Essential Role of Organizational Law*, 110 Yale L. J. 387, p. 394－396 (2000－2001). 日语介绍文献参见［日］森田果：《金融交易中的信息与法》，商事法务2009年版，第44～68页。

偏好来分配风险。

(2)信托

信托中受托人为了信托且在受托人权限范围内从事交易,该交易的当事人是相对人和受托人,受托人基于该交易对相对人所负债务以信托财产履行责任(《信托法》第 21 条第 1 款第 5 项)。在信托中,从法律上来看信托财产与受托人固有财产分离,受托人的个人债权人对信托财产没有追索权,换句话说,不允许对属于信托财产的财产申请强制执行(《信托法》第 23 条),除非是信托财产负担的债务。因此,可以认为信托实现了信托财产与受托人固有财产之间的积极型财产分离。另外,受托人原则上必须以受托人固有财产对为信托进行的交易承担责任,除非有将责任限定于信托财产的特别约定或者利用了有限责任信托制度(《信托法》第 216 条)。对于受托人个人来说,在与信托债权人的关系中并没有实现防御型财产分离功能。

信托财产和受益人的财产之间是什么关系?一方面,《信托法》规定,受托人向受益人请求偿还费用需要有相关合意(《信托法》第 48 条第 5 款),原则上实现了受益人财产的高度防御型财产分离功能。另一方面,受益人的债权人通过扣押受益权等方式事实上可以实现对信托财产的追索。然而,比起信托债权,受益权处于劣后地位(《信托法》第 101 条),在这个范围内,信托财产与受益人的财产之间存在积极型(尽管不是完全的)财产分离。需要注意的是,《美国统一信托法》上允许设立的一部分浪费信托和慈善信托中承认积极型财产分离,在这些信托中信托财产不仅与受托人的债权人分离,而且承认信托财产与受益人的债权人完全隔离。

(3)匿名组合

由于匿名组合中成员的出资是归属于经营者的财产,因此从经营者债权人的角度来看并不承认积极型财产分离。这一点与信托中受托人个人债权人不能追及信托财产有很大不同。[1] 不管该财产是不是匿名组合成员对经营者的出资财产，营业者的债权人可以追及经营者的全部财产。从经营者角度来看，并没有认可积极型财产分离。

与此相对，匿名组合成员的债权人不能追及匿名组合成员对经营者出资的财产，因此，从匿名组合成员角度认可积极型财产分离。匿名组合成员向经营者出资的财产归属于经营者，匿名组合成员已不享有对出资财产的所有权和份额的所有权，因此匿名组合成员个人的债权人自然无法追及已经向经营者出资的财产。

但是，如果从匿名组合成员的个人债权人可以查封扣押匿名组合成员对经营者所有的债权或者行使代位权这一点来看，这个意义上的积极型财产分离功能也并不是排他的。然而，匿名组合成员基于匿名组合契约对经营者所有的权利，除确定的利益分配请求权外，事实上相较于经营者的债权人是处于劣后地位的。[2] 另外，匿名组合成员的权利不过是一种合同上的权利，因此通过合同对其进行限制是可能的，通过匿名组合成员与经营者之间的合同可以使匿名组合成员对经营者拥有的权利相较于经营者其他债权人所享有的权利处于劣后的地位。如果作出上述劣后处理的特别约定，事实上就可以实现“积极型财产分离”。实践中将匿名组合成员的债权当作股权式权利进行劣后处理的例子也并不少见。

---

〔1〕《民法》第676条第1款规定禁止组合成员处理组合财产持有份额，从该条的立法目的来看，一般解释为组合成员的债权人不能查封扣押该组合成员的组合持有份额。有力说认为，这里所称的组合财产是指属于组合财产的各个财产。参见东京高决昭和35年2月19日下民集11卷2号，第370页；[日]铃木禄弥编：《新版注释民法(17)》，有菱阁1993年版，第148页，换言之，一般也认可民法上组合具有积极型财产分离。与此相对，并不认可民法上的组合的防御型财产分离。

〔2〕有关匿名组合成员对经营者拥有的权利的法律性质，在后文详述。

由于经营者的债权人可以追究经营者的责任，因此在经营方面实现防御型财产分离并没有问题。与此相对经营者的债权人并不是当然可以追及匿名组合成员的固有财产，从这一点来看匿名组合成员可以实现防御型财产分离。但是，在匿名组合成员与经营者之间签订的匿名组合合同中约定了匿名组合成员承担责任的情况下，与该经营相关的债权人可以申请查封扣押经营者对匿名组合成员享有的债权，因此匿名组合成员并不是当然免于责任追及。这种情况下，匿名组合成员的防御型财产分离并不是完整绝对的。

此外，SPC担任经营者可以实现基于匿名组合合同出资形成的企业资产与匿名组合成员的财产分离，与此同时成为匿名组合的经营者的是特别目的法人，即SPC成为经营者，这种做法事实上可以实现财产真正经营者（SPC的所有人）的积极财产分离。

3. 投资计划的稳定性

与资产分离有关的一个重要问题是关于解除和终止信托合同或匿名组合关系合同的规则。如果解除或终止的事由被规定得很广泛，那么基于合同设立的投资运用或事业经营计划作为一种手法的稳定性就比较差。反之，解除事由越有限，那么该计划本身越稳定，财产分离功能就可以长时间发挥稳定作用。

对于信托，信托终止原则上需要委托人和全体受益人的同意（《信托法》第164条第1款、第105条第1款）。[1] 以下除外：①信托目的达成，或者信托目的无法达成；②受益人以固有财产的行使持有全部受益权且该状态持续满一年；③缺乏受托人的状态

〔1〕 但是，对受托人不利的时期终止信托时，如果委托人与受益人没有不得已的事由，则其对受托人的损害负有赔偿责任（《信托法》第164条第2款）。与本脚注相对应的内容和本脚注说明的规则不适用于委托人在现时尚不存在的情况（《信托法》第164条第4款）。

持续满 1 年;④因为不能预见的特别事由法院作出了信托终止命令或者为了确保公益作出终止命令;⑤法院作出信托财产破产程序开始的决定;⑥信托行为中规定了信托终止事由(《信托法》第 163 条),但受托人等关系人被宣告进入破产程序或者受托人死亡并不是信托的终止事由。

与此相对,对于匿名组合,一方当事人没有规定存续期间或者规定当事人终生存续时,各当事人可以在 6 个月前进行预告在营业年度结束时任意解除该匿名组合合同,另外不管是否规定了存续期间,如果发生了不得已的事由也可以随时解除(《商法》第 540 条第 1 款、第 2 款)。出现如下事由该匿名组合契约终止(《商法》第 541 条):①匿名组合的目的,即经营事业成功或者无法成功;②经营者死亡或者经营者被宣告监护;③经营者或者匿名组合成员被宣告进入破产程序。从解除和终止相关规则来看,匿名组合的稳定性不如信托。

但是,匿名组合合同中可以通过限制解除或者放弃解除权的方式保证匿名组合的稳定性。这种约定一般是有效的,但是可能也会存在即使有不得已的事由也无法承认该禁止的合意有效的情况。[1]

4. 匿名组合成员的权利——与受益权相比较

(1)法律性质

匿名组合合同在商法上被认定为债权合同。匿名组合成员出资的财产归属于经营者。匿名组合成员对经营者仅仅拥有利益分

---

〔1〕 有关民法上退出组合的限制,最判平成 11 年 2 月 23 日民集 53 卷 2 号,第 193 页,约定即使存在不得已的事由也不能解除的条款是无效的。不承认民法上的组合成员的防御型财产分离,讨论有关限制解除、清算的条款的效力与转让匿名组合地位、回避风险可能性的实际效果的文献,参见[日]山田诚一:《组合合同中设置不允许任意退出的条款的效力》,载《平成 11 年重要判例解说》,有斐阁 2000 年版,第 86 页。

配请求权,与民法上的组合不同,不承认匿名组合成员对匿名组合的持股份额。如果与信托进行比较,匿名组合成员不对出资财产以及基于出资财产形成的组合财产享有异议权或者撤销权那样的物权救济手段。[1] 因此,匿名组合成员对经营者享有的权利并不是像信托受益权那样存在物权性救济手段的权利,在经营者破产时,匿名组合成员不能对属于经营者的财产主张取回权,事实上处于劣后地位。

受益权是指对信托财产有物权性的权利,下文将通过与受益权的比较对匿名组合的法律地位作出说明。首先,匿名组合中本身不存在组合财产的概念,因此也就没有匿名组合成员的持股份额。[2] 其次,匿名组合中不是投资者和经营者之间设立的共同事业,[3]即使存在许多匿名组合成员,也不会像社员和受益人那样当然形成一种团体性的法律关系。[4] 换句话说,从匿名组合的历史沿革[5]可知,《商法》第535条规定匿名组合合同的当事人采用"一方"和"另一方"的表述,《商法》第540条使用的是"合同解除"而不是"组合成员的退出",以及《商法》上并没有关于多方法

---

〔1〕 有关受益权的法律性质,在信托法可以解决的范围内反而没有讨论的必要,比如是否承认基于受益权行使排除妨碍请求权,这一问题与受益权的法律性质有关。参见[日]能见善久:《现代信托法》,有斐阁2004年版,第180~181页。

〔2〕 参见[日]西原宽一:《商行为法》(第3版),有斐阁1973年版,第176页。

〔3〕 参见[日]我妻荣:《债权各论中卷二(民法讲义V3)》,岩波书店1962年版,第750页。

〔4〕 在存在2人以上受益人情形下如何决定意思表示这一问题上,平成18年(2006年)《信托法》将引入了团体法的相关规定变成可能(参见该法第105条以下)。

〔5〕 明治23年(1890年)《商法》在第1编第6章"商事公司及共算商业组合"章节,将匿名组合作为共算商业组合与当座组合、共分组合一起作为第三种类型进行规定。但是,明治32年(1899年)《商法》仅留下了匿名组合一种类型,但是匿名组合与公司不同,所以作为一种商事合同从商事公司章节移动到了商行为章节。于是与匿名组合相关的规则被放在商行为编交互计算之后。匿名组合的历史沿革参见[日]筱田四郎:《非典型匿名组合——类型论与法律构成(一)》,载《名城法学》1982年第31卷第1号,第6~10页。

律关系的规定,从这一系列规定来看,可以将匿名组合合同理解为只不过是两方当事人之间的合同关系。[1] 即使存在多数匿名组合成员,也是作为中轴的一方当事人(经营者)与其他当事人签订的个别合同,这也被称为"成员型(枢纽型)合同"。[2] 然而,在商法理论中也有观点认为,虽然从外部关系来看只存在经营者的经营活动,但是至少在经济实质上是一种共同事业。[3]

值得注意的是,匿名组合成员出资,享有信息请求权、业务调查权等监督权(《商法》第539条),这一点和拥有分红请求权的社员、受益人有相似性。因此,长久以来有力学说认为,民法上的组合是以经济上有共同利害关系为基础的,这一点应该准用于匿名组合。[4] 此外,从匿名组合成员从匿名组合合同中退出时的优先劣后关系来看,匿名组合成员(出资款返还请求权)虽然与经营者的其他一般债权人处于相同地位,但是产生损失导致出资减少时只能请求相应的余额(《商法》第542条),从这一点来看其具有股权的性质。接下来对这一点进行详细说明。

第一,在匿名组合中并不存在成员的份额权利或者受益权,这一点与民法上的组合与信托不同。第二,匿名组合成员的出资价

---

〔1〕 认定匿名组合成员与经营者之间仅存在与匿名组合成员人数相当的匿名组合合同并存的最高审级的判例,参见东京控院明治44年5月16日新闻743号,第20页。学说参见[日]西原宽一:《商行为法》(第3版),有斐阁1973年版,第176页。

〔2〕 参见[日]民法债权法改正委员会编:《详解债权法修改的基本方针V》,商事法务2010年版,第264页、第270页;[日]小町谷操三:《商行为法论》,有斐阁1943年版,第170页、第175页;[日]弥永真生:《Legal Mind 商法总则·商行为法》(第2版),有斐阁2006年版,第172页。从共同事业性出发,如果没有特别约定,匿名组合成员应当负有分担损失的义务。

〔3〕 参见[日]石井照久:《改定商法——商行为法和海商法》,劲草书房1954年版,第39页。

〔4〕 参见[日]松本烝治:《商法大意》(新修订版),岩波书店1935年版,第277~278页;[日]竹田省:《商法总则·商行为法》,新青山出版1997年版,第85页;[日]石井照久:《改定商法——商行为法和海商法》,劲草书房1954年版,第170页。承认匿名组合内部组合性的学说也很有说服力。

额的计算方式与持分公司社员在退出公司时请求返还出资(《公司法》第611条第2款)的计算方法一样,可以约定返还的出资额应该反映所经营事业的价值,出资价额增加这一点具有股权的性质。但是即使如此,匿名组合成员仅仅拥有债权性权利,并不能理解为拥有持分权。[1] 第三,匿名组合合同的存续期间越短,匿名组合的股权性特点越弱,匿名组合合同的存续期间越长,股权要素也就越强。第四,有关匿名组合成员的出资能否返还,出资因为产生损失而减少时,如果不填补该损失,匿名组合成员不能请求利益分配(《商法》第538条),虽然匿名组合合同终止时经营者负有返还出资价额的义务,但产生损失导致出资减少时,仅需要返还相应余额(《商法》第542条"但书"),匿名组合成员的出资并不会导致债务不履行。第五,承担损失并不是匿名组合的要件,事实上由匿名组合成员负担损失。

根据前述说明,匿名组合成员的出资返还请求权是一种具有股权性质的权利,匿名组合成员的利益分配请求权事实上处于劣后于经营者债权人的地位,也就是说具有"出资性"的特点,是一种股权性权利。出资返还请求权与利益分配请求权相同,在进行损失填补前并不是具体请求权。这样一来,出资返还请求权与利益分配请求权虽然是基于出资合同产生的匿名组合成员的权利,但是都具备股权性的特点。

如果将匿名组合成员的地位与股份相比较,按照是否采用持股份额的形式有所区别,匿名组合成员的地位只不过是合同上的地位。但是匿名组合成员的地位和股份都是基于"出资"产生的法律地位,在这一点上是一样的。因此,匿名组合成员所拥有的出资返还请求权和利益分配请求权是与股东所持有的剩余财产分配

---

〔1〕 参见[日]西原宽一:《商行为法》(第3版),有斐阁1973年版,第177页。

请求权和盈余公积分配请求权具有相同法律性质的权利。

股份公司中的剩余财产分配请求权和盈余公积分配请求权在具体确定之前只不过是一种抽象的权利,是一种观念上的期待权。[1] 这类抽象权利还不是附条件的债权或者附期限的债权。匿名组合成员拥有的出资返还请求权和利益分配请求权也应该作出相同法律性质的解释。这一结论也可归结于“出资”这一原因,与匿名组合中经营者通过经营获得利益的可能性无关。[2] 剩余财产分配请求权与盈余公积分配请求权从计算得出确定的金额之后变得具体,应当与抽象的出资返还请求权进行区分。[3]

(2)匿名组合成员的权利——物权保护的可能性

信托的受益人享有对针对信托财产的强制执行提起异议的权利(《信托法》第23条第5款、第6款),对受托人违反权限的行为行使撤销权(《信托法》第27条),以及受托人及其继承人想要处分信托财产的时候行使禁止请求权(《信托法》第59条第5款,第60条第3款、第5款)。下面对匿名组合成员是否也应该认可这种物权性权利进行讨论。

匿名组合成员在经营者破产或者查封扣押匿名组合成员的出资财产或匿名组合的事业财产时,原则上也不享有物权上的保护。

经营者在违反匿名组合合同使用或者处分匿名组合成员的出资时会如何?受托人为了信托而做出了权限外的行为时,相对人在该行为做出之时,知道该行为是为了信托财产而做出的行为,而

---

〔1〕 参见[日]江头宪治郎:《株式会社法》(第4版),有斐阁2011年版,第632页。

〔2〕 虽然股份公司预定分红,但是这种抽象的剩余金分配请求权并不是一种附条件债权或者附期限债权,资不抵债的公司抽象的剩余财产分配请求权也不是附条件债权或附期限债权。

〔3〕 应当区别剩余金分配请求权与股东大会决议确定的具体剩余金分配请求权,参见[日]江头宪治郎:《株式会社法》(第4版),有斐阁2011年版,第118页。

且知道该行为不属于受托人的权限或者因为重大过失不知道时，受益人可以撤销该行为（《信托法》第 27 条第 1 款）。对于可以进行登记或者登录的信托财产，该信托财产已经完成登记、登录，而且交易相对方在该行为做出之时知道该行为不属于受托人权限或者因为重大过失不知道时，受益人可以撤销该行为（《信托法》第 27 条第 2 款）。法律上的做法是将受托人权限外的行为认定为有效，但是在前面几种情形下承认受益人的撤销权。受益人的撤销权与信托理论有密切关系，粗略可分为三种学说。第一，根据（新）债权说的立场，原则上违反信托的法律行为是有效的，特别是从受益人保护角度来看应当对受益人赋予有对世效力的救济方法。[1]《信托法》规定“违反信托本旨”做出的处分行为是撤销权的对象，从信托内部关系来看，该处分行为的效果不归属于信托，但是从外部关系来看应首先将其视为有效，通过赋予受益人撤销权方式纠正违反忠实义务的行为。[2] 至于要求第三人主观要件是善意无重大过失的理由，立法作出了下列说明：如果仅要求善意无过失，就会作出与表见代理相同的要求，这种处理方式与受托人是完全权利人这一事实相矛盾。另外，将受托人视为法人的机关同样也是不恰当的，所以也没有采用要求善意的标准，而将善意无重大过失作为要件。[3] 第二，受托人所拥有的信托财产所有权是受到来自信托目的的物权性限制的。[4] 第三，从实质法主体说来看，受托人是信托的机关，承认受益人撤销受托人超越权限所做出

---

〔1〕 参见［日］松本崇：《信托法》，第一法规出版社株式会社 1972 年版，第 189 页。

〔2〕 参见［日］新井诚：《信托法》（第 4 版），有斐阁 2014 年版，第 313～314 页。

〔3〕 参见［日］村松秀树等：《概说新信托法》，金融财政事情研究会 2008 年版，第 78 页。

〔4〕 虽然该说明有说服力，但是将此作为特别规则。参见［日］能见善久：《现代信托法》，有斐阁 2004 年版，第 157 页。

的行为，一方面可以保护交易安全，另一方面立法选择赋予受益人撤销权，而不是将代位物作为信托财产，也可以认为存在信托财产目的对行为能力的限制。〔1〕

与此相对，经营者做出的行为对外是有效的，但是匿名组合并没有认可《信托法》上规定的救济权或者追索权这样的物权性权利，一般也不会认可《信托法》的类推适用。〔2〕如此一来就会变成匿名组合成员追究经营者债务不履行的责任。〔3〕

5. 经营者对匿名组合成员负有的善管注意义务和忠实义务

通说认为匿名组合合同只是一种债权债务关系，匿名组合成员的出资归属于经营者的财产，这一点与信托是相同的；但是匿名组合成员对经营者享有的权利没有物权性特点，这与信托受益权不同。经营者为了自己从事经营活动，并不是向受托人那样基于信义义务为了受益人的利益进行经营活动。但是，有学说认为在内部关系中存在内部组合，因此可以类推适用民法有关组合的规定，应当认为从事业务执行的经营者负有善管注意义务。〔4〕判例和通说承认，内部组合是指多人在经营共同事业时，以其中一人名义进行经营活动所必要的全部法律行为，所有必要的经济手段也

---

〔1〕参见［日］四宫和夫：《信托法》（新版），有斐阁1989年版，第73～74页。

〔2〕四宫和夫教授认为，在间接代理中为了使事务处理结果混同的两方当事人的利益恢复现状，应当认可委托人的取回权、异议权，但是否定追索权（撤销权）。与信托不同，间接代理不是持续管理行为，并不是出于对受托人的信赖将包括名义在内的财产权转移的法律关系，因此不应当承认撤销权（追及权）。参见［日］四宫和夫：《间接代理相关考察——以与信托的关系为中心》，载《四宫和夫民法论集》，弘文堂1990年版，第91～92页。

〔3〕但是，作为投资运用计划设立的匿名组合中采用分别管理时，已经不存在讨论物权性保护的余地。一般认为推定信托可以作为一种救济手段，虽然这不是匿名组合的逻辑。参见［日］小野杰、深山雅也：《新信托法解说》，三省堂2007年版，第18页。此外，在关于公共建设预付保证金制度相关的案件中，当事人没有明确意思表示但是法院认定存在信托合同。参见最判平成14年1月17日民集56卷1号，第20页。

〔4〕参见［日］西原宽一：《商行为法》（第3版），有斐阁1973年版，第181页。

是由该个人单独所有的法律形式。[1] 此外，有学说认为匿名组合成员与经营者之间有超越债权关系的法律关系，应当认为经营者用匿名组合成员出资形成的组合财产通过共同计算的方式、为了共同利益从事经营活动，由此产生了信托性的法律关系。[2] 该学说同时也肯定了经营者的信义义务。这种观点也肯定了匿名组合内部的组合性特征，虽然不认可组合财产的合有关系，但是认可信托性的关系。

一方面，如果匿名组合事实上是一项投资运用计划，经营者是投资运用业者，负有资产运用业者的义务，那么匿名组合中的经营者对匿名组合成员负有善管注意义务和忠实义务这一观点很可能是恰当的。另一方面，以组合法（合伙法）的方式也可以推导出具有共同事业性特点的匿名组合对匿名组合成员的善管注意义务和忠实义务。商法学说上，有力说肯定匿名组合合同中内在组合性特点，[3] 鉴于此也可以承认业务执行组合成员（匿名组合成员中为经营者）对组合成员（匿名组合中为匿名组合成员）负有善管注意义务和忠实义务（《民法》第 671 条、第 644 条）。

如果承认经营者的善管注意义务，善管注意义务的内容是否包含分别管理义务也存在问题。[4] 匿名组合中虽然不承认作为缺省规则的分别管理义务，但是通过匿名组合规定经营者的分别

---

〔1〕 有关内在组合相关的判例和学说的动向，参见［日］民法债权法改正委员会编：《详解债权法修改的基本方针 V》，商事法务 2010 年版，第 317～318 页。

〔2〕 参见［日］赤木晓：《匿名组合成员的出资》，载《法学志林》1982 年第 41 卷第 10 号，第 62～64 页。

〔3〕 参见［日］西原宽一：《商行为法》（第 3 版），有斐阁 1973 年版，第 178 页；［日］赤木晓：《匿名组合成员的出资》，载《法学志林》1982 年第 41 卷第 10 号，第 50 页；［日］平出庆道：《商行为法》（第 2 版），青林书院 1989 年版，第 339 页。

〔4〕 在信托的定义、信托设定意思之间关系中讨论经营者分别管理义务的文献，参见［日］能见善久、道垣内弘人编：《信托法研讨会——信托设定与信托财产》，有斐阁 2013 年版，第 59～60 页。

管理义务当然也是可能的。

6. 小结——信托与匿名组合的比较

在匿名组合成员的出资归属于经营者这一特点上，匿名组合和信托是一样的。但是匿名组合成员并不享有信托受益权那样的物权性权利，如异议权、撤销权，仅仅具有债权性质。经营者为了自己从事经营活动，并不像受托人那样为了受益人而行动。[1] 但是，如果着眼于匿名组合成员的法律地位，匿名组合成员在确保匿名性的同时还拥有收取基于经营者的经营产生的利益的权利，对发生的损失处于劣后的地位，这一点与受益人的地位相似。商法学说中有学说认可匿名组合成员与经营者之间的组合性（合伙性），也存在有力说认为匿名组合中的法律关系是超越了债权债务关系的信托性关系。如果认为匿名组合是进行投资运用或者共同事业的法律形态，那么一方面认可匿名组合成员的权利与收益权的差别，另一方面可以在肯定经营者对匿名组合成员负有信义义务的基础上进行讨论。[2]

二、非显名代理、行纪与信托

1. 非显名代理与行纪

(1)非显名代理的意义

《民法》规定代理人在其权限内表明自己是为本人实施行为

---

〔1〕 但是，如果存在将经营者的全部利益分配给匿名组合成员的特别约定，那么经营者的法律地位就会越来越接近于受托人的法律地位。

〔2〕 组合成员与业务执行组合成员之间的财产归属关系，事实上是将组合成员共有的组合财产以类似信托的方式向业务执行组合成员转让。参见[日]民法债权法改正委员会编：《详解债权法修改的基本方针V》，商事法务2010年版，第319页；[日]我妻荣：《债权各论中卷二（民法讲义V3）》，岩波书店1962年版，第770页。有关保护匿名组合成员的必要性以及现状的笔者的意见，参见[日]神作裕之：《交互计算、匿名组合——商行为法与金融法的交错》，载《新商业法》2010年第935号，第33～36页。

的意思表示直接对本人发生效力(《民法》第 99 条第 1 款)。如果没有表明是为了本人作出意思表示,除了相对人知道或者可以知道代理人是为了本人实施行为的情形外,仅在代理人与相对人之间产生权利义务关系(《民法》第 100 条)。日本民法在代理制度中原则上采用显名主义。与此相对,商法在商行为代理部分规定,代理人没有明示是为了本人实施行为的也对本人产生效力,采用的是非显名主义(《商法》第 504 条)。商行为的代理不是以代理人而是以本人为准判断,仅仅对相对人构成商行为的行为并不适用商行为的代理。[1] 相对人对不知道代理人是为了本人实施行为一事不存在过失的,可以选择与代理人产生法律关系,司法裁判上存在一旦作出这种选择,本人就不能主张与相对人之间存在法律关系的案例。[2] 相对人选择与代理人产生法律关系时,虽然相对人与代理人之间产生法律关系,但是背后本人与代理人之间存在类似于委任的关系,在构造上与信托关系类似。

(2)行纪的意义与法律构成——处分权

行纪是商法中与信托和非显名代理在经济实质上相似的法律行为(《商法》第 502 条第 11 款)。根据商法的定义,以自己名义为他人买卖物品或者以进货为业的人员称为"问屋",《商法》第 551 ~ 557 条规定了相应的行业规则。对于以自己名义为他人从事买卖或者进货以外行为的业者则准用问屋的相关规定(《商法》

---

〔1〕 参见最判昭和 51 年 2 月 26 日金法 784 号,第 33 页。

〔2〕 参见最判昭和 43 年 4 月 24 日民集 22 卷 4 号,第 1043 页。该判决中相对人在向代理人主张与本人的关系时,相对人证明自己并不知道代理人是为了本人实施行为一事,代理人需要证明相对人在不知道代理人是为了本人实施行为一事上存在过失。

第558条),这些人被称为准问屋。[1] 行纪中交易相对方与问屋之间存在权利义务关系,与委托人并不存在直接的权利义务关系。由此一来,在行纪关系中,委托人与问屋的法律关系和相对人与问屋之间的关系相分离,即使前者问屋合同不存在后者的法律关系也是有效的,在这一点上行纪关系是具有独立性的。

问屋被委托销售物品时,标的物的所有权将直接从委托人处转移到交易相对人。交易构造如下所示:问屋被委托销售物品时,该标的物的所有权是归属于委托人的,问屋一般只有处分权。[2] 处分权是指就该标的物基于问屋合同中的义务履行签订买卖合同,并将该标的物所有权转移给交易相对人的权利。问屋在买卖合同中是合同的卖方当事人(《商法》第552条第1款),买卖标的物的所有权基于问屋的处分权直接从委托人处转移到交易相对人。[3] 所有权属于本人或者委托人,不属于代理人和问屋,这一点与非显名代理和行纪类似,与信托财产名义上归属于受托人的

---

〔1〕 信托与间接代理的一般比较才是重要的课题,本章聚焦于以行纪为业的问屋展开讨论。四宫和夫教授认为在财产与权能产生分裂这一点上,信托与行纪存在相似性,有必要给予财产保有人物权性的保护,使两者具有相同的法律效果。参见[日]四宫和夫:《间接代理相关考察——以与信托的关系为中心》,载《四宫和夫民法论集》,弘文堂1990年版,第90~91页。

〔2〕 参见[日]西原宽一:《商行为法》(第3版),有斐阁1973年版,第267页;[日]江头宪治郎:《商行为法》(第7版),弘文堂2013年版,第256~257页;[日]金融交易中交付资产有关法律问题研究会:《从顾客保护观点交付资产法律制度的应然与实然》,载《金融研究》2013年第10号,第41页。

〔3〕 此外,《民法(债权关系)修改的中间试案》中建议设立授权(处分授权)制度,在委托购买情形下,所有权直接从委托人处转移给相对人。该试案中还提议,被授权人向相对人做出法律行为时,该权利直接向相对人转移,拥有该权利者向相对人主张的事由包括其他人与相对人存在法律关系时其他人可以主张的事由。做出授权(处分授权)后,授权人A与相对人C之间产生处分该权利的法律效果,与此同时被授权人B与C之间该法律行为的效果中不包括上述权利处分的效果,比如无过失出售委托时,产生B向C请求支付价款的请求权,产生C对B交付标的物的请求权。参见[日]法制审议会民法(债权关系)部会:《民法(债权关系)修改的中间试案》(平成25年2月26日)第4之12;[日]法务省民事局参事官室:《与〈民法(债权关系)修改的中间试案〉的补充说明》(平成25年4月),第48~49页。

信托关系不同。

(3)代理与行纪

行纪与代理的区别在于,如果是显名代理,区分“以自己名义”做出法律行为还是“表明是为了本人的利益”做出法律行为,[1]与此相对行纪与非显名代理的区别并不十分明确。法律上如果是问屋,则要求是明确存在为了委托人的意思或者是以委托人账户的意思;[2]如果是非显名代理,则要求存在代理权和代理义务也就是法律效果直接归属于本人的意思,这一点存在不同。但是与不存在“为委托人作出的意思表示”“代理意思”相比,区别并不明确。[3]

日本法上区分了代理权和处分权以及代理关系与行纪关系。与此相对,美国法与日本法上相当的行纪关系中大多数是被作为非显名代理或者“本人不特定代理”,适用代理法进行处理。接下来简单介绍美国法的情况。[4] 美国法下物品委托买卖中委托人与销售者的关系(相当于日本法上的行纪法律关系)是代理关系,如果买方在该物品购买时点并不知道谁是委托人,将该委托认定为“本人不特定代理”。[5] 美国代理法上规定了三种类型的代理

[1] 参见[日]西原宽一:《商行为法》(第3版),有斐阁1973年版,第262页。

[2] 参见[日]平出庆道:《商行为法》(第2版),青林书院1989年版,第371页;[日]江头宪治郎:《商行为法》(第7版),弘文堂2013年版,第236页。

[3] 参见[日]野野上敬介:《财产管理人实施行为效果归属的法理(一)》,载《法学论业》2012年第172卷第2号,第103~108页。

[4] 美国法上关于问屋的规则,参见[日]大冢龙儿:《从问屋委托实施行为产生的法律关系角度看agency的法理》;[日]铃木竹雄古稀纪念:《现代商法学的课题(下)》,有斐阁1975年版,第1219~1249页。有关美国代理法上的非显明代理与“本人不特定代理”,参见[日]神作裕之:《非显名代理》,载[日]樋口范雄、佐久间毅编:《现代代理法:美国与日本》,弘文堂2014年版,第95~119页。

[5] See Restatement Third, Agency §6.02 Comment d.

关系，分别是“显名代理”、“本人不特定代理”〔1〕(unidentified principal)和“非显名代理”。“本人不特定代理”是指“代理人与交易相对人进行交易时，虽然交易相对人知道代理人是为了本人行为，但是并不知道本人是谁”的代理。〔2〕从上述定义来看，相对人在与代理人交易的时间点，如果没有认识到代理人是为了本人做出行为就会被认定为非显名代理〔3〕，但是代理人向相对人披露了谁是本人，或者虽然本人是谁并不明确但是代理人向相对人披露是为了本人行为的，有观点认为非显名代理规则的内容被分解。〔4〕代理人实施的是给本人带来利益的法律行为时，根据本人对代理人所做出的表示，代理人有合理的理由相信本人希望代理人实施该行为的，会被认定为代理人享有“现实的代理权”。〔5〕与此相对，“表见代理权”(apparent authority)被定义为相对人有合理的理由相信代理人或者其他行为人有为了本人行为的权限，且该合理的信赖上有本人表示的印记，这种情况下本人和相对人之间会直接产生法律关系。〔6〕不仅在代理人拥有现实代理权的情况下，而且在代理人拥有表见代理权的情况下，都会成立“显名代理”或者“本人不特定代理”。与此相对，成立“非显名代理”仅限

---

〔1〕日本法立法在显名主义下是否承认“本人不特定代理”成为问题。包括法案起草者在内，一般认为需要明确本人。参见［日］法务省大臣官房司法法制调查部监修：《法典调查会民法议事速记录(1)》，商事法务 1983 年版，第 21 页。与此相对，少数说认为仅需要表明是代理即可。参见几代通：《民法总则》(第 2 版)，青林书院 1984 年版，第 310 页。

〔2〕See Restatement Third, Agency §1.04(2)(c) Comment d.

〔3〕在非显名代理下，不仅是本人与相对人，代理人与相对人之间也是合同当事人［Restatement Third, Agency §6.03(2)］。如果不知道本人是谁，相对人无法对本人口碑、资产以及其他可以证明信赖性的指标还有履约能力作出评价，所以相信代理人是承担该合同责任的主体是正当的。这一规则可以保护相对人的信赖，但是相对人、本人与相对人与代理人之间重复成为合同当事人，三者之间的法律关系定性就成为问题。

〔4〕See Restatement Third, Agency §1.04 Comment b.

〔5〕See Restatement Third, Agency §2.01.

〔6〕See Restatement Third, Agency §2.03.

于代理人拥有现实代理权,为本人利益实施行为的情形。非显名代理中,相对人并不知晓本人的存在,从保护相对人的观点来看并没有“表见代理权”出现的余地。[1] 美国法上将行纪与代理作为一种连续的安排这一做法对未来日本法也有借鉴意义。

2. 交易当事人——基于与信托的比较

按照代理所规定的形式(民事代理为显名代理,商事代理为显名代理或者非显名代理),买卖合同在相对人和本人之间订立。与此相对,行纪中对相对人负有权利义务的是问屋(《商法》第552条第1款),这和相对人与受托人之间存在合同关系的信托类似。

信托关系中,受托人以自己的名义和计算与相对人进行交易,受益人拥有受益权。受益人在受益权性质允许的范围内,或者仅限于该范围内,可以向相对人或者第三人做出一定的法律请求,比如,强制执行信托财产时的提出异议权(《信托法》第23条第5款、第6款),对受托人违反权限做出的行为行使撤销权(《信托法》第27条)以及前受托人或者其继承人想要处分信托财产时的停止请求权(《信托法》第59条第5款,第60条第3款、第6款)。此外,受托人无须接受来自相对人的请求,原则上受益人是可以获得有限责任的保护的。平成18年(2006年)《信托法》规定,受托人并不当然对受益人享有费用偿还请求权,由此强化了防御型财产分离效果(《信托法》第48条第5项)。后文将详述有关行纪关系中对委托人的物权性保护。行纪中委托人与问屋之间的关系准

[1] 但是,即使是非显名代理,也需要以现实的代理权为前提,一定情形下,依据禁反言原则承认本人的权限及责任(Restatement Third, Agency §2.06)。

用有关委任的相关规定。[1] 信托中受益人与受托人之间并不一定有委任关系,但是受托人对受益人负有直接的善管注意义务和忠实义务,事实上与委任关系类似。有关问屋对委托人负有的义务在后文进行说明。

3. 对外关系与责任财产——财产分离性

信托中的对外关系与责任财产的独立性已经作出说明,这里不再重复。受托人为该信托实施的权限内的交易,该交易的当事人为受托人与相对人。原则上该相对人可以对受托人的固有财产和信托财产申请强制执行。

行纪与信托相同,原则上与问屋签订了合同的交易相对人即使知道该合同背后存在委托人,也不可以基于该合同向委托人请求履行义务,或者提出如果委托人是当事人就可以对抗的抗辩。[2] 这是因为法律关系是在问屋与相对人之间成立的。问屋与相对人的法律关系与问屋与委托人之间的法律关系互相分离是行纪法律关系的特点。问屋所拥有的标的物和金钱的处理在后文说明。

与此相对,非显名代理关系中,合同关系不是在相对人和代理人之间,而是在相对人与本人之间成立的,因此本人资产可以被区分为该事业用资产和该事业用以外的资产,与前者资产相关的债权人对该财产有优先权,也就是说这里不存在积极型财产分离功

[1] 《商法》第 552 条第 2 款规定,有关问屋和委任者的关系,准用委任和代理的相关规则。但是,判例和通说认为,当然适用有关委任的规则,但是否可以准用代理相关规则需要根据个案决定,比如问屋在向其他问屋进行再委托的时候,不适用《民法》第 107 条第 2 款规定的复代理制度的相关规定(最判昭和 31 年 10 月 12 日民集 10 卷 10 号,第 1260 页)。问屋没有代理权,所以不是复代理关系。

[2] 参见[日]西原宽一:《商行为法》(第 3 版),有斐阁 1973 年版,第 265 页;[日]江头宪治郎:《商行为法》(第 7 版),弘文堂 2013 年版,第 259 页。但是,有力说认为,委托人欺诈、委托人知道或者不知道应当对买卖合同产生影响,在此范围内考虑委托人的类型。

能的问题。但是,在非显名代理中,相对人可能并没有与本人交易的意图,商法规定相对人不知道代理人是为了本人利益实施行为时,可以向代理人请求履行(《商法》第504条“但书”)。判例和多数说的观点认为,从该条文的解释出发,要求相对人对不知道代理人是为了本人实施行为一事不存在过失,相对人需要证明自己不知道代理人是为了本人实施行为,代理人如果可以证明相对人对于不知道代理人是为了本人实施行为一事存在过失,那么代理人不需要承担责任。[1]

4. 投资计划的稳定性

商事代理与行纪基于(准)委任合同产生时,是根据当事人的意思设立的。与此相对,设立信托时并不要求受益人做出受益的意思表示(《信托法》第88条第1款),也不要求受益人知道信托的设立。这一区别并不会在商事利用中成为问题。

重要的是,在商事代理和行纪中,上述合同的一方当事人的意思表示或者死亡可能导致商事代理或者行纪关系终止。但是信托中并不会因为委托人、受托人、受益人任何一人的意思,或者相关当事人死亡而当然终止。相较而言,信托更具有稳定性和持续性。[2] 代理权会因为本人死亡,代理人死亡、被宣告破产或者宣告被监护而消灭,与此同时会因委任终止而消灭(《民法》第111条)。《民法》第653条规定了委任终止事由,除此之外,各当事人在任何时候都可以解除委任关系(《民法》第653条第1款)。根

---

〔1〕 参见最判昭和43年4月24日民集22卷4号,第1043页。相关学说的动向,参见[日]森本兹:《商法第504条与代理制度》,载[日]林良平老师60周岁纪念:《现代私法学的课题与展望(中)》,有斐阁1982年版,第279以下;[日]泽野直纪:《商事代理的非显名主义》,载[日]竹内昭夫编:《特别讲义商法Ⅱ》,有斐阁1999年版,第69页以下。

〔2〕 有关信托终止的规则,前文已述。

据特别约定放弃解除权或者对解除权进行限制时，在合理范围内会被认定为有效。除此之外，在商事代理中制定了特别规定，通过商行为委任产生的代理权〔1〕不会因为本人的死亡而消灭(《商法》第506条)，代理人将成为本人继承人的代理人。

综上所述，在通过委任授予代理权的商事、金融领域，代理与行纪为基础的投资计划的稳定性不如信托。

5. 委托人(本人)的权利与受益权

(1)物权保护的可能性

以证券公司为例进行说明。〔2〕接受了来自顾客证券委托买卖行为时构成行纪，证券公司被认为是问屋。问屋在接受出售委托时仅仅拥有处分权，向相对人出售该证券前该证券的所有权属于委托人，因此在问屋破产时委托人可以基于所有权行使取回权，这一点应该没有疑问。与此相对，问屋在接受购买的委托时，在与相对人的关系中，问屋实施行为的法律效果全部归属于问屋，该证券所有权也归属于问屋。因此，问屋在拥有该证券所有权时如果陷入破产，根据传统的通说，只要委托人没有采用受让程序受让问屋实施委托买卖取得的权利，那么委托人不能对抗问屋的债权人。〔3〕

但是，有力说指出，上述做法缺乏对委托人的保护，特别是缺

〔1〕“商行为的委托”是指委任行为本身从委托人处看是商行为的情形。参见大判昭和13年8月1日民集17卷，第1597页。

〔2〕即使将范围限定在证券交易，在问屋将委托人的资产以金钱或者银行存款的形态存在银行的情形、无纸化证券成为行纪的对象的情形下，需要个案判断，在本章中仅仅是指现物证券。与该问题有关的最新讨论，参见[日]金融交易中交付资产有关法律问题研究会:《从顾客保护观点交付资产法律制度的应然与实然》，载《金融研究》2013年第10号，第41页；[日]江头宪治郎:《商行为法》(第7版)，弘文堂2013年版，第39～66页。

〔3〕有关学说的动向，参见[日]江头宪治郎:《商行为法》(第7版)，弘文堂2013年版，第255～256页。

乏对已经支付了购买价款的顾客的保护，就问屋通过委托买卖取得的权利，应该认可委托人享有取回权。换言之，《商法》第552条第2款规定中所称“问屋”应当包含问屋和问屋的债权人。[1] 此外，就问屋与委托人的关系来说，物品的买卖完全是以委托人的账户进行的，鉴于这一经济实质问屋无须转让权利，也应当解释为该权利归属于委托人。[2] 行纪与信托具有类似性，问屋以委托人的账户取得的权利归属于问屋，但是向委托人转让前非基于委托购买实施的购买行为而取得的财产不构成问屋的一般债权的责任财产。[3] 也有观点认为，在和相对人的关系中问屋实施的买卖效果全部归属于问屋，在问屋与委托人的关系中问屋因实施委托购买取得的权利归属于委托人。四宫和夫教授认为，一般间接代理中，双方当事人因事务处理结果产生混同，在权能和财产分类的情形下回复双方当事人的利益现状是非常重要的。另外，间接代理人的一般债权人只对间接代理人取得的权利拥有一般性、抽象性的利害关系，本人则拥有具体的、实质的利害关系，因此应当肯定本人的取回权。[4]

与上述观点相对，传统观点认为，委托人如果没有采取受让程序从问屋处受让问屋通过委托购买取得的权利，就不能向问屋债权人主张自己的权利。因此可以在解释论上将向委托人转移权利的时间点提前，实现对委托人保护。换言之，支付购买委托的价款

---

〔1〕 参见[日]铃木竹雄：《问屋关系中的委托人地位》，载《商法研究》第1卷，有斐阁1981年版，第274页。虽然没有说明理由，但是认为应当认可取回权，参见[日]西原宽一：《商行为法》(第3版)，有斐阁1973年版，第267页。

〔2〕 相关判例见大判大正12年12月1日刑集2卷，第895页(肯定问屋挪用罪的成立)，有关学说参见[日]竹田省：《商行为法》，弘文堂1931年版，第138页。

〔3〕 参见[日]神崎克郎：《证券买卖委托人的法律地位》，载《神户法学杂志》1964年第13卷第4号，第522~525页。

〔4〕 有关“间接代理”，参见[日]四宫和夫：《间接代理相关考察——以与信托的关系为中心》，载《四宫和夫民法论集》，弘文堂1990年版，第90~91页。

之时问屋与委托人之间通过自己合同转移了购买物品的权利,或者将动产、有价证券与其他物品分别保管,通过占有改定的方式满足了对抗要件时应当承认委托人的取回权。[1]

有判例[2]认定,委托人事实上拥有问屋取得的权利的利益,问屋债权人不应当期待问屋因为委托取得的权利可以作为自己债权的一般担保,承认了委托人的取回权。

有关这一点的理由如下所示。

第一,在委托购买的情形下,所有权原则上从相对人处转移给问屋,例外认可直接归属于委托人的顾客。例外情形包括:对委托人来说购买证券是商行为时,问屋作为代理人,委托人直接从相对人处取得所有权;对交易相对人来说真正购买人是谁并不成为问题,问屋已经从委托人处受领全部的购买价款并且存在所有权立刻归属于委托人的意思。在第二种情形中,并不是立刻将所有权归属于问屋,也没有必要直接否定委托人取得直接所有权。

第二,有力说认为,问屋应当尽早完善对抗要件,将归属于自己的证券转移给委托人。完善对抗要件有占有改定和为了满足特定性要求实施分别管理两种方式。

第三,如果不符合上述任一情形,委托购买时该证券所有权应当归属于问屋,成为问屋一般债权人的责任财产。这种情况下,如果问屋破产,本来希望通过立法为委托人提供救济措施,但目前只能通过法律解释进行处理,除了行使介入权或者通过自有账户实施交易外,很难解释为委托人在对问屋买入的证券实现特定化之后可以行使取回权,也很难解释为委托人基于行纪合同对问屋享有的债权优先于问屋的一般债权人。但是这种解释并非当然妥

〔1〕 参见[日]伊藤真等:《条解破产法》,弘文堂2010年版,第451页。
〔2〕 参见最判昭和43年7月11日民集22卷7号,第1462页。

当,从证券公司业务的法律形态和实际情况来看,如果该证券属于顾客资产是众所周知的事实,那么这可以成为不要求对抗要件的一个实质理由。此外,将委托人与问屋的内部关系反映到问屋与一般债权人之间的关系中,对委托人进行保护的依据可以从信托或者信义要素中找到。〔1〕

与此相对,在代理中,委托人本人向相对人直接取得权利。因此证券公司如果是顾客的代理人,不管是委托出售还是委托购买,证券公司都不享有该证券的所有权,所以即使证券公司破产,该证券也不属于破产财团。

(2)非基于委托人指示实施的交易、代理人权限外行为的效果与委托人保护

问屋如果非基于委托人指示利用顾客的账户买卖有价证券,在会计处理时从顾客的账户中扣除了相当于手续费、交易损益的金额,该未经授权的买卖行为的效果不归属于顾客,判例和通说都认为顾客没有产生相当于上述金额的损害。〔2〕 这与无权代理的思考方式相同,没有给予指示的行为效果不归属于委托人。

这个规则与信托受托人超越权限时受益人撤销权规则不同。〔3〕

---

〔1〕 德国《商法》第392条第2款规定委托人受让问屋对相对人拥有的债权后可以主张该债权,但是转让前在委托人与顾客以及顾客债权人之间关系中该债权被视为是委托人的债权。其合理性可以从信托性特征进行说明,参见 Karsten Schmidt, Handelsrecht, 6. Aufl, §31,IV Rdn. 124(2014)。从该规定的目的来看,问屋对相对人拥有的债权不得被问屋的债权人申请查封扣押,在发生继承时也不会归于继承财产,相对人向问屋履行债务,对问屋持有债权的相对人可以该债务向问屋主张抵销。如果是委托购买,且标的为物、证券,有关买卖价款能否类推适用该规定是德国法的课题,判例和过去的通说持否定态度,现在的通说持肯定态度,参见 Baumbach/Hopt, HGB, 35. Aufl., § 392Rn. 7(2012)。

〔2〕 参见最判平成4年2月28日判时1417号第64页。相关学说参见[日]河本一郎:《证券、商品交易的不当劝诱与不法行为责任》,载[日]上柳克郎老师60周岁纪念:《商事法的解释与展望》,有斐阁1984年版,第498页;[日]江头宪治郎:《商行为法》(第7版),弘文堂2013年版,第242页。

〔3〕 有关受益人对受托人违反权限行为的撤销权,前文已述。

非基于指示的问屋实施行为与取回权和异议权不同,该行为以有效为前提,一般不会类推适用《信托法》上有关撤销权的相关规定,或者在解释论上承认追索权。间接代理的情形下,为了使事务处理结果混同的双方当事人的利益恢复现状,承认委托人拥有取回权和异议权的四宫和夫教授也否定了追索权(取消权)。[1] 理由如下:与信托不同,间接代理不是持续管理行为,不存在信赖受托人而将包括名义在内的财产权转移的法律关系等。另外,辻正美教授认为,权利归属人的管理权具有对世效力,想要排除这一对世效力本身是不可能的,旧《信托法》第31条是民法一般规则的特别例外,类推适用该条款承认实质受益人的处分权并不妥当。[2]

问屋没有遵照指示实施的交易并不是无效的,所以相对人在明知道或者因为过失不知道对方没有权限的情况下,仅向问屋请求履行即可。[3]

(3)委托人(本人)的监督权、指示权

在商事代理和行纪的情形下,本人和委托人可以对商事代理

---

〔1〕 参见[日]四宫和夫:《信托法》(新版),有斐阁1989年版,第91~92页。

〔2〕 参见[日]辻正美:《受托人违背信托处分的效力(四)完》,载《法学论业》1980年第106卷第6号,第41页。

〔3〕 道垣内教授指出,这与他人买卖是一样的。参见[日]道垣内弘人:《从无权限人处善意取得》,载《法学教室》2005年第300号,第96页。在买卖他人物时,善意的卖方可以行使解除权(《民法》第562条)。该条的目的是即使对于别人的权利卖方也负有取得该权利向买方交付的义务(《民法》第560条),因此如果是善意的卖方,应当允许卖方解除合同,从合同的拘束力中解放出来。但是,该规则与卖方向买方转移已经取得他人权利的义务相矛盾,《民法(债权关系)中间试案》建议删除《民法》第562条的规定(参见《民法(债权关系)中间试案》第35之8。关于《与〈民法(债权关系)修改的中间试案〉的补充说明》,参见[日]野野上敬介:《财产管理人实施行为效果归属的法理(一)》,载《法学论业》2012年第172卷第2号,第418页)。另外,判例上即使在买方是恶意的情形下,如果卖方没有向买方转移他人权利,也被认定为存在归责事由,仍旧可以追究其债务不履行责任(参见最判昭和41年9月8日民集20卷7号,第1325页)。上述判例的法理是否及于在讨论问屋的善管注意义务、忠实义务时相对人是恶意的情形,有待进一步研究。

人和问屋做出指示，前者可以对后者做出指示和监督。与此相对，对于信托，如果没有约定委托人或者受益人拥有指示权，就意味着并不当然对受托人享有指示权。从监督受托人的观点出发，《信托法》对受益人和委托人赋予了监督权。

6. 代理人、问屋对委托人（本人）负有的善管注意义务和忠实义务

基于（准）委任合同授予代理权，或者基于问屋合同成立行纪关系，委托人（本人）与代理人、问屋之间适用委任法的规定，代理人（问屋）对委托人（本人）负有善管注意义务和忠实义务。判例和通说认为善管注意义务中包含忠实义务，因此与信托中的受托人与受益人的关系基本相同。

三、结语

本章通过比较商行为法中的匿名组合、非显名代理、行纪与信托，分析了商法上各制度、合同类型与信托的异同，希望能够说明信托的特征。本章作为绪论性的研究不够完备，因为没有对“显名”的意义与功能[1]、管理权、与授权相关的关系进行讨论。但是伴随着民法（债权关系）的修改商行为法可能也会进行修改，因此对商行为法上各制度与信托法的关系进行讨论是有一定意义的。今后会深化这方面的研究。

---

〔1〕 比如说，平野教授认为民法上的传统理解是显名的意思表示效果在于产生代理效果，此外还提到了与民商法共通的代理法（《民法》第99条、第100条，《商法》第504条）的立法论。参见［日］平野裕之：《显名的问题点》，载椿寿夫、伊藤进编：《代理的研究》，日本评论社2011年版，第376～395页）。与此相对，《商法》第504条的法理（参见最判昭和43年7月11日民集22卷7号，第1462页）被认为为解释论开辟了道路，在解释论上承认本人与相对人之间，以及代理人与相对人之间可以存在并存选择的法律关系。该观点因为可以带来法律关系的共同性而被肯定，有关该条的讨论，参见［日］佐佐木典子：《连带契约关系》，载椿寿夫、伊藤进编：《代理的研究》，日本评论社2011年版，第244～261条。

第三编　商事信托的展望

第十三章 日本信托制度的未来

神田秀树

一、日本的金融制度改革与信托制度改革

日本的《信托法》与《信托业法》均制定于大正 11 年(1922 年)。此前日本无论是私法层面还是业法层面均不存在关于信托的一般性法规。

此后直到 2004 年年底修订了《信托业法》,在该法 80 余年的历史当中,昭和 18 年(1943 年)《兼营法》的制定是一个关键的节点,特别是第二次世界大战后日本采取了将信托公司全部转为信托银行的政策,从那以后信托业就一直被定位为金融业的一部分。

从该意义上来说,关于日本的金融制度改革,从历史上看应该对两个方面加以区分。一个方面是包括银行制度改革在内

的金融制度的改革,另一个方面则是信托制度的改革。

平成4年(1992年)的金融制度改革允许采用不同业态子公司的方式,所谓的不同业态的相互加入得以解禁。在平成8年(1996年)11月发表的日本版金融大爆炸中,作为法律制度的改革,平成10年(1998年)进行了被称为《金融系统改革法》的一系列修改,但这些都是金融制度或者银行制度的改革,而并非信托制度的改革。在此次改革中,传统的"信托银行"制度并未发生变化。就平成4年(1992年)的相互加入而言,只是允许设立信托银行子公司,并非允许设立信托公司。

另外,就第二次世界大战后信托银行的主要商品贷款信托而言,相当长时期贷款信托的利息都被纳入规制利息体系。虽然后来的利息自由化改革也对信托银行制度产生了影响,但该改革本身是银行制度或者金融制度的改革,而并非信托制度的改革。真正意义上的信托制度改革开始于平成12年(2000年)。

也就是说,在平成10年(1998年)的《金融系统改革法》中,虽然存在部分例外,但是基本上可以说不是信托制度的改革,而是银行制度、金融制度的改革。真正的"信托制度改革"直到平成12年(2000年)才开始,并与2004年《信托业法》的修改直接相关。

首先,关于上述部分例外,在平成10年(1998年)《金融系统改革法》中,也有若干与信托相关的修订。也就是说,关于以实物有价证券为信托财产时的信托的公示,在业法上承认《信托法》的特例。另外,根据平成10年(1998年)《金融系统改革法》对《有价证券交易法》进行的修订中,首次规定证券公司从顾客处取得的金钱原则上必须进行信托。但是,若对这些例外进行整理,还是应该将其归为金融制度改革。

其次,关于平成12年(2000年)的几项法律修订,其对于商事信托法制而言意义重大。因此,可以说平成 12 年(2000 年)才是信托制度改革的元年。具体而言,第一,对于以注册债券为信托财产的情形,承认信托的公示的特例。第二,对于平成 10 年(1998 年)制定的资产流动化领域的基本法《资产流动化法》,制定不到两年就于平成 12 年(2000 年)进行了大幅修订。第三,继平成 10 年(1998 年)对《证券投资信托法》进行了大幅修订后,平成 12 年(2000 年)又再次进行了大幅修订。《资产流动化法》和《投资信托法》的修订在金融审议会审议的基础上,一同作为面向 21 世纪的"集体投资手法"的法律制度改革得以实现。

首先,在《资产流动化法》的修订中,作为资产流动化的"容器",承认了信托的形态。关于该信托方式,包括受益权的有价证券化在内,为了实现多名受益人集体行使权利采取了多项立法措施,即使只是在资产流动化的领域,也成功创造出了可谓"商事信托法"的世界。此次修订的另一大收获是新设了日本版慈善信托的规定。其次,关于《投资信托法》也进行了大幅修订,原本的《证券投资信托法》中的"证券"二字被删除,称为《投资信托法》。此次修订使不动产投资信托(所谓的日本版不动产投资信托)成为可能,可以说具有划时代意义。关于信托,新引进了受托人也就是由信托银行开展运用业务的形态的投资信托(法律上称为"委托人非指示型投资信托")等,进行了与商事信托相关的重要且具有划时代意义的修订。

另外值得关注的是,税收制度上也配合此次平成 12 年(2000 年)的修订,针对在上述集体投资手法中利用信托的情形引进了新的处理办法。

而进一步推动上述信托制度改革的契机是后述 2004 年新《信托业法》的制定。

二、《信托法》的修订工作及其意义

2004年秋天,日本法务省的法制审议会的信托法部会启动了《信托法》的全面修订工作。每两周进行一次审议,时间为周五下午1时到5时,但会上展开了热烈的讨论,有时到下午5时都无法结束。此次修订并不只是将用片假名表述的《信托法》改为平假名,而且对法律的内容作出重大修改并新增条文。

关于《信托法》的修订工作,目前正在信托法部会展开激烈的讨论,其中包括可能大大改变现行《信托法》的想法的重大修订内容。例如,将受托人的义务变为原则上的任意规定、引进受托人的有限责任制度等。

笔者在这10余年的时间里一直强调"商事信托"这一概念,同时强烈主张应完善与之相关的法律制度。信托协会也早在10多年前就设置了由学者和实务界人士组成的"商事信托研究会",笔者也有幸成为研究会的一员。该研究会将10余年的研究成果汇总成私法层面关于商事信托的立法提案,并于平成13年(2001年)3月由有斐阁出版社以《商事信托法的研究》为题作为图书出版。该成果也在此次《信托法》的修订工作中得到利用。

至于为何现在对《信托法》进行根本性的修订,可能也有历史的偶然性因素。《信托法》的主管部门是日本法务省,法务省近年来正依次对民事和刑事的基本法制进行明治以来的大修改,《信托法》也是对象之一。从该意义上来说,在时机上有幸运的成分在其中。

个人认为自第二次世界大战后日本经济高速发展时期以来,日本的《信托法》与信托银行所开展的信托业务严重不符,因此一直存在各种各样的问题。这些问题一直以来都是靠"智慧"来解决的。例如,关于信托的合并和分割,《信托法》没有任何规定。然而,在实务中当然存在对基金进行统合等信托的合并或分割的需求,该问题一直都靠智慧来解决。但也有无法通过智慧来解决的情形,对此一直通过在特别法中设置特别规定来加以应对。

在此就上述情形举几个例子。

第一个例子,在进入无纸化时代之前,假设想将信托的受益权变为私法上的有价证券加以流通,但是该设想由于《信托法》中没有规定而无法实现。因为该问题无法通过智慧来解决,而只能在特别法中设置有价证券化的规定,所以就有了《资产流动化法》和《投资信托法》的相关规定。

第二个例子,有多名受益人的信托在现实中较为常见。其中也包括每一份信托合同像贷款信托一样分开但进行共同运用的情形。在该情形下,有时需要变更信托合同的格式条款,但是《信托法》对此未作任何规定,故只能按照原则来处理,即《信托法》需要获得所有受益人的同意。然而,这样该变更就难以实现,因此还是要通过在特别法中设置特别规定来解决。对此,《兼营法》、《投资信托法》和《资产流动化法》都设置了相应的规定。

第三个例子,在金融危机的时候信托的公示成了一个大问题,在以有价证券作为信托财产持有的情形下,根据《信托法》第 3 条的规定需要履行公示的手续,但是实际上无人进行公示。这是因为有价证券在不停地发生变化,对于不停变化的信托财产无法按照《信托法》第 3 条第 2 款进行公示。关于这一点只能说法律的规定有问题,因此只能在《信托业法》中新增第 10 条第 1 款,通过特别法来解决。该规定也为 2004 年年末新颁布的《信托业法》所继承。

总而言之,《信托法》有些方面还是与实务和实际情况不符,迄今为止这些问题要么通过智慧来解决,要么在智慧无法解决的情况下,通过在特别法中设置特别规定来解决。

希望上述问题能够通过《信托法》的修订得以解决,即通过修订《信托法》使受益权得以有价证券化,在有多名受益人的情形下可以通过多数决或其他合理的方法变更信托合同,关于有价证券的公示等可以采取更为合理的方法。这样的话就无须在《信托业法》等个别法中设置特别规定。当然在《信托法》修订完成后,业法方面的《信托业法》和《兼营法》,以及作为特别法的《投资信托法》和《资产流动化法》等也需要重新整理。

关于《信托法》修订还有一点要说的是,以上所提到的主要是笔者所说的"商事信托"领域的问题。第二次世界大战后日本的信托银行所开展的信托几乎都是该意义上的商事信托。但是放眼未来,随着少子老龄化社会的到来,信托将不再局限于金融,而是像英美法那样作为财产管理制度被广泛用于财产的继承等。另外,现在对公益信托的需求也在不断扩大。关于现在的《信托法》对此是否可以应对,虽然其似乎意识到了这些问题的存在,但是公益信托以外的民事信托迄今为止在日本尚未得到广泛使用,现在的《信托法》是否可以原封不动尚不清楚。

综上所述,《信托法》的修订是对基本法的修订,因此十分重要。如果《信托法》的修订能够到位,那么就无须在特别法中设置特别规定。从该意义上来说,此次《信托法》的修订对于日本信托的将来非常重要。

三、《信托业法》的修订及其意义

稍微晚于原定日期,2004 年 12 月《信托业法》完成了全文修订。《信托业法》与《信托法》均制定于大正 11 年(1922 年),因此或许会让人觉得应该同时对《信托业法》和《信托法》进行修订。

关于为何先行修订《信托业法》，这是因为实务界强烈要求尽快修订《信托业法》，以撤销受托可能财产的限制和扩大信托业从业者的范围。反言之，修订前的《信托业法》在这两个方面具有局限性。

关于受托可能的信托财产，修订前的《信托业法》的第 4 条非常有名，其将信托公司可接受的原始信托财产的种类限定为 6 种。而《兼营法》也受到了《信托业法》的影响，在《兼营法施行规则》中对受托可能财产进行了限定列举。而对于规定范围外的财产则无法开展信托业。

关于之前对此如何应对，例如，针对特定目的信托，平成 12 年(2000 年)《资产流动化法》修订设置了第 163 条第 2 款，明确规定不受《信托业法》第 4 条的限制。另外，作为切断资本关系的构造，平成 12 年(2000 年)还在《资产流动化法》中引进了特定份额信托制度。《资产流动化法》第 31 条之 2 也规定不受《信托业法》第 4 条的限制。另外关于著作权，《著作权管理事业法》也排除适用《信托业法》第 4 条。如此应对的局限性也很明显，无论是在资产流动化领域，还是在知识产权领域，因为在《信托业法》中没有列举就无法进行相应业务，这本身就不太正常。虽然因为需求很大所以之前通过以特别法排除适用《信托业法》的规定来应对，但还是应该追本溯源修改《信托业法》的规定，因此 2004 年对其进行了修订。其结果是废除了《信托业法》中的限定列举，规定只要是《信托法》第 1 条的财产权即可。

关于《信托业法》修订的另一关键内容“信托公司的解禁”，日本自 1945 年后采取了将信托公司转为信托银行的政策，虽然《信托业法》一直存在，但没有根据《信托业法》取得执照的信托公司，这种制度上的奇特的状况一直持续。在法律制度方面,实际得以适用的法律只有《兼营法》,相关部门法规较为完善。

关于这一点,实务上也有相当程度的需求。例如,集团企业想将集团持有的专利权等集中管理而使用信托,或者作为资产流动化的载体使用信托,此时在日本只能设立信托银行。也就是说必须先创建承载银行业务的载体,但银行的注册资本不得低于 20 亿日元,这对企业而言是相当重的负担。而此时真正想利用的是信托的功能,而不是信托银行的功能,因此实务上强烈呼吁能够根据《信托业法》创建一个不伴随银行业的信托公司,换言之,就是使《信托业法》变成一部真正能够被加以利用的法律并承认信托公司。

但是,这种情况下还需要进行“灵活化”(柔软化)。例如,根据《信托业法》设立的信托公司全部采用执照制,但是一律采取相同的规制不便于使用。因此此次修订将法律制度灵活化,在准入方面原则上采用执照制,但同时规定了注册制和申告制。另外,在内容上也进行了相应的区分,新增了受益权销售业,创建了灵活的构造。

综上所述,此次修订有以下两个关键点。一是在对不伴随银行业的信托专业公司的需求高涨之下,通过修订《信托业法》来扩大信托业的从业者范围,为信托公司的登场创造环境。二是《信托业法》的修订方式较为灵活,例如,若进行运用则采用执照制,若只是管理则采用注册制。

此外,此次《信托业法》修订对受托人的义务等也作出了详细规定,在此不具体展开。

四、日本的信托制度与信托行业的未来

信托制度所处的环境正发生着剧烈的变化,以下就日本信托

的未来走向发表一些个人看法。

在日本的金融和资本市场领域，作为一项重要政策，目前正在推动“从储蓄到投资”。因此，预计信托将有更广阔的用武之地。这是因为利用信托能够创造出各种投资商品和投资手法。

信托应该说有两张面孔。一是朝向金融的面孔，这一点恰好与从储蓄到投资的潮流一致，因此信托今后将得到更广泛的利用。二是传统上所说的民事信托，例如财产的继承。迄今为止其在日本尚未得到广泛利用，因此预计今后将有更多这方面的需求。因为信托存在这两张面孔，所以相信今后将有更广阔的用武之地。

关于金融方面的面孔再补充一点，那就是完善《投资服务法》的时期与完善信托的基础设施的时期，即《信托法》修订后以及对一般业法和个别业法进行整理的时期正好重合。从该意义上来说，正好在相同时期，也就是说 2006 年以后，作为对投资的基础设施的完善，法律制度建设将整体完成。

第二次世界大战后的信托行业是金融行业。今后的信托业既是金融业，也会不断出现超出金融的部分。关于金融的部分，就从储蓄到投资而言，信托以往被作为与存贷交易相当的储蓄的手法加以使用，今后作为投资的手法也将有更广阔的用武之地。正是基于该目的，平成 12 年(2000 年)启动了信托制度的改革。

关于超出金融的部分，信托是作为手法来使用的，因此在该意义上与股份公司相似。信托可以说是和股份公司存在竞争关系的手法。此时若问何为信托业，就像问何为股份公司业一样毫无意义。通过股份公司的手法干什么才是关键，例如制造汽车、钢铁等，而就何为股份公司业是无法作出定义的。与此相同，虽然信托以往是金融业，但是今后拓宽至超出金融的部分时关键问题不在于“何为信托业”，而在于“利用信托的手法做什么”。这样的话就什么都可以做,在该意义上信托将变得丰富多彩,信托的未来是光明的。

在该情形下可以提出“信托的手法的特征是什么”的问题。从与股份公司的竞争关系这一点来看,信托具有两个特征,一是破产隔离,二是具有治理功能。所谓信托的治理,可以归结为受托人责任。同时具备这两个特征并且能够灵活应对,这就是信托的特征。而股份公司则必须考虑股东人数和监查等,相对较为死板。与之相比,信托既具有灵活性,还兼备破产隔离功能和治理功能。若能发挥这些优点,信托今后将有更广阔的用武之地。因此,如上所述,日本信托业将有光明的未来。

第十四章　商事信托的展望

神作裕之

日本信托法律制度的历史相当久远，正式引入信托制度可以追溯到民治38年(1905年)《附担保公司债信托法》。当向一般公众发行公司债券时，为了简化法律关系使用信托结构，由受托人为了债权人的利益受托管理因发行公司债而设定的担保权。明治时代的前辈发现了信托的本质，即信托所具有的简化法律关系功能、专家进行的财产管理功能等，对于这些前辈再次表示敬意。

之后，大正11年(1922年)制定了《信托法》和《信托业法》，信托法制的基础更加稳固。《信托法》和《信托业法》在大正12年(1922年)1月开始正式施行。

日本在昭和18年(1943年)制定了《兼营法》，此后信托业正式作为金融业的一个分类发展了起来。通过制定《证券投资信托法》(1951 年)、《贷款信托法》(1952 年)引进了各种运用型、存款型信托。平成 10 年(1998 年)《有价证券交易法》在修改时增加了顾客分别金信托,该信托的主要目的是实现破产隔离功能。此外,平成 12 年(2000 年)随着《资产流动化法》的修改设置了特定目的信托制度,除法人外,信托作为流动化的一种载体被法律所承认。但是非常遗憾的是,实践中几乎没有利用特定目的信托的例子。之后,平成 18 年(2006 年)制定的《金融商品交易法》中将一般受益权作为有价证券,同时引入特定信托合同这一概念,多数信托合同一起运用需要受到与《金融商品交易法》相同的行为规制,由此信托受益权作为一种金融商品建立了完善的市场规制和行业监管制度。截至这里所说的信托的发展基本上是商事信托的发展。

平成 16 年(2004 年)修改《信托业法》时正式修正了这一观点。《信托业法》经过修改后规定,金融机关以外的人员也可以从事信托业务。基于这一修改,平成 18 年(2006 年)对信托基本法《信托法》进行了彻底修改,正是在这部基本法中民事信托进入了人们视野。与此同时也修改了《信托业法》。

根据信托协会发布的《全国信托财产调查》,截至平成 27 年(2015 年)9 月底,受托财产总计 961 兆 5000 亿日元,个人金融资产约为 1700 兆日元。虽然因为重复计算包含双重信托的部分,但是仍旧可以清晰看到信托行业取得了巨大的发展。

一、信托的功能

信托取得巨大发展的理由可以归结于信托所具有的多种多样的功能以及支撑这些功能的受托人责任。信托实际上具有各种各样的功能,比如,简化法律关系功能、破产隔离功能、结构化功能、资产运用管理功能、转换功能、代际超越功能。支撑这一系列功能的是受托人责任。特别是今天想要强调的受托人责任与信托的转换功能。信托的转换功能是指,不管财产(权)是什么,在设立信托之后会转变为一种所有权(物权)性的权利和利益,也就是所谓的受益权(持分权,衡平法上的权利)。

二、对信义义务的关注

金融监管一直强调信义义务。平成26年(2014年)事务年度金融监督基本方针中提道"要求从事商品开发、销售、运用、资产管理等各种业务的金融机关切实发挥其作用,并承担责任(信义义务)"。此外,日本复兴战略修改版2015中指出,"通过金融厅的监督督促销售公司、投资运用业者发挥其作用,履行责任(信义义务),真正实现投资者的需求,提供高质量的商品"。由此可见,信义义务是其中一个关键词。平成27年(2015年)9月发布的金融行政方针中这样记载,"从事投资信托、储蓄性保险商品等的商品开发、销售、运用、资产管理等业务的金融机关在检验是否真的是为了顾客行事的同时,还需要通过支持这一领域民间自主行为,彻底承担信义义务"。

三、对商事信托的展望

为什么形成有活力的市场和稳定的资产,需要将目光投向信义义务?答案在于信托的本质以及受托人责任的基础。

一方面,信托受益权是一种持分权,基于信托"所有"而带来的价值和收益会随着信托财产的增减而变化。另一方面,信托债权优先于信托受益权,信托受益权具有剩余请求权的性质。这就意味着受益权人存在增加信托财产以及提高利用效率的正当激励,这种激励可以成为促进社会和经济整体创新的源泉。上述这种观点与平成26年(2014年)制定的受托人准则保持一致,同时也与平成27年(2015年)东京证券交易所制定的上市规程中的公司治理准则一致。因为上述准则希望通过建立起股东和被投资企业之间的建设性对话以提升企业的中长期价值。股份与受益权一样具有剩余请求权的性质,通过股东权利的有效行使,特别是建立起经营者和股东之间的"建设性对话",通过这种方式实现企业的中长期价值的提升。

上述理论不仅局限在投资对象是股份或者公司持分权的情形。无论是不动产还是债权都可以转换成受益权,通过持分权的权能以及由信义义务所支撑的受托人适当的权限行使暗含了提升企业中长期价值的契机。最终投资者受益人拥有追求企业价值向上的积极性。信托结构中,受托人拥有信托财产的法律所有权,对内对外都拥有很大的权限和裁量权。信托一方面想实现受托人为了受益人而正确行使自己的权限和裁量权,从而提高信托财产价值的目的;另一方面,为了防止受托人滥用权限而发展出了以利益冲突规则为特色的信义义务和当受托人违反义务时的执行规则。

除此之外,现代社会投资活动因为结构化的操作而变得更加复杂,这是强调信义义务的背景。比如,通过年金基金的资产保有人(事实上的最终投资者)将运用指示权委托给资产运用人,受托人拥有信托财产的法律所有权。在进行的一系列投资活动中,还可能会有表决权建议公司、咨询公司等的参与。这就意味着在这一系列的投资活动中有各种各样的主体参与了进来,可能造成投资环节跨越国境,或者采用复杂的结构化设计,随着国际化和金融功能的分解现象,投资形态日益复杂。

美国学者伯利·米因斯提出了在股份公司中存在"所有和经

营相分离”这一理论，现在也可以说在信托中也存在“所有和经营相分离”现象。“所有和经营相分离”会导致“所有”的稀释。但是股份公司在全球的发展已经证明了“所有和经营相分离”原则带来的益处，其并不必然是一种消极的事物，如果连接投资链条的各个当事人能够为了最终投资者充分发挥作用，那么信托中的“所有和经营相分离”原则反而可以说是一种可以提高投资对象价值和效率的固有制度安排。

“所有和所有相分离”这种结构反而可以说是信托的本质。受托人拥有法律所有权（legal title），拥有按照信托目的管理运用信托财产的权限，但同时负有严格的信义义务。受益人拥有衡平法上的利益（equitable interest）或称为受益权（equitable title），享有实质的经济性利益，也拥有对信托治理相关的监督纠正等诸多权利。信托可以被评价为一种基于所有分配权限并具备卓越治理机制的法律制度。投资链条或者有关投资对象的所有关系日趋复杂，各种金融机关等主体参与了投资决定，这样的理解也许可以成为重要参考。

在受托人责任准则的发源地英国，包括资产保有人、资产运用人、服务提供人在内，连接起最终投资者和被投资企业的投资连锁被称为投资链条。该投资链条作为一个整体，为了最终投资者的利益而发挥作用，抑制“所有和所有相分离”带来的弊端，同时实现受托人责任，达到提升企业中长期价值的目的。我国也制定了相应的受托人责任准则和公司治理准则，让投资链条连接点的当事人深入理解信义义务的含义，更好地实现投资目的，形成具有活力的资本市场和稳定资产。

四、信任时代的信托

即使在投资链条中扩张信义义务的理念，也有必要认识到信义义务与信托的区别。受托人被赋予信托财产的法律所有权,受益人被赋予转换成受益权的持分性权利,但是投资链条中也可能存在财产(权)尚未被转换成受益权性质的当事人,可能也存在与投资者没有合同关系的人员,比如存在表决权建议公司。但是这些当事人仍旧可以对投资者的投资判断以及受益权的行使产生巨大影响。

这是不以财产权为基础的纯粹合同关系,或者一种事实上的信义义务的存在方式,合同义务或者事实上的信义义务关系并不一定与信托法上或者说狭义的受托人责任完全一致。随着投资分解现象的产生,更加期待对持分权(所有权)能产生良性影响的当事人可以遵循信义义务履行职务。这与专家责任十分相似。但是,这里不使用所谓的专家责任或者专家义务这一词汇,而使用信义义务是出于以下几个原因。正如英国《约翰·凯报告》所提出的那样,既然培育以及确立投资者信赖和对投资者尊重是金融资本市场发展的基础,那么提供金融服务、金融商品的业者应当从中立且独立的立场出发为顾客提供金融商品和服务。这种情况与回避利益冲突、重视管理义务和行为规范紧密相关,在利益冲突规则中也存在具有上述特点的信义义务内涵。

五、信义义务的多义性

基于上述说明,有必要注意信义义务的多义性。换言之,有必要对《信托法》及《信托业法》、特别法上所确定的受托人的法定义务和作为行为规范的信义义务相区别。信托法对受托人施加了善管注意义务,设置了以事先预防为中心的忠实义务中的利益冲突规则,并且在违反上述规则后对其课以比委任合同更加严格的执行手段。与此相对,作为行为规范的信义义务,是指非法律规范意义上的行为规范。日本版受托人准则中所称的受托人责任具有上述性质,虽然并非法律规范,但是作为一种最佳实践理念,彰显了当事人的行为规范,在偏离最佳实践时按照遵守或者解释这一规则处理,最佳实践原则是在系统内部发展出来的原则。

日本在制定日本版受托人责任准则时,大部分参考了英国版准则。英国版准则明确提出,受托人责任的目的是实现培育投资者信赖和对投资者尊重。在此之上,通过最佳实践规则原则性明确资产运用者等人员被期望的行动类型和行动基准。投资链条中欠缺任何一环都无法发挥完全的作用,因此为了构建完整的信赖体系,希望能对整个投资链条都课以受托人责任。

在区分了作为法律规范的信义义务和作为社会规范的信义义务后,也有必要明确作为法律规范的信义义务究竟是什么。与此同时,虽然最佳实践并不是法律规范,但是受托人或者说受信人必须自主考虑自己的行为,用语言表达,进行实践和回顾。此时最基本的思考方式是"真正为了顾客的利益"高质量地、从中立和独立的立场出发提供金融商品和服务,具体而言是通过资产运用和风险管理实现收益的稳定增加。英国的《约翰·凯报告》所提到的区分资产运用人和资产管理人,将最佳实践作为原则这一观点可以成为参考。

六、结语

经过上述程序确立的最佳实践原则明确了业者注意义务的标准。换言之,作为软法的最佳实践原则也可能与硬法连接起来。

信义义务的先驱信托银行、信托公司是信托协会的会员。信托协会一直热心于研究、启蒙活动,致力于制定伦理纲领,在这近百年间成绩斐然。希望能够立足于迄今为止的实践经验,培育协会会员的自主性,通过制定业界的信义义务的方向性指针文件,在金融资本市场上形成与信义义务相关的最佳实践和相关原则,并且创造不断更新优化的持续发展机制。

图书在版编目（CIP）数据

商事信托的法理 /（日）神田秀树，（日）神作裕之著；朱大明，陈宇，张钰译. -- 北京：法律出版社，2024. -- ISBN 978-7-5197-9379-1

Ⅰ. D931.322.8

中国国家版本馆 CIP 数据核字第 2024Y3X343 号

商事信托的法理
SHANGSHI XINTUO DE FALI

［日］神田秀树
［日］神作裕之 著
朱大明 陈 宇 张 钰 译

责任编辑 李 军
装帧设计 李 瞻

出版发行 法律出版社
编辑统筹 法律应用出版分社
责任校对 朱海波
责任印制 刘晓伟
经　　销 新华书店

开本 710 毫米×1000 毫米 1/16
印张 17　**字数** 250 千
版本 2024 年 11 月第 1 版
印次 2024 年 11 月第 1 次印刷
印刷 唐山玺诚印务有限公司

地址：北京市丰台区莲花池西里 7 号（100073）
网址：www.lawpress.com.cn
投稿邮箱：info@lawpress.com.cn
举报盗版邮箱：jbwq@lawpress.com.cn

销售电话：010-83938349
客服电话：010-83938350
咨询电话：010-63939796

书号：ISBN 978-7-5197-9379-1　**定价**：88.00 元

凡购买本社图书，如有印装错误，我社负责退换。电话：010-83938349